陕西省重点学科建设资助项目：经济思想史
西北大学"211"重点学科资助项目

陕西省重点学科建设资助项目：经济思想史
西北大学"211"重点学科资助项目

影响历史进程的50部经济名著

50 Great Economic Works Promoting Historical Progress

何炼成　杨小卿 ◎ 主　编
何　林 ◎ 副主编

社会科学文献出版社
SOCIAL SCIENCES ACADEMIC PRESS (CHINA)

前　言

经济思想史作为一门学科,是综述人类社会经济思想的产生及其发展的历史。在漫长的原始社会中,原始人是以采集野果与狩猎捕鱼为生,生产力非常低下,尚未产生商品交换,因此谈不上什么经济思想。随着生产力的发展,社会分工的出现,人类社会进入以私有制为基础的阶级社会,国家、法制和经济思想也由此产生。

有文字记载的经济思想,是从古希腊和古代中国的思想家们开始的。古希腊以亚里士多德为代表,古代中国以儒、法两家为代表。但由于这两个源头的情况不同,发展途径各异,前者逐渐发展成为近现代政治经济学说,而后者则未形成自己的经济思想体系。因此后人在研究经济思想史这一学科时,基本上都是从古希腊经济思想开始,一直到西方近现代经济思想的发展。本书也是根据这一思路来选择西方经济思想史名著的。

首先,西方古、近代思想家的经济思想,一般是站在当时的剥削阶级的立场上,并为这些阶级服务的,因此他们的经济思想立论的基础是维护和发展剥削阶级的私有制,追求自身利益最大化,而对代表劳动阶级的经济思想则采取批判和敌视的态度。这是我们在学习这些名著时必须注意的问题。

其次,在学习近现代资产阶级的经济学说时,除了要注意他们的阶级立场外,还必须重视他们对商品市场经济的理论和实证分析,因为这些理论和分析,对我们建立和发展"社会主义市场经济体制"也是基本适用的。

再次,关于商品价值的源泉和价值实现问题,这是商品市场经济中的核心问题,当然也是我国社会主义市场经济体制中的核心问题。虽然我们对资产阶级经济学家的商品价值观有不同的看法，但是如何实现商品价值却是我国的重大现实问题，在这方面我们必须向当代资产阶级经济学学习。

最后，关于研究经济思想史的方法问题，除了采用历史和逻辑相结合、理论和实践相结合的方法以外，还应当运用实证分析和数量分析的方法，把"史"和"论"结合起来，以史立论，以论带史，史论结合，这是我们学习经济思想史的方法，也是我们编辑这本书的方法。

由于经济思想史这门学科内容非常丰富，相关论著、文章数以万千，而我们的水平有限，因此本书的缺陷和错误在所难免，敬请广大读者批评指正，以便本书再版时修改和补充。

何炼成谨序
2009 年 12 月

目 录

色诺芬：《经济论·雅典的收入》 …………………………………… 1

柏拉图：《国家论》和《法律论》 …………………………………… 5

亚里士多德：《政治论》和《伦理学》 ……………………………… 10

马尔库斯·杜利乌斯·西塞罗：《论国家》和《论法律》 ………… 15

　　《圣经》（《旧约》和《新约》） …………………………………… 19

托马斯·阿奎那：《神学大全》 ……………………………………… 23

托马斯·莫尔：《乌托邦》 …………………………………………… 28

安徒万·德·蒙克莱田：《献给国王和王太后的政治经济学》 …… 32

弗朗斯瓦·魁奈：《经济表》附《经济表的说明》和

　　《经济表的分析》 ………………………………………………… 36

让-沙尔-列奥纳尔·西蒙·德·西斯蒙第：《政治经济学新原理》 …… 41

威廉·配第：《赋税论·献给英明人士·货币略论》 ……………… 47

亚当·斯密：《国民财富的性质和原因的研究》 …………………… 52

大卫·李嘉图：《政治经济学及赋税原理》 ………………………… 60

托马斯·罗伯特·马尔萨斯：《人口原理》 ………………………… 68

让-巴蒂斯特·萨伊：《政治经济学概论》 ………………………… 72

昂利·克劳德-圣西门：《新基督教》 ……………………………… 77

罗伯特·欧文：《新道德世界书》 …………………………………… 82

弗里德里希·李斯特：《政治经济学的国民体系》 ………………… 87

约翰·斯图亚特·穆勒：《政治经济学原理》 ………… 93
纳索·威廉·西尼尔：《政治经济学大纲》 ………… 98
弗雷德里克·巴斯夏：《和谐经济论》 ………… 103
比埃尔·约瑟夫·蒲鲁东：《经济的矛盾，或贫困的哲学》 ………… 108
卡尔·马克思：《资本论》 ………… 114
弗拉基米尔·伊里奇·列宁：《帝国主义论》 ………… 122
约瑟夫·维萨里昂维奇·斯大林：《苏联社会主义经济问题》 ………… 128
阿尔弗雷德·马歇尔：《经济学原理》 ………… 133
阿瑟·塞西尔·庇古：《福利经济学》 ………… 144
爱德华·黑斯廷斯·张伯伦：《垄断竞争理论》 ………… 152
琼·罗宾逊：《不完全竞争经济学》 ………… 158
约翰·罗杰斯·康芒斯：《制度经济学》 ………… 165
约翰·梅纳德·凯恩斯：《就业、利息和货币通论》 ………… 173
约翰·理查德·希克斯：《价值与资本》 ………… 184
约瑟夫·阿洛伊斯·熊彼特：《资本主义、社会主义和民主》 ………… 191
弗里德里希·A.冯·哈耶克：《通向奴役的道路》 ………… 199
保罗·安东尼·萨缪尔森：《经济分析基础》 ………… 214
　　《经济学》 ………… 221
肯尼思·约瑟夫·阿罗：《社会选择与个人价值》 ………… 227
约翰·福布斯·纳什：《非合作博弈》 ………… 237
约翰·肯尼斯·加尔布雷思：《美国的资本主义：抗衡力量概念》 ………… 246
罗纳德·哈里·科斯：《企业的性质》与《社会成本问题》 ………… 253
西奥多·威廉·舒尔茨：《人力资本投资》 ………… 261
　　《改造传统农业》 ………… 267
威廉·阿瑟·刘易斯：《劳动无限供给条件下的经济发展》 ………… 272
卡尔·冈纳·缪尔达尔：《亚洲的戏剧：一些国家贫穷的研究》 ………… 279
罗伯特·卢卡斯：《预期与货币中性》 ………… 287
赫尔伯特·A.西蒙：《管理行为》 ………… 295
詹姆斯·麦吉尔·布坎南：《同意的计算》、《公共选择理论》
　　与《赤字民主》 ………… 303

米尔顿·弗里德曼：《自由选择》 ………………………………… 314
亚诺什·科尔内：《短缺经济学》 …………………………………… 323
阿马蒂亚·森：《贫困与饥荒：论权利与剥夺》 ………………… 331
道格拉斯·诺思：《制度、制度变迁和经济绩效》等 …………… 342
张培刚：《农业与工业化》 …………………………………………… 350

色诺芬

作者简介

〔古希腊〕色诺芬（Xenophon，公元前440～前355年），是古希腊哲学家和经济学家。出生于雅典一个富裕的家庭，是古希腊著名哲学家苏格拉底的学生。在政治上拥护斯巴达贵族的寡头政治，反对雅典实行的民主政治。公元前401年，他作为雇佣兵参加两位波斯王子争权夺位斗争，他支持的王子兵败被杀，他被推举为雇佣军首领撤至拜占庭，加入斯巴达军队，为此被雅典公民大会判处终生放逐，后迁至奥林匹亚附近领地上居住20多年，亲自经营管理自己的庄园并著书立说，其经济著作《经济论·雅典的收入》最为著名。公元前355年去世，享年85岁。

《经济论·雅典的收入》

本书精要

本书是最早使用"经济"这一概念的著作。"经济"一词是由希腊文的"家庭"和"管理"这两个词派生而成的。由于当时的家庭是社会的经济单位,奴隶们分属于各个奴隶主家庭,因此家庭管理实际上就是关于如何搞好奴隶主庄园的组织和管理。在《经济论·雅典的收入》中,色诺芬强调奴隶主必须很好地研究如何管理好自己的财产,使自己的财富不断增加。

作品内容

一 关于"财富"的观点

色诺芬认为,凡是对所有者有用的东西都是财富;对所有者有害的东西就不是财富。他举例说:"如果一个人买了一匹马,不懂得怎样驾它,在骑它的时候总是摔下来弄伤自己,那么,这匹马对于他就不是财富。"[1] "如果土地只能使我们挨饿,不能维持生活,就连土地也不是财富。"[2] "如果一个人由于不会养羊而受到损失,他的羊也就不是他的财富。"[3] "一支笛子对于会吹它的人是财富,而对于不会吹它的人,则无异于毫无用处的

---

[1] 参见色诺芬《经济论·雅典的收入》,张伯健、陆大年译,商务印书馆,1981,第3页。
[2] 参见色诺芬《经济论·雅典的收入》,张伯健、陆大年译,商务印书馆,1981,第3页。
[3] 参见色诺芬《经济论·雅典的收入》,张伯健、陆大年译,商务印书馆,1981,第3页。

石头。"①

二 关于商品、货币和价格问题

色诺芬作为当时奴隶制的拥护者,他是倾向于自然经济的,因此不可能对商品、货币和价格有正确的认识,更不可能有正确的价值观。但是他承认发展商品货币经济的必要性,希望"有更多的人更愿意同我们贸易"②,主张把"带来大批值钱商品因而有利于国家的商人和船主尊为上宾"③。因为"寄居在我国和来我国访问的人越多,显然就会有越多的商品进口、出口和出售,并且也会使我们获得更多的利润和贡赋。"④

色诺芬高度评价了货币的作用,强调开采白银的好处。他说:"谁也不会有多到不希望再多的白银;如果他们拥有的白银太多,他们就会把它储藏起来,他们喜欢储藏白银不亚于他们喜欢使用白银。"⑤ 正如马克思指出的,"色诺芬把货币在其作为货币和储藏货币的特殊形式规定性上作了论述。"⑥

三 关于农业的重大作用和其他技艺的分工问题

色诺芬生长在以农业经济为主的时代,对农业的作用及其意义有比较全面的认识。他认为农业是增加财富、锻炼身体、训练士兵的手段,也是各行各业发展的基础。他说:"最富足的人也不能离开农业。因为从事农业在某种意义上是一种享乐,也是一个自由民所能做的增加财产和锻炼身体的手段。"⑦ 因此,"靠农业谋生乃是最光荣、最好和最愉快的事情;因此,国家对于农业必须给予最大的重视。"⑧

---

① 参见色诺芬《经济论·雅典的收入》,张伯健、陆大年译,商务印书馆,1981,第3页。
② 参见色诺芬《经济论·雅典的收入》,张伯健、陆大年译,商务印书馆,1981,第3页。
③ 参见色诺芬《经济论·雅典的收入》,张伯健、陆大年译,商务印书馆,1981,第3页。
④ 参见色诺芬《经济论·雅典的收入》,张伯健、陆大年译,商务印书馆,1981,第3页。
⑤ 参见色诺芬《经济论·雅典的收入》,张伯健、陆大年译,商务印书馆,1981,第3页。
⑥ 《马克思恩格斯全集》,第21卷169页;第13卷127页。
⑦ 参见色诺芬《经济论·雅典的收入》,张伯健、陆大年译,商务印书馆,1981,第3页。
⑧ 参见色诺芬《经济论·雅典的收入》,张伯健、陆大年译,商务印书馆,1981,第3页。

但是，色诺芬也认识到，随着生产力的发展，社会分工的扩大，"很难找到一个精通一切技艺的工人，而且也不可能变成一个精通一切技艺的专家。"① 因此，当时已经出现的各种各样的手工技艺也是不可缺少的。正如后来马克思指出的，色诺芬论述了"分工的规模取决于市场的大小"，并接近理解到"工场内部的分工"，这正表现了色诺芬"所特有的市民阶级的本能。"②

简要评述

色诺芬的《经济论·雅典的收入》一书，首次提出"经济"这一范畴，为后来的经济学、政治经济学的命名及其研究打下了初步基础；该书对社会财富、商品货币和社会分工与农工产业的发展和研究以及对后来的经济学和政治经济学的发展和研究都起着重要的作用。当然，由于当时的历史条件和他的阶级局限性，他没有也不可能对财富、货币、市场、价格等问题作出科学的说明，我们不能因此苛求于作者。

（何炼成）

参考文献

1. 色诺芬：《经济论·雅典的收入》，张伯健、陆大年译，商务印书馆，1981。
2. 鲁友章、李宗正：《经济学说史》上册，人民出版社，1979。
3. 吴宇晖、张嘉昕：《外国经济思想史》，高等教育出版社，2007。

---

① 参见色诺芬《经济论·雅典的收入》，张伯健、陆大年译，商务印书馆，1981，第 3 页。
② 《马克思恩格斯全集》，第 21 卷，人民出版社，1965，第 169 页；第 13 卷，人民出版社，1962，第 127 页。

柏拉图

作者简介

〔古希腊〕柏拉图（Plato，公元前427~前347年），出身于古希腊雅典贵族家庭，原名亚里斯多克勒斯（Aristokles），后师从古希腊大哲学家苏格拉底，老师给他改名柏拉图（即"大块头"之意），并深受老师的赏识。他同苏格拉底另一个弟子色诺芬继承了老师的政治观点，反对当时雅典民主政治，拥护贵族寡头统治。公元前399年，他们的老师苏格拉底被国家判处死刑后，他随同其他苏门弟子离开雅典避难，11年以后才回到雅典，在阿克德米创办"柏拉图学园"，亲自讲学并著书立说，《国家论》和《法律论》就是他的代表作。当时处于希腊城邦雅典与斯巴达长期战争之后，各城邦的富裕奴隶主阶级与广大自由民阶层之间的矛盾日益尖锐，柏拉图企图寻求一种新的社会政治制度以消除这些社会矛盾。因此，他的各种经济思想也是围绕这一主导思想并以雅典民主制作为国家模式而形成的。实践证明，他的这些理想是不可能实现的。公元前347年，柏拉图已经80岁，在一位学生的婚礼上突发心脏病去世，被安葬在他创办的学园内。

《国家论》和《法律论》

本书精要

两篇论著均是柏拉图的代表作，虽然主要是论述古希腊奴隶制国家的制度和法律问题，但其思想基础是经济问题。《国家论》主要论述了柏拉图理想中的国家制度（因此该书又被译为《理想国》），《法律论》主要论述了当时奴隶制下经济发展中的法制问题。其目的都是为了发展奴隶制经济。

作品内容

一 关于国家的起源及其经济基础

柏拉图提出，国家起源于人们经济生活的需要。他说："我认为一个国家……是基于人类的需要而出现的；没有一个人能自给自足，但我们均有许多的欲望。……既然我们有许多欲望，就需要许多人的供给来满足，一个人是这一目的的赞助者，另一个人是另一目的的赞助者；当这些当事者和赞助者们集聚于一地时，这个居民群体即可称之为国家。……他们相互交换，一方给予，一方接受，基于交换能使他们均有好处的思想。"① 由此可见，柏拉图认为国家是起源于个人不能自给以满足其欲望，须各以其所长从事交换。因此我们可以称之为国家的经济起源说。

---

① 柏拉图：《理想国》第3卷，吴献书译，商务印书馆，1957，第95页。

显然，这种国家起源说忽视了社会上阶级的出现在国家形成中的特殊作用，是片面的观点，未抓住国家的本质问题。但是，他从人们的经济要求来考察国家的起源，比那些认为是神的意志产生国家的观点要正确，同时这也使他从经济分析出发，进而探索人类社会由农民、手工业者、商人等从事经济活动的自由民阶层所组成。

他认为，对第三等级的自由民阶层的人而言，农业非常重要，"首先最重要的是粮食，有了它才能生存。"他提出"农夫要为四个人准备粮食"，"我们的城邦需要更多的农夫和更多其他的技工"，当然，"我们还需要商人"，"还得需要另外许多懂得海外贸易的人"。可见，柏拉图重农而不轻商，但对作为自由民的农民和商人来说，他们都是属于最底层的贱民，而奴隶只是奴隶主"会说话的工具"而已。

在《国家论》中，柏拉图明确指出商品交换或商业职能的必要性，而在其临终前一年出版的《法律论》中，却主张禁止为赚钱而经营的小商业，认为应把这种交易让外邦人去做，不能让雅典公民去做。他坚决反对高利贷，主张禁止贷款获利和抵押放债等金融活动。他的这些主张，是为了防止商业资本和高利贷资本对当时的奴隶制自然经济的侵蚀和破坏。

二 关于社会分工思想

柏拉图把分工看做社会分裂为等级的基础，不仅要生产供国内消费的物品，还要生产一些其他城邦的人也需要的商品。于是，作为买卖商品的市场以及作为交换符号的通货也就必然产生了。

柏拉图把商品交换与货币流通作为产生社会分工的原因，虽然不完全确切，但是他对社会分工的必要性的论证，在古希腊时代的确是很卓越的见解，比他同时代的思想家（如色诺芬）的社会分工思想要深刻得多。

三 关于阶级与等级的划分

古希腊时代的思想家，对奴隶制下的阶级划分意见是一致的，即分为奴隶主贵族和奴隶两大对立的阶级，而且把奴隶当做"会说话的工具"，不把奴隶当人看待，柏拉图当然也不例外。但是，他根据所谓"正义原则"，把奴隶主阶级和自由民划分为三个等级：最高等级是哲学家，因为他们可以洞察真理，具备美德并富于知识，能以正义治理国家，因此可以成为执政者；第二等级是保卫国家和社会的武士，对于他们必须精心选择并予以精心的教育，使他们在战时能担负起保卫国家的任务；最低等级是由农民、手工业者、小商人等一切从事经济活动的人所构成，他们没有思考能力，只能从事生产活动，为其他阶层提供生活资料。

四　关于"理想国家"和所谓"共产"

柏拉图认为："一切的人与其同伴本不是完全相类似的。人之本性各不相同，不同的人适宜于做不同的事务。因此，要一切事物生产得更丰富、更方便和有更好的质量，须使每个人专做一种与他性情相近之事和适当的时候去做，并要放弃别的事务。"①

分工便是为了满足人们的需要，而人们最需要的是食物、衣服和住所，因此至少应有农民、纺织工、鞋匠和建筑工四种市民。可是，农民所需要的农具大都不是自己制造的；同样，建筑工、纺织工和鞋匠也不会制造自己所使用的工具，于是就需要有为此四种市民提供工具的市民；而且在没有输入品的地区，要建设一个城邦几乎是不可能的，因此，本城邦的商人需要从其他城邦输入所需要的货物；此外，从事输入经营的商人不能空手出国而不携带一些对方所需要的货物。这样一来，柏拉图在分工学说的基础上，描述了他的理想国家的组织结构。他认为，在社会分工中，每个人所从事的行业和担任的职务，是由天生的秉性决定的。他企图证明，奴隶主贵族是天生的用脑的统治者，而自由民则是天生的体力劳动者和被统治者。他所描述的理想国，是按照严格的社会分工原则，由三个等级组成：第一等级是执政者，即富有理性和知识的哲学家，负责制定法律、教育人民和治理国家；第二个等级是保卫者等级，即武士阶层，负责执行法律、保卫国家和打仗；第三个等级是供应营养者等级，即农民、手工业者

---

① 参见柏拉图《理想国》第3卷，吴献书译，商务印书馆，1957，第58~62页。

和商人，他们必须服从统治者的命令，负责生产和供应生活资料。在理想国里，哲学家和武士都被取消私有财产和个人家庭，实行共产共妻共子女。可见，这种奴隶制下的"共产"，完全是消费性的、剥削和压迫性的、倒退和反动的。马克思指出："在柏拉图的理想国中，分工被说成是国家的构成原则，就这一点说，他的理想国只是埃及种姓制度在雅典的理想化。"①

简要评述

柏拉图在《国家论》中表明了他对私有财产和私有产权的态度。他认为私有财产和个人家庭养成人们利己和贪欲之心，财富的积累将导致奢华、堕落和德行败坏，引起社会的分裂和对抗，因此他主张清除私有财产。当然，这是一种妄想，在奴隶制度下这是不可能的。在《法律论》中，他提出最好的政治共同体（即国家）所要做的一切，就是抛弃"所有权"，这当然也是一种妄想。

（何炼成）

参考文献

1. 柏拉图：《国家论》和《法律论》，《理想国》第3卷，吴献书译，商务印书馆，1996。
2. 鲁友章、李宗正：《经济学说史》上册，人民出版社，1979。
3. 吴宇晖、张嘉昕：《外国经济思想史》，高等教育出版社，2007。

---

① 《马克思恩格斯全集》第23卷，人民出版社，1972，第405~406页。

亚里士多德

作者简介

〔古希腊〕亚里士多德（Aristoteles，公元前384～前322年）是古希腊著名的思想家、哲学家和经济学家。他出生于希腊北部的斯塔吉拉城一个祖传世医的家庭，父亲是马其顿王室御医。亚里士多德的父母均早亡故，亚氏由其内兄抚养长大，17岁时到雅典进柏拉图学园学习，毕业后在该校执教20年。公元前347年，柏拉图逝世，亚氏赴小亚细亚阿塔尔纽斯讲学和研究，4年后应马其顿国王之邀成为王太子亚历山大的老师，后在亚历山大宫廷任职。公元前335年，亚氏回到雅典，仿照他的老师柏拉图，创办学园，从事讲学、研究和著书立说，先后写成《政治论》等代表作。公元前323年，马其顿国王亚历山大大帝去世，雅典掀起了反马其顿的运动，亚氏被控为"亵渎神灵"而遭受打击，被迫逃亡到他母亲的故乡埃维亚岛，次年病故于此，享年仅62岁。

《政治论》和《伦理学》

本书精要

这是亚里士多德的两本代表作,其中《政治论》是一本百科全书,但重点论述了他的"理想国"方案,主要是关于"经济"的思想。《伦理学》则重点论述了他的"伦理经济"思想。这两者突出表现了关于奴隶主阶级对家庭的管理及其"致富之术"问题。

作品内容

《政治论》和《伦理学》是亚里士多德在50岁(约公元前335年)以后撰写的论著。其中《政治论》被誉为古希腊的"百科全书"。内容涉及哲学、伦理、逻辑、心理、经济、法律、物理、生物等学科的问题。其中经济思想比较突出,具有许多创新观点,特别是关于商品价值形式的论述,被马克思誉为"他的天才的光辉",[①] 成为后来古典政治经济学商品价值理论的出发点。

希腊地处地中海沿岸中心,商品货币经济出现很早,人们的商品意识较浓,因此当时的思想家差不多都关注商品货币经济的问题,作为当时百科全书的《政治论》当然也不例外。《政治论》的主要内容如下。

第一,对商品的二重属性有了初步认识。书中说:"我们所有的财物,每一件都可以有两种用途。财物是同一财物,但应用的方式有别:其一就

[①] 《马克思恩格斯全集》第23卷,人民出版社,1972,第75、187页。

是按照每一种财物的本身而作正当的使用；另一种则是不正当的使用。以鞋为例：同样是使用这双鞋，有的用来穿在脚上，有的则用来交易。"① 也就是说，商品可以有使用价值，也可以有交换价值，只不过当时还没有抽象出商品二重性的概念而已。

第二，首次提出了商品交换的价值形式及其等价性，是历史上第一个分析商品价值形式的人。他说："5 张床 = 1 间屋，无异于 5 张床 = 若干货币。"② 他认识到，在这个价值形式中，要求屋在质上必须与床等同，这两种感觉上不同的物，如果没有这种本质上的等同性，就不能作为可通的量而互相发生关系。他说："没有等同性，就不能交换，没有可通约性，就不能等同。"③ 但是，他到此就停下来了，没有对价值形式作进一步分析，是什么东西阻碍他进一步分析呢？这就是缺乏价值概念。

马克思后来指出："亚里士多德不能从价值形式看出，在商品价值形式中，一切劳动都表现为等同的人类劳动，因而是同等意义的劳动，这是因为希腊社会是建立在奴隶劳动的基础上的，因而是以人们之间以及他们的劳动力之间不平等为自然基础的。价值表现的秘密，即一切劳动由于而且只是由于都是人类劳动而具有的等同性和同等意义，只有在人类平等概念已经成为国民的牢固的成见的时候，才能揭示出来。而这只有在这样的社会里才有可能，在那里，商品形式成为劳动产品的一般形式，从而人们彼此作为商品所有者的关系成为占统治地位的社会关系。亚里士多德在商品的价值表现中发现了等同关系，正是在这里闪耀出他的天才的光辉。只是他所处的社会的历史限制，使他不能发现这种等同关系'实际上'是什么。"④

第三，关于货币的产生及其职能问题。亚里士多德认为，在原始共同体的家庭之间没有商品交换，随着共同体的发展，各个家庭所有财物的种类和数量各不相同，有时会进行物物交换；随着简单的物物交换的发展，人们需要作远距离或大宗物品的交换，因此希望有某种本身既有用而又便

---

① 亚里士多德：《政治论》第 4 章，第 2 节，商务印书馆，1981，第 15 页。
② 转引自《马克思恩格斯全集》第 23 卷，人民出版社，1972，第 187 页。
③ 转引自《马克思恩格斯全集》第 23 卷，人民出版社，1972，第 187 页。
④ 《马克思恩格斯全集》第 23 卷，人民出版社，1972，第 75 页。

于携带的物品作为中介，于是货币就应运而生。当然这种解释没有揭露货币的本质，但是符合当时交换的现实。后来马克思正是从这个现实的基础上，分析了商品价值形式的发展，从而揭露货币作为一般等价物的商品这一本质，破解了"货币之谜"。

至于对货币的职能，如把货币形态看成简单价值形态的进一步发展，这说明他实际上指出了货币作为价值尺度的职能；把货币看成是零售商品的媒介物，这说明他指出了货币作为流通手段的职能；他在分析"货殖"的问题时，明确指出了大商业中货币是被当做财富来积累的，这说明他对货币作为储藏手段的职能也是清楚的。

第四，关于商业的观点。亚氏承认小商业存在的必要性，反对大商业和高利贷业。认为只要存在社会分工，就必然要有商品和货币，就必须要有商人和商业来从事买卖活动。小商业者是为了谋生和满足人们的消费而从事商品经营，这是非常自然的，也是合理的；而大商业是以追求货币财富为目的，不是为了自己的消费，因而是不自然的，也是不合理的。特别是他坚决反对高利贷，因为它突出表现了以货币追求货币的特点，是最违反自然的，同时也初步说明他已模糊认识到高利贷资本将最终摧毁奴隶制的经济秩序和道德秩序。

简要评述

亚里士多德的《政治论》和《伦理学》是古希腊时代的百科全书，说明亚氏是当时"最博学的人物"（马克思语）。他的有关商品、货币、价值形态的分析，成为后来古典政治经济学的理论基础。但是，他没有也不可能从价值形态的分析抽象出价值来，他只有价格观而无价值观，根本原因是他站在奴隶主阶级立场上，坚决维护奴隶主私有制。

（何炼成）

参考文献

1. 亚里士多德:《政治论》(中文版),商务印书馆,1965。
2. 《马克思恩格斯全集》第23卷,人民出版社,1972。
3. 鲁友章、李宗正:《经济学说史》上册,人民出版社,1979。
4. 吴宇晖、张嘉昕:《外国经济思想史》,高等教育出版社,2007。

马尔库斯·杜利乌斯·西塞罗

作者简介

　　〔古罗马〕马尔库斯·杜利乌斯·西塞罗（M. T. Cicero，公元前106～前43年），是古罗马奴隶主贵族政治家，出生于骑士家庭。公元前63年曾任西罗马帝国执政官，公元前51年又任西里西亚（在小亚细亚）总督。在古罗马由共和制转到帝制的过渡时期，追随庞培反对恺撒大帝，恺撒死后热衷于恢复共和政体，曾发表14篇演说，反对安东尼，曾居元老院之首。后三头政治结成以后，西塞罗被杀害，年仅63岁。

　　西塞罗的论著很多，除《论国家》、《论法律》外，还有《论善与恶的定义》、《论神性》、《论公职》等，特别是他曾将色诺芬的《经济论》翻译为拉丁文，使其流传后世。他提出的"只是贤者才是真正的富人"，成为当时斯多噶派的最卓著的名言。

《论国家》和《论法律》

∽ 本书精要 ∽

这是西塞罗的两篇代表作。其中反映了古罗马时代的经济思想,如对农业的重视、大商业的作用、商品价格的决定、劳动与社会分工的意义等,都作了比较科学的论述,大大超过了古希腊思想家,并为后期资产阶级古典政治经济学的创立提供了思想基础。

∽ 作品内容 ∽

西塞罗的代表作《论国家》和《论法律》,虽然主要是论述政治和法律问题,但其中贯穿了他的经济思想,其中有些经济思想是继承古希腊思想家的,有些则是他总结了古罗马帝国早期的经济思想和实践提炼出来的,其主要经济思想如下。

一 关于劳动和社会分工的思想

西塞罗指出,诚然,我所谓无生命之物大多数都是人们的劳动所生产;如无手工和技巧之扶助,我们就无法得到它们,如无人们之经营管理,我们也无法利用它们。如果没有人们的劳动,即不可能有任何健康之维护,土地的垦殖,或谷物及其他农产物的收获和储藏。由此可见,"人之所以离开禽兽生活而进入人类文明生活者,皆此多种技术之功也。"① 西塞罗以上的分工思想,对亚当·斯密经济理论体系的形成具有一定影响,亚当·斯密的弟子哈其逊就说过,亚当·斯密的分工观点就来自西塞罗。

二 关于重农轻商的思想

西塞罗认为,在一切能产生利益的行业中,没有比农业更良好、更有利、更愉快、更适于有自由意志的人们。而认为收税人和高利贷者的谋生方式是"一种招人厌恶的谋生方式",雇佣劳动者以及纯粹靠体力劳动而不是靠技艺而领取收入的行业是一种"卑贱职业";"那些由批发商处购进物品而尽快出售的零售商贩也是卑贱的","倘系大规模的批发商,能从世界各地大量进口货物和在分销时又不作假,那就不能多所轻视。"②

三 关于借贷和高利贷问题

古罗马帝国由于长期战乱,大批农民破产,封建贵族们大肆收购土地,建筑华丽别墅,农民破产后成为大批"流氓无产者",靠借贷维持生活,受高利贷盘剥。于是联合起来提出"债务解除"和反对高利贷的要求。西塞罗反对这种运动,认为让债务人免除归还债款,这是颠覆国家的基础,因为不尊重财产权利,将产生全面的混乱。当时的政府接受了西塞罗的意见,将罗马法典中的"富裕能力的宣誓",应用到债务问题上,解释为"无支付能力的宣誓",即当债务人宣告他已无支付能力以后,即可免去拘禁之责。这一新规定成为近代破产法的基础,并沿用至今。

西塞罗虽坚持反对免除贷款还本,但也不同意高利贷的榨取。他在担任西里西亚省的总督时,将原来高达四分八厘的高利贷压低为一分二厘。

此外,西塞罗在执政时曾鼓励希腊其他地区的人与雅典人通汇兑,并要求他们保证汇票兑现。在西里西亚发生饥馑时,他劝说商人运送谷物前

---

① 参见胡寄窗《政治经济学前史》,辽宁人民出版社,1988,第205页。
② 转引自胡寄窗《政治经济学前史》,辽宁人民出版社,1988,第206~207页。

往出售，如有囤积以抬高粮价者则予以处罚，还规定油料价格，阻止贵金属出口等。

简要评述

西塞罗的《论国家》和《论法律》两篇著作，是古罗马帝国时期的代表作之一，西塞罗作为该时期著名的政治家和哲学家，其著作总体代表了当时奴隶主贵族的利益，但与过去代表奴隶主利益的古希腊思想家相比，有了显著的进步，其中社会分工、对大商业的重视以及反对高利贷的思想，对西欧商品货币经济的发展是有促进作用的。

（何炼成）

参考文献

1. 西塞罗：《论国家》和《论法律》，商务印书馆，1965。
2. 胡寄窗：《政治经济学前史》，辽宁人民出版社，1988。

耶稣

作者简介

  《圣经》的作者很难具体确定。一般认为，《旧约全书》是古希伯来文明的结晶，被称为希伯来《圣经》。包括律法书（5卷）、历史书（12卷）、智慧书（5卷）和先知书（17卷）的共39卷经典，被称为"正典"或"首正经"。后被基督教全部接受，并编入《圣经》中，称《旧约全书》；而把他们自己的经典称《新约全书》。天主教认为，"正典"和"后典"都是《圣经》，只是审定时间上有先有后；新教只承认"正典"为《圣经》，不承认"后典"为《圣经》。但是它们都反映了古罗马晚期从西欧古代向中世纪过渡的新的思想和新的经济思想观点。

《圣经》(《旧约》和《新约》)

本书精要

《圣经》是基督教的经典，由《旧约》和《新约》两部分组成。《旧约》全书所记时间约为公元前2500～前1500年，《新约》全书所记时间约为从耶稣诞生到公元2世纪。《圣经》是一本神学教义之学，其内容十分丰富，其中也包含了许多经济思想，如对劳动、财富、私有财产、农业、商业、贸易、生产组织等经济问题的看法，对西方以后的经济思想特别是中世纪的经院哲学具有很大影响。

作品内容

《圣经》中关于经济问题的思想主要有以下几点。

第一，农业是一切社会生产、生活的经济基础。《旧约》的谚语卷中说，贸易之利虽大，可以失之于俄顷之间，故不应当对买田之事有疑惑。又说，唯耕田之人所获为多。都说明在农地上耕田的农人的重要性。

第二，提倡"人类平等"和"财产均等"。《旧约》中提出，你们承受的田地要彼此均分，田地要以拈阄方式进行分配，分给自己也分给你们中间寄居的外人。(《旧约圣经·以西结书》第47章，第14和22节)《新约》认为，凡人都是平等的，他的直接信徒中不存在奴隶。并告诫奴隶主说，你们做主人的要公平待仆人，因为知道你们也有一位主人在天上。(《新约·哥罗西书》第3章21节和第4章第3节)。可见《圣经》所谓的

"平等"并不是奴隶主与奴隶之间的平等,而是奴隶主与自由民的平等。

第三,关于土地制度和土地继承权。《旧约》认为,地球是上帝的,因此地球上所有的一切都属于上帝。土地不是被视为私人财产,而是被视为氏族的和家庭的财产。因此,保持土地的家族所有权的愿望是很强烈的。《圣经》认为,土地的家庭所有是社会力量与保持社会经济结构稳定的最重要源泉。因此,土地不应永久卖与人,因为土地是我的,因为你是陌生人,是我的逗留客。如果土地被迫出卖,血缘最近的亲属有购买的第一选择权。摩西法规定了以血缘关系为基础的土地继承权。[1]

第四,关于商业法规与公平价格。《圣经》对从事贸易的人们之间的行为准则规定,任何形式的欺诈和不诚实都是上帝和法律所不允许的,度量衡必须符合标准,有惩办伪造度量衡的法规,也有反对投机和垄断的法规。法规视抬高市价以牟利者,与盘剥重利和伪造度量衡者同罪。在商品交易中实行公平价格。

第五,对奴隶制的态度。《旧约》和《新约》都没有提到过废除奴隶劳动,摩西法承认奴隶制度的合法性,但要求解放犹太族裔奴隶,他们服劳役六年后连同妻子一起可获得自由,同时可得到足够的食物和其他物品,逃亡的奴隶不得被重新交给他的主人。

简要评述

《圣经》是世界历史上最具影响力的名著,当然与基督教的广泛传播有关,但同其教人将一切利己的冲动完全从属于爱他人的社会美德,使物质的要素从属于精神价值的教义也是分不开的。正如恩格斯在《论原始基督教史》一文中指出的,基督教义是"奴隶和解放了的农奴,穷人和无权利的人,被罗马人征服或被他们驱散的人们的宗教。"[2]

(何炼成)

---

[1] 参见吴宇晖、张嘉昕:《外国经济思想史》,高等教育出版社,2007,第12页。
[2] 参见恩格斯《论原始基督教史》,人民出版社,1961,第21页。

参考文献

1. 圣经（包括《旧约》和《新约》）。
2. 恩格斯：《论原始基督教史》，中央编译局译，商务印书馆，1961。
3. 吴宇晖、张嘉昕：《外国经济思想史》，高等教育出版社，2007。

托马斯·阿奎那

作者简介

〔意〕托马斯·阿奎那（Thomas Aquinas，约公元 1225～1274 年）是西欧中世纪最著名的经院学家、神学家，被誉为"神学的泰斗"。他的著作甚多，其中最著名的是《神学大全》（1266～1273 年出版）。该书利用亚里士多德哲学中关于"第一推动者"、"最高的目的"等观点，来论证上帝创造世界万物，教权与神学高于一切的思想，被称为"托马斯主义"。这在当时不仅起着维护封建制度和天主教教权的作用，而且对后世也产生了很大的影响。1879 年天主教教皇列奥十三世颁布了一道教谕，宣称阿奎那是整个哲学和神学的大师，当代一些反动思想家利用阿奎那的学说，来对抗马克思主义的传播，形成了所谓"新托马斯主义"。

阿奎那出生于意大利那不勒斯附近的一个伯爵家庭，早年在蒙得·嘎西诺修道院和那不勒斯大学学习，26 岁时参加多米尼克教团，被派往巴黎，师从马格努学习哲学，1252 年开始在巴黎等地讲学，1259 年任罗马教廷神学顾问和讲习，1272 年主持那不勒斯的多米尼克教团研究室工作。1274 年去世，年仅 49 岁。

《神学大全》

❧ 本书精要 ❧

本书是托马斯·阿奎那的代表作,是集中世纪经院哲学大成的著作,全书分成几百个问题,其中关于经济思想的问题主要有私有财产符合自然法则、劳动的等级划分以及"公平价格"等,总的目的是为封建私有制和封建等级制辩护,但他关于"有必要在物物之间等价交换",价值按农民和手工业者生产商品所需耗费劳动量的状况决定的论述,不自觉地走到了劳动价值论的边沿。

❧ 作品内容 ❧

《神学大全》是阿奎那的代表作,是他从1265～1273年间写成的60种著作的汇编。此书的英译本共20册,分为三大部分,其中第二大部分是研究"人和他的本性",所谓"本性"是指人类的行为准则,包括各种主要德行的讨论,其中之一为"正义",并因此涉及商品交换及其价格形成与货币等问题,归根结底涉及经济制度和体制问题。其主要思想可概括为以下几个方面。

一 关于自然法的观念

这个观念最初出自古希腊斯多噶派,罗马法学家根据天主教教义进一步发挥了这一观念。阿奎那提出支配宇宙秩序和社会秩序的法律有四种（永恒法、自然法、人法、神法），其中永恒法是基本法，为诸法之首，自然法是立法的基础，人法是实在法，神法就是《圣经》中的启示。

阿奎那认为，根据永恒法和自然法，上帝创造宇宙万物时，就有"高级"与"低级"之分，"下等人"必须受制于"上等人"，从事体力劳动是低贱的，从事脑力劳动才是高尚的。因此，封建等级是符合自然法的，是上帝意志的体现，私有财产是符合人的本性的，它可以导致效率与和平。显然，这种观点完全是为封建等级制度和私有财产辩护。

二 关于"公平价格"思想

这是西欧中世纪教会学者关于价格和交换法法则的一种解释。其目的在于反对商人的贱买贵卖，防止商品交换中的欺骗行为，以巩固封建制度秩序。

《神学大全》是在"人是否可以合法地按照高于物品所值的价格出卖该物品"这个题目下讨论了"公平价格"问题。阿奎那认为，一种物品的公平价格就是它的所值，按照高于该物品之所值卖出或低于该商品之所值买进，就是不公平和不合法的。

阿奎那提出以上观点的依据，是《新约·马太福音》第7章第12节中的这样一种观点：你们愿意人怎样对待你们，你们也要怎样对待人。这种观点不能算错，但是不够科学，因为它没有科学说明"所值"的"值"是指什么的问题，因而也就说明不了"公平价格"的标准问题，因此人们可以任意加以解释，而阿奎那是用宗教伦理的观点来解释的，必然流入主观唯心主义。

有人认为，阿奎那所谓的"值"是指"价值"，甚至认为是劳动价值论的观点。这是不符合实际的。正如马克思指出的那样，"亚里士多德在商品的价值表现中发现了等同关系，正是在这里闪耀出他的天才的光辉。只是他所处的社会的历史限制，使他不能发现这种等同关系'实际上'是什么"。① 马克思这个评价，对阿奎那也是完全适用的。

三 关于"商业"的观点

商业是商品交换的行业，是在人类第三次大分工后逐渐出现的。但是在漫长的奴隶社会和封建社会里，一般是轻视商业的。西欧早期的教会作者对商业持否定态度，认为商业是一种贱买贵卖的行为，其罪恶甚至超过盗窃。但是到13世纪商品货币经济已有较大发展、教会也卷入其中而得利时，便需要为商业正名，因此阿奎那也开始修正对商业的态度。他认为商业虽然是卑鄙的行业，但以满足生活需要为目的的交换是值得称赞的，牧师们可以毫无顾忌地从事这种商品交换；至于贱买贵卖，在特定情况下也是可以的，对贱买贵卖获利，既不该赞美也不该谴责，它在道德上是中性的。

四 关于货币和利息的观点

中世纪教会对利息（特别是高利贷）采取严厉的批判态度，并严禁放债取息。但在货币信贷关系已有较大发展、教会本身也卷入其中时，就有必要修正和重新解释过去的观点。阿奎那的观点代表了宗教教规与教会世俗利益之间的一种妥协。

阿奎那首先肯定放债取息是一种不公正行为。并根据罗马法，将交换商品分为两类：一类是在使用中被消费掉的物品，如食品和酒类等，这类物品的所有权和使用权是分不开的，如果允许这类物品放债取息，就等于把同一物品两次出卖，把一种并不存在的东西用来出卖，这就犯了不公正的罪行；另一类是在使用中并不会消费掉的物品，如房屋，其使用权和所有权可以分开，一个人把房屋的使用权转让给别人时，可以保留对它的所有权，对其支付出让使用权的报酬是合理的。而对货币贷款取息则是不公正的，而且是违法的，对高利贷则是要坚决取缔的。

---

① 《马克思恩格斯全集》第23卷，人民出版社，1972，第75页。

阿奎那关于利息是补偿损失和风险的观点，与现代西方经济学关于利息理论的本质认识相距甚远。

简要评述

《神学大全》是西欧中世纪最著名的一部著作。虽然它主要是论述当时宗教教义的观点，但其中的经济观点也是值得称道的。因为它不仅坚持了神学的主体观点，而且结合当时的特点对其中的经济观点作了一些纠正和发展，使之在西欧经济思想史的发展中居于重要的地位。

（何　林）

参考文献

1. 〔意〕阿奎那：《神学大全》，转引自〔美〕门罗编《早期经济思想》，蔡受百译，商务印书馆，1985。
2. 鲁友章、李宗正：《经济学说史》上册，人民出版社，1979。
3. 吴宇晖、张嘉昕：《外国经济思想史》，高等教育出版社，2007。

托马斯·莫尔

作者简介

〔英〕托马斯·莫尔（Thomas More，1478～1535年）出生于英国伦敦一个大法官家庭，原在牛津大学攻读古典文学，后遵父命改学法律学，毕业后任律师，后被选为英国下议院议员，不久任议长，1529年被任命为大法官。三年后因在宗教政策上与国王发生分歧，被迫辞去议长职务，两年后因拒绝宣誓承认国王为教会领袖，于1535年被处死刑，时年57岁。1886年天主教会追封他为"圣徒"。他于1516年用拉丁文出版的《乌托邦》一书，在他去世后曾先后被译为德、意、法、英、俄等文字出版，中译本于1956年由三联书店出版。

《乌托邦》

∽ 本书精要 ∽

本书是西欧思想家尖锐抨击君主专制制度,第一次深刻揭露英国资本主义原始积累时期的"圈地运动"和"羊吃人"的残酷剥削和掠夺农民的罪行,提出了消灭私有制的理想社会——乌托邦,从而引出了一系列的空想社会主义和共产主义思想,成为马克思的科学社会主义理论的思想来源之一,对后世社会主义运动产生了重大影响。

∽ 作品内容 ∽

《乌托邦》的全名为《关于最完美的国家制度和乌托邦新岛的既有益又有趣的金书》,"乌托邦"一词是希腊文的音译,"乌"原意是"没有","托邦"原意是"地方",两者合起来,含义就是"没有的地方",后被意译为"空想",如"空想社会主义"其原名为"乌托邦社会主义"。

《乌托邦》一书分为两大部分,论述的是葡人拉斐尔·希斯拉德曾随同阿美利哥·韦斯浦契出航海外,后两人失去联系,希斯拉德独自在一个岛上生活了五年,《乌托邦》中记载了他的见闻,莫尔借希斯拉德之言,表达了他对当时英国政治制度的不满和对未来理想社会的臆想。他所设想的社会具体如下。

一 政治制度

他所设想的乌托邦是一个海岛,共有54个城市(隐含当时的英伦三岛)。乌托邦最高权力机构是元老院,每年由各城市选派三人为元老,共商国家大事;城市各级首长由民主投票选举产生,城市最高首领和各区首席代表经常举行会议,决定各种重大事务,任何人不得私自决定,违犯者将被处以死刑。

二　基本经济制度

乌托邦内一切均为公有,不仅生产资料公有,消费资料也是公有,私有住宅必须每10年抽签调换一次。坚决杜绝私有制和私有观念的复辟。

在生产组织方面,元老院对各地区的生产产品进行统计,但生产的直接组织者是各城市而不是国家。各地区的生产单位是家庭,其基本职业是手工业,没有职业农民,人人住在城市,轮流下乡从事两年农业生产。劳动在乌托邦内是每个人应尽的义务,没有游手好闲的人,各人都能尽其所能,每天劳动时间为6小时。从事科学研究的人可以免去农村劳动,负责社会管理事务的领导人在任职期间也可免去体力劳动。一些又脏又苦的劳动主要由奴隶负担。

三　产品分配制度

各个家庭要把所生产的产品全部交到公共仓库,再从公共仓库领取所需要的物品。城市里人吃饭有公共食堂,在乡村的人可以在家中进餐,各处有很宽大的医院,病人可以受到特殊照顾,五岁以下的婴儿有保姆照管;对男女规定不同的服装,其样式和颜色长期不变,坚决不允许把垃圾带进城市,以防污染。

四　产品交换制度

乌托邦不存在商品交换,因而不需要有货币。但是并不排除对外贸易,规定在保证本岛居民有两年以上的消费品存量的条件下,剩余的产品可以出口,按公平的价格出售,也可以将其中的一部分赠送给外国的穷人。

简要评述

《乌托邦》一书第一次将财产公有制社会的理想具体化为财产公有、人人劳动、按需分配、公共食堂、公共医疗、儿童保育以及各种自由平等的理想生活，对当时遭受封建专制和资本原始积累残酷压榨的平民来说，当然具有巨大的吸引力。但是正如恩格斯所说："解决社会问题的办法还隐藏在不发达的经济关系中，所以只有从头脑中产生出来，它愈是制定得详尽周密，就愈是要陷入纯粹的幻想。"[①]

（何炼成）

参考文献

1. 〔英〕托马斯·莫尔：《乌托邦》，三联书店，1956。
2. 恩格斯：《反杜林论》，人民出版社，1972。
3. 鲁友章、李宗正：《经济学说史》上册，人民出版社，1979。

---

① 恩格斯：《反杜林论》，人民出版社，1972，第256页。

亨利四世*

作者简介

〔法〕安徒万·德·蒙克莱田（A. de. Montchretion，1575～1621年）是17世纪初法国重商主义的主要代表人物。早期他是一位悲剧诗人。1605年因与人决斗逃亡到英国，认识了培根，并得到英国国王詹姆斯一世的帮助，又回到法国，成为金属制造业主。他作为一位新教徒，积极支持日内瓦的宗教改革运动，在1621年参加了法国南部的新教起义，失败后惨死于天主教卫道士的长剑之下，年仅46岁。他因1615年发表《献给国王和王太后的政治经济学》而闻名后世。

---

* 编者注：因未找到蒙克莱田的肖像，本篇采用的是亨利四世（1553～1610年）的肖像，他是一位深受人民爱戴的君主，蒙克莱田的《献给国王和王太后的政治经济学》就是献给他的。

《献给国王和王太后的政治经济学》

本书精要

本书最突出的创新是第一次使用"政治经济学"这一学科名称,此名称为后世所有经济思想家所采用。其中提出了国家干预经济、保护本国工业、发展对外贸易的重商主义理论,为西欧资本主义制度的发展和确立提供了理论依据。

作品内容

一 "政治经济学"这一范畴的提出及其含义

蒙克莱田首次提出这一范畴,说明他在书中论证的不是过去按"家计"或奴隶主家庭如何管理好庄园的"经济"问题,而是对整个国家如何富强起来所提出的建议和对策,也就是如何发展工场手工业、商业贸易特别是对外贸易的问题,而且是对当时的国王和王太后的建议,因此必然涉及政治问题,这是蒙克莱田当时的本意。后来有人把它理解为"政治+经济"或"国家的政策法令",这是不符合作者原意的。

二 重商主义观点

所谓"重商主义",就是把商业作为国家富强的基础。西欧的重商主义，首先出现在农奴制瓦解最早和商品经济发展较早的意大利，至17世纪初，英、法两国的重商主义得到充分发展，蒙克莱田就是早期法国重商主义最杰出的代表。他的主要观点如下。

1. 突出强调商业和商人的重要性

蒙克莱田强调，商业是一个国家一切活动的基础，对外贸易是黄金的来源，黄金是财富的主要代表，因此外贸也是财富的主要来源。他虽然仍然坚持国家是由三个等级构成的（僧侣、贵族、第三等级），但是特别指出第三等级中的商人最重要，其他各行各业都应当为商业服务。他认为商人取得商业利润是应该的、合理的，因为，"如果不是为了追求利润，谁还肯出生入死，甘冒海上陆上种种风险。"①

2. 关于财富及其源泉

蒙克莱田认为，财富就是货币，对外贸易是财富的源泉，因为它可以获得黄金。他写道："第一个说出'货币是军事神经'话的人是一点不错的……金强于铁，所在大国都寻求获得黄金的办法。"②

上述蒙克莱田对财富的看法，从理论上来说是不确切的，但却是符合当时的实践的。

三 关于"单边外贸观"

蒙克莱田认为，作为一个主权独立、能自给自足的国家，进行外贸主要是为了推销自己的剩余产品，换取黄金货币。这种观点当然是不符合客观实际的。因此他并未轻视国内贸易，而是强调应当建立一个比邻国更为广大的自给自足的国内市场。

四 实行国家干预政策

蒙克莱田认为，政府的主要任务就是要使国家富强起来，首先是富起

---

① 转引自徐毓丹《经济学说史》，高等教育出版社，1956，第69、70页。
② 徐毓丹：《经济学说史》，高等教育出版社，1956，第70页。

来。因此国家必须干预经济的发展，实行有利于本国商人的政策。他极力反对外国商人享有与本国商人同等的权利，认为外国商人的活动对本国经济发展是有害的。他把外国商人比做榨取本国财富的"汲筒"。他主张对外国商人购买本国的生活必需品征收高额出口税，并禁止输出羊毛等原材料。他还提出了国家干预经济的各种具体建议。

五 "农民是国家的双足"

蒙克莱田重视商业和商人，但并不轻视农民。他同情农民的处境，提出"农民是国家的双足，他们支持着和负担着国家的全部体重。我王上应当特别关怀他们。"①

简要评述

本书第一次使用"政治经济学"这一范畴，在经济思想史上具有重要的地位，虽然本书并未形成政治经济学的理论体系，但其中关于重视商业和财富的观点，为后来的古典政治经济学奠定了思想基础。

（何炼成）

参考文献

1. 〔法〕蒙克莱田：《献给国王和王太后的政治经济学》。参见苏联卢森贝《政治经济学史》上册，三联书店，1962。
2. 恩格斯：《政治经济学批判大纲》。《马克思恩格斯全集》第1卷，人民出版社，1956。
3. 鲁友章、李宗正主编《经济学说史》上册，人民出版社，1979。

---

① 转引自徐毓丹《经济学说史》，高等教育出版社，1956，第69、70页。

弗朗斯瓦·魁奈

作者简介

〔法〕弗朗斯瓦·魁奈（F. Quesnay，1694～1774年）是一位医生，又是重农学派的领袖和重农主义理论体系的创建者，法国资产阶级古典经济学的主要代表。魁奈1694年6月4日出生于巴黎近郊一个律师家庭，因兄弟姐妹太多，未能受到高等教育。从16岁开始当外科医生学徒，到附近的大学学习医学、化学、植物学、数学、哲学等。24岁时成为一名小有名气的外科医生，55岁时被任命为国王路易十五的宠妃的侍医，住进凡尔赛宫，后又被任命为路易十五的侍医。在此期间，他有机会结识当时法国的哲学家和经济学家。开始研究经济问题，在十几年内先后发表了20篇经济论著，其中关于《经济表》的3篇最为著名，成为西欧重农主义学派的代表作。1774年去世，享年80岁。

《经济表》附《经济表的说明》和《经济表的分析》

本书精要

本书是西欧 17 世纪重农学派的代表作。魁奈根据自然秩序的社会观和方法论,认为人类社会和自然界一样,存在着客观的自然秩序,人们必须以自然法则为依据,在商品经济条件下,必须遵守等价交换的规律。据此,他提出"纯产品"理论,来论证剩余产品的分配问题。

作品内容

一 "纯产品"理论

这是魁奈经济思想的中心内容,由此引申出他的社会阶级结构理论、资本理论、再生产理论等。

首先,"纯产品"理论同他对财富的看法密切相关。他认为,财富不是货币,而是物质资料(即物质使用价值),即把交换价值实际还原为使用价值,从而否定了价值。

其次,在考察财富的来源时,他把财富的"增加"和"相加"区分开来,认为只有农业部门才能使物质财富的数量增加,而其他经济部门只能改变已经存在的物质资料形态,形成一种新的使用价值,但其数量不会增加,因为这些经济部门并没有创造出新的财富,只是引起财富的"相加"

而已。因此，只有农业才是财富的真正来源，"只有农业才是满足人们需要的财富的来源。"①

最后，魁奈把从农业中生产出来的产品，扣除在生产过程中所耗费的生产资料以及农业工人和农业资本家的生活资料后所剩余的产品叫做"纯产品"。②

二 关于社会阶级结构的理论

魁奈根据对"纯产品"的生产和占有的关系，将社会全体成员划分为三个阶级：生产阶级、土地所有者阶级、不生产阶级。

第一，生产阶级：是耕种土地、逐年再生产国民财富的阶级。他们预付农业劳动上的开支，并为土地所有者提供每年的收入。他们要担负产品出卖以前的一切支出和劳动。

第二，土地所有者阶级：包括君主、土地所有者以及"什一税"的征收者。他们依靠纯产品来生活，是生产阶级支付给土地所有者阶级的。

第三，不生产阶级：是由从事农业以外的其他工作和劳动的人组成，他们的支出是从生产阶级和土地所有者那里取得的。

魁奈认为，手工业和工业是不生产的。它们的发展不能使国家的财富和收入增加，反要受到这些财富和收入的限制。对土地所有者阶级，魁奈认为既不能把它归入生产阶级，也不能把它和不生产阶级混同起来，应当把它列为社会的第三阶级。

三 魁奈的"再生产"理论

这是魁奈《经济表》中的主要内容，也是最精彩的思想。

第一，魁奈认为，人们只有依靠继续消费和不断再生产才能生存，而要进行再生产就必须先有财富的支出。人们要生存，就必须有可供他们持

---

① 参见《魁奈经济著作选集》，吴斐丹、张草纫选译，商务印书馆，1979，第408页。
② 参见《魁奈经济著作选集》，吴斐丹、张草纫选译，商务印书馆，1979，第41页。

续不断消费的生活资料,这些生活资料的生产和更新,便是物质财富的再生产。

第二,关于生产性支出和非生产性支出的区分。魁奈认为,所谓生产就是财富的创造与增加,否则就不是生产。生产性财富就是能够使财富和收入继续得到再生产的财富,而非生产性财富则是只能用于消费并被消灭的财富。生产性支出是指用于再生产财富和收入支出(即主要用于发展农业的支出),非生产性支出是不能再生产财富和收入的支出(主要用于工商业和服务业的支出)。

第三,关于农业再生产的支出和新增财富的创造及其与社会各阶级的关系。魁奈认为,"土地的纯产品是由三种所有者,就是国家、土地所有者和十分之一税征收者所分配。"①

第四,关于再生产的规模和条件。魁奈将再生产的规模分为三种:简单再生产、扩大再生产、缩小再生产。他以简单再生产为例进行论证:要达到每年再生产50亿总产品和20亿纯产品,租地农场主必须支出100亿原预付和每年同样数额的年预付20亿,这是实现和维持简单再生产所必须具备的条件。② 另一个条件是在流通和分配过程中需要一定货币量作为交换中介,并使这个货币量与每年的"纯产品"保持平衡。此外,还要考虑支出和收入、消费和生产以及人口和财富之间的均衡关系。

第五,关于再生产过程。魁奈用《经济表》加以说明。在该书中,他制作了十几张图式,可以归结为三种基本类型:锯齿图式、提要图式和算术图示。其中算术图示是1766年在《经济表的分析》中提出来的,最能表达他的重农主义经济理论体系,后来马克思在《资本论》第二卷、《剩余价值理论》第一册,恩格斯在《反杜林论》"批判史论述"中所引和详细分析的就是这个算术图示,因此这个算术图示也被称为"《经济表》的数学公式"。

---

① 《魁奈经济著作选集》,商务印书馆,1979,第340页。
② 蒋自强等:《经济思想通史》第1卷,浙江大学出版社,1999,第311页。

简要评述

马克思指出:"重农学派的巨大功绩是,他们把这些形式看成社会的生理形式,即从生产本身的自然必然性产生的,不以意志、政策等等为转移的形式。这是物质规律;错误只在于,他们把社会的一个特定历史阶段的物质规律看成同样支配着一切社会形式的抽象规律。"①

(何 林)

参考文献

1. 〔法〕魁奈:《魁奈经济著作选集》,吴斐丹、张草纫选译,商务印书馆,1975。
2. 《马克思恩格斯全集》第26卷Ⅰ,人民出版社,1972,第366页。
3. 陈岱孙主编《政治经济学史》上册,吉林人民出版社,1981。

---

① 《马克思恩格斯全集》第26卷Ⅰ,人民出版社,1972,第366页。

让-沙尔-列奥纳尔·西蒙·德·西斯蒙第

作者简介

〔法〕让-沙尔-列奥纳尔·西蒙·德·西斯蒙第（Jean-Choules-Ceonarde Simonde de Sismondi，1773~1842年），出生于瑞士日内瓦法语区一个新教牧师家庭，祖先是意大利贵族，16世纪定居于法国多菲尼，1685年全家被迫移居日内瓦，由于家道中落而从大学辍学，到里昂一家银行当职员，法国大革命后重返日内瓦。不久法国革命党人推翻了贵族政权，他家先后移居英国和意大利，1800年重返日内瓦。从此，西斯蒙第专心著书立说，1838年被选入法国社会政治科学院，1841年被政府授予荣誉军团大十字勋章。

1803年，西斯蒙第出版了他的早期著作《论商业财富》，以斯密信徒的身份介绍英国古典政治经济学，此后转向研究历史，完成了两部历史著作《意大利共和国史》和《法兰西史》。1818年他应邀为《爱丁堡百科全书》撰写政治经济学论文，他提出与古典学派不同的观点。1819年出版了《政治经济学新原理或论财富同人口的关系》（简称《新原理》）。1837~1838年又出版了《政治经济学研究》（两卷集）来支持《新原理》一书。1842年去世，终年69岁。

《政治经济学新原理》

∽ 本书精要 ∽

本书是西欧思想家第一本代表小资产阶级的经济学著作。西斯蒙第是瑞士日内瓦法语居民区的居民,其学术思想继承了法国的学术传统,他以对古典政治经济学"自身的怀疑"的独特方式,完成了法国古典政治经济学,同时,他又是小资产阶级政治经济学的创始人。

∽ 作品内容 ∽

一 对法国古典政治经济学的完成

李嘉图与西斯蒙第分别是英法两国产业革命和法国资产阶级革命时代的人物,并分别为英法两国古典政治经济学的完成者。他们从不同的阶级立场来研究同一资本主义生产方式,并以截然不同的方式完成结束两国古典政治经济学的任务。

李嘉图站在英国工业资产阶级立场上,深信资本主义生产方式是绝对进步的、自然的、永恒的制度,资本主义生产方式可以促进生产力无限发展。所以他充分肯定这一生产方式,但也不隐讳资本主义制度内部的矛盾,从而把英国古典政治经济学推向了顶峰。

西斯蒙第在《政治经济学新原理》中,也接受了古典政治经济学派的若干经济范畴和原理,并作了进一步的说明和发展。例如,在价值观问题上，他接受了古典学派的劳动价值论，但在创造价值的劳动问题上，他从消费观点出发，指出了社会必要劳动时间的另一个意义，即把价值归结于必要劳动时间，归结于"全社会的需要和足以满足这种需要的劳动量之间的比例"。① 在资本问题上，西斯蒙第从资本是生产资料的传统观念出发，提出资本的物质形态随着生产过程中的一系列交换而不断改变。总之，西斯蒙第从分析资本主义的缺点和矛盾出发，否定了古典学派所宣扬的资本主义的自然性、合理性和永恒性，从而结束了法国的古典政治经济学。

二 对资本主义的批判

首先，西斯蒙第批判了资本主义不以人而以财富为经济目的的错误。他指责资本主义经济是为生产而生产，实质上是为利润而生产，这是追求财富而忘了人。而人们从事劳动生产的目的，不是为了创造财富本身，而是为了满足自己的物质和文化需要。他认为，财富正是属于人而且为人所享受的，所以，只有增加了国民享受，国民财富才算增加。②

其次，西斯蒙第认为，由于英国古典学派把财富作为经济学研究的对象而忘记了人，他们只注意探讨财富如何生产、流通和分配，而忘记了人的消费。西斯蒙第则把人的消费放在主要地位，而财富的生产、流通和分配则应由政府加以指导，以符合人们对物质财富的要求。正是从这一观点出发，他反对经济自由主义主张国家干预经济。为此他集中批判了作为经济自由主义显著特征的自由竞争。他认为只有在社会对商品需求不断增加的条件下，自由竞争才有利于生产；特别是为了加强竞争能力，资本家不但要节省原材料，更要节约人工。即使自由竞争能导致物价的降低，其利益也是微不足道的。因此，他主张由国家来限制竞争，规定竞争利用的规则。

再次，西斯蒙第对资本主义分配制度的批判以利润和工资的关系为焦点。他认为斯密和李嘉图都没有突破他们的阶级偏见局限性，都没有进一

---

① 《马克思恩格斯全集》第 13 卷，人民出版社，1962，第 51 页。
② 〔法〕西斯蒙第：《政治经济学新原理》，商务印书馆，1964，第 47、45 页。

步说明利润的源泉和本质，西斯蒙第明确指出，企业家所得的报酬，通常来自对工人的掠夺。利润的获得并不由于企业的产值大于成本，而由于企业家没有给工人以足够的劳动报酬，没有支付企业所应付的全部成本。①

最后，西斯蒙第强调指出，掠夺的结果就是社会阶级两极分化的形成，自由竞争加速了这一过程。他是第一个提出在资本主义发展过程中社会两极分化和无产阶级形成的人。他写道，工业化的结果是"中产阶级完全消灭了。社会上除了大资本家和其雇佣者外，没有其他阶级存在的余地。我们看到一个前所未有的阶级——完全没有财产的阶级——的迅速成长。"②

三 资本主义经济危机的必然性

古典学派从他们的"商品以商品来购买"的教条出发，否认商品生产和现实之间脱节的可能性，李嘉图更具体地接受了萨伊的"买即是卖，卖即是买"、"供给创造需求"的论证，认为普遍经济危机是不可能的。

西斯蒙第早在1825年出版的《新原理》一书中，不但确认了经济危机存在的现实，而且指出其不可避免性。他把资本主义社会的一切矛盾，归结成为消费和生产的矛盾，进而认为消费和生产的矛盾是资本主义的基本矛盾，这是资本主义经济危机的根源，而消费又是这一矛盾的主要方面。

西斯蒙第认为，经济危机的不可避免性的关键在于"消费不足"。由于一切财产和劳动完全分离，以及阶级的分化，随着生产不断扩大，社会上人们的收入不但不能相应地增加，反而会缩小（由于劳动者的贫困加深和扩大）。并强调指出，大生产和两极分化的出现，意味着大量小生产者的破产和小生产者收入的丧失，而这是国内消费市场的重要支柱。

西斯蒙第指出，在资本主义制度下，经济危机不是偶然的而是资本主义内在矛盾的必然定期爆发，这一点足以成为他的功绩。他看到了为生产

---

① 〔法〕西斯蒙第：《政治经济学新原理》，商务印书馆，1964，第68页。
② 〔法〕西斯蒙第：《政治经济学论丛》第2卷，商务印书馆，1964，第124页。

而生产所导致的资本主义生产的盲目性，也看到了因劳动群众的收入在国民收入分配中所占份额日益减少所导致的消费不足，从而揭露了资本主义制度下生产和消费之间不可调和的矛盾，这是他超过古典学派的地方。

但是也应当指出，西斯蒙第没有进一步深究资本主义生产方式的基本矛盾——生产的社会性与资本主义私人占有之间的矛盾，因而也就不可能理解资本主义经济危机的根本原因。

四 西斯蒙第的理想社会

西斯蒙第在他所构想的理想社会中，充分地显示出他是一个代表小资产阶级的经济学家，首先，他认为资本主义制度下的矛盾和经济危机，主要是执政者遵循错误的政策和学说的结果；一旦人们纠正了错误思想，采取了正确的学说和政策，那么社会矛盾就会消失，人民就会获得幸福的生活。因此，他把希望寄托在政府和执政者身上，主张国家干预经济。他说，当财富逐渐地均衡地增加时，当它的任何部分都不是过分迅速地发展时，这种增加才能造成普遍的福利……政府的职责就是延缓这种运动，调节这种运动。①

其次，他理想中的社会是由小生产者组成的社会。认为只要保证小生产者的独立，把社会经济的重心放在小生产之上，资本主义的矛盾以及由此所产生的经济危机都可以消除。他在《新原理》一书中，将宗法式的农民经济和城市手工业经济理想化，并把这两种经济方式和资本主义生产对立起来；他极力赞扬宗法式，美化手工业及其行会，主张把宗法制度和行会制度的原则应用到资本主义社会，来发展资本主义经济。显然这是一种不可能实现的空想。

简要评述

本书作为法国大革命后代表小资产阶级思想的代表作，在当时可谓独

---

① 〔法〕西斯蒙第：《政治经济学新原理》，商务印书馆，1977，第244页。

树一帜，特别是它对资本主义矛盾的揭露和批判，是值得称道的，它为后来马克思主义经济学的形成也提供了一定的思想资料。马克思指出，西斯蒙第由于觉察到了这种矛盾而在政治经济学上开辟了一个时代。①

但是，由于他的阶级局限性，认为这种阶级利益可以调和，因此提出许多改良主张，对资产阶级政府充满不切实际的幻想，实践证明这是完全错误的。

（何炼成）

参考文献

1. 〔法〕西斯蒙第：《政治经济学新原理》，商务印书馆，1964。
2. 《马克思恩格斯全集》第13卷，人民出版社，1962。
3. 《列宁选集》第2卷，人民出版社，1959。
4. 陈岱孙主编《政治经济学史》，吉林人民出版社，1981。

---

① 《马克思恩格斯全集》第26卷Ⅲ，人民出版社，1974，第285页。

威廉·配第

作者简介

〔英〕威廉·配第（William·Petty，1623～1687年），出生于英国小手工业者家庭，14岁到海船上当水手，后进入英国皇家海军服役，入牛津大学，1649年获医学博士学位，不久晋升为牛津大学解剖学教授。1652年成为英国侵略军总司令克伦威尔的随从医生，爱尔兰起义被镇压后任爱尔兰土地分配总监，1659年回伦敦任英国议员，1661年被国王赐封男爵并得到大量土地，成为贵族和富翁。他一生勤于写作，据说其手稿就有53箱，公开出版专著34部（其中12部发表于他逝世后）。其主要经济著作有：《赋税论》（1662），《献给英明人士》（1664年写成，1690年出版），《政治算术》（1682年写成，1690年出版），《爱尔兰的政治解剖》（1672年写成，1691年出版），《货币略论》（1682年写成，1695年出版）。这些著作论证了当时英国所遇到的税收体制、战争财政、货币改革等很多问题，并向政府提出了许多政策建议。其中论述了政治经济学的一系列重要原理，特别是关于劳动创造价值的问题，提出"劳动是财富之父，土地是财富之母"的著名论断。

《赋税论·献给英明人士·货币略论》

∽ 本书精要 ∽

本书由威廉·配第的三篇文章组成，基本上代表了他的经济思想。其中心思想是劳动创造价值的理论，是资产阶级古典政治经济学的奠基之作。马克思称之为"政治经济学作为一门独立科学分离出来的最新形式。"① 配第是"最有天才和最有创见的经济研究家"。② 并称他是"英国政治经济学之父"。③

∽ 作品内容 ∽

一 劳动价值理论

在《赋税论》中，配第把价格区分为"自然价格"和"政治价值"。前者实际上是指商品的价值，后者则是指商品的市场价格。他要解决的第一个问题是，市场价格的涨落有没有一个中心呢？他认为有中心，这个中心就是"价值"（自然价格）。价值的源泉是什么呢？他认为是"劳动"，即在生产商品时所耗费的劳动时间。他在《赋税论》中举例说，假如一个人在能生产1蒲式耳谷物的时间内，将1盎司白银从秘鲁的银矿中运来伦

---

① 《马克思恩格斯全集》第13卷，人民出版社，1962，第43页。
② 《马克思恩格斯全集》第20卷，人民出版社，1967，第255页。
③ 《马克思恩格斯全集》第13卷，人民出版社，1962，第43页。

敦，那么后者便是前者的自然价格。

根据以上原理，配第得出价值的大小以劳动生产率为转移的结论。他说，假定现在由于开采更富的新矿，获得 2 盎司银像以前获得 1 盎司银花费一样多，那么在其他条件相同的情况下，现在 1 蒲式耳谷物值 10 先令的价格，就和它以前值 5 先令的价格一样便宜。

马克思指出："配第在他的《货币论》中，对商品的价值量作了十分清楚和正确的分析。他一开始就用需要等量劳动来生产贵金属和谷物具有同一价值的例子来说明价值量，这样他就为贵金属的价值下了第一个也是最后一个'理论上的'定义"。① 也就是说，配第指出了一定数量的商品和一定数量的货币相交换，是因生产它们的劳动量相等。也就是说，劳动量是货币和其他商品得以比较的基础。

二 关于"财富"的理论

配第提出了一个名言："劳动是财富之父，土地是财富之母"。② 经济思想史学界对这句话一直有不同的看法，我国经济学界过去一般是持批判态度的。

我们认为，这里的关键在于如何理解"财富"的问题。在农业经济时代，一般认为土地和农产品是财富；在金属货币情况下，把金、银等贵金属作为财富；在资本主义商品经济条件下，一般把代表价值的货币、资本和金融作为财富。而在配第所处的时代，正处于由封建社会向资本主义社会过渡的时代，由农业经济为主向资本主义工业化过渡的时代，因此对财富的理解可能不同。配第的财富观可能是以农业用地和农业劳动来定义的，不能认为这是错误的，只能说他没有用资本主义工业化和服务业的发展中的价值财富来定义财富而已，这个方面由他的继承人亚当·斯密和李嘉图等人来补充和发展了。

---

① 《马克思恩格斯全集》第 20 卷，人民出版社，1967，第 253 页。
② 〔英〕威廉·配第：《赋税论·献给英明人士·货币略论》，陈冬野等译，商务印书馆，1978，第 71 页。

三 关于工资、地租、利息、货币的观点

关于工资。配第认为,工资也有一个自然水平,即维持工人生存的最低生活资料的价值,也就是所谓生存工资和"工资铁律"。这个概念虽然在以前就存在,但配第根据他所处的时代的实际情况,主张工人只得到生存所必要的生活资料就可以了。他说:"法律应该使劳动者只能得到适当的生活资料。因为如果你使劳动者有双倍的工资,那么劳动者实际所做的工作,就等于他实际所做和在工资不加倍时的一半。这对社会说来,就损失了同等数量的劳动所创造的产品。"①

关于地租。配第认为,地租是土地收获量减去生产费用后的全部剩余部分。生产费用包括种子和农业工人的工资。其中种子的量是确定的,而工资量却不好确定,因此在农产品价格既定的条件下,扣除生产费用不一定有剩余。那么地租从何而来?配第认为,农民"从他的收获中,扣除了自己的种子,并扣除了自己食用及为换取衣服和其他必需品而给予别人的部分之后,剩下的谷物就是这一年这块土地的当然的真正的地租。"② 显然,这样轻易地把实物的价值换算为以货币表现的价值,把地租说成是全部剩余价值,是完全错误的。

关于利息。配第认为,利息是由地租所派生的,是"货币的租金"。因为每个货币所有者,既可以用货币来购买土地收取地租,也可以把货币贷放出去收取利息;因此,利息至少应等于用本金来购买土地时所取得的地租,如果放贷有风险,则在应得利息之外,再加上一种保险费。配第还反对以法律来规定利息率,认为应由货币的供求状况来决定利息的水平。他说:"不论在什么地方,什么时候,要违背世俗的习惯,努力于限制利息,都是没理由的。"③

关于货币财富。配第基本上摆脱了重商主义的观点,并不认为拥有货币越多越好,而是认为货币过多或过少都是不利的。他说:"现有的货币

---

① 以上内容参见何炼成:《价值学说史》(修订版),商务印书馆,2006,第156~164页。
② 以上内容参见何炼成:《价值学说史》(修订版),商务印书馆,2006,第156~164页。
③ 以上内容参见何炼成:《价值学说史》(修订版),商务印书馆,2006,第156~164页。

量只要能够支付英国全部土地的半年地租、一季的房租、全体人民一星期的开销、全国出口商品的 $\frac{1}{4}$ 左右的价值，也就足够周转了。"[1] 同时，他第一次提出货币流通速度的概念，他指出："支出为 4000 万镑，如果周转期短，假定为一星期……那么，100 万镑的 $\frac{40}{52}$，就能达到这个目的。但是，如果周转期为 1 季……那么，就需要 1000 万镑，以 2 除之，就约为 550 万镑。因此，如果我们有 550 万镑，也就足够了。"[2]

配第不仅是英国古典政治经济学的创始人，他的《政治算术》一书被后世誉为国民经济统计学创始者，现代计量经济学家们也承认他是计量经济学的先驱者。

简要评述

从配第的经济学思想可以看出，马克思将他称为"英国政治经济学之父"是当之无愧的。当然，由于时代的局限，再加上经济学创新的难度，他的理论不足之处是不可避免的。他提出了劳动创造价值的观点，但是他无法理解价值的实体是什么？价值量是如何决定的？特别是关于劳动二重性的问题他更是无法理解，因此他的劳动价值论观点是不全面的，有的甚至是错误的。

（何炼成）

参考文献

1. 〔英〕威廉·配第：《赋税论·献给英明人士·货币略论》，陈冬野等译，商务印书馆，1978。
2. 马克思：《资本论》第 1 卷，《马克思恩格斯全集》第 23 卷，人民出版社，1972。
3. 陈岱孙主编《政治经济学史》，吉林人民出版社，1981。

---

[1] 以上内容参见何炼成：《价值学说史》（修订版），商务印书馆，2006，第 156~164 页。
[2] 以上内容参见何炼成：《价值学说史》（修订版），商务印书馆，2006，第 156~164 页。

亚当·斯密

作者简介

〔英〕亚当·斯密（Adam Smith，1723～1790年）出生于苏格兰法夫郡的柯尔卡迪小镇，父亲是当地海关官员。他14岁即考入格拉斯哥大学学习，后又被推选到牛津大学，毕业后留校任教，讲授逻辑学、道德哲学、文学等课程。1759年出版《道德情操论》，成为当时英国第一流的学者。1764～1766年，他带学生去法国和瑞士考察，拜访过当时重农学派的创始人魁奈和杜尔哥，为他后来写作《国民财富的性质和原因的研究》（简称《国富论》）做准备。经过6年的刻苦创作，1773年完成《国富论》的初稿，经过3年的修正和补充，于1776年正式出版。不久之后，此书便被译成几国文字，从而使亚当·斯密誉满欧洲。1778年他被任命为苏格兰爱丁堡海关税务司长，1787年被推选为格拉斯哥大学校长。1790年7月17日逝世，终年67岁。

《国民财富的性质和原因的研究》

本书精要

本书是英国古典政治经济学的代表作,该书主要研究了当时英国的国民财富的性质及其增长的性质问题,"其目的在于富国裕民"。该书共分五篇:第一篇从"分工"开始,进而研究了货币、价值和三种收入(工资、利润、地租);第二篇着重分析了资本的构成、资本积累的条件和用途;第三篇论不同国家的财富的不同发展;第四篇论政治经济学体系;第五篇论国君或国家的收入。从而创立了一个比较完整的政治经济学理论体系。

作品内容

一 《国富论》的基本思想和研究方法

1. 基本思想

研究国民财富的性质和国民财富增加的原因。

第一,国民财富是一个国家所生产的商品总量,即后来所谓的"国民生产总值"(GNP)。

第二,政治经济学的目的,就是促进国民财富的增长。其一,给人民提供立足的收入或生计;其二,给国家提供充足的收入。"总之,其目的在于富国裕民"。

第三,增加国民财富的途径:一是提高工人的劳动生产力,二是增加从事生产劳动的人数，后者主要靠增加资本。

2. 研究方法

马克思指出："斯密本人非常天真地活动于不断的矛盾之中。一方面，他探索各种经济范畴的内在联系……另一方面，他同时又按照联系在竞争现象中表面上所表现的那个样子……把联系提出来。这是两种理解方法……在斯密的著作中不仅安然并存，而且互相交错，不断自相矛盾。"① 也就是说，斯密没有将逻辑分析与历史分析结合起来，没有很好地运用抽象方法来揭示资本主义生产方式的本质。

二　关于分工学说和货币理论

1. 分工学说

斯密的《国富论》是从分工开始论述的。这是由于他认为，增加国民财富的主要原因是靠提高劳动生产力，首先是靠分工的发展。他说："劳动生产力上最大的增进，以及运用劳动时所表现的更大的熟练、技巧和判断力，似乎都是分工的结果。"②

为什么会产生分工呢？斯密认为，这是由"一种人类倾向所缓慢而逐渐造成的结果，这种倾向就是互通有无，物物交换，互相交易。"③ 并进一步引申出分工的发展受交换范围限制的观点。

2. 货币理论

斯密认为，货币是在商品交换中为了克服困难而产生的。因为在分工发达的社会里，各人所需要的物品，大多数要通过交换得到满足。他说，一切人都要依赖交换而生活，或者说，在一定程度上，一切人都成为商人，而社会本身，严格地说，也成为商业社会。他也看到在交换中存在许多矛盾和困难，为了克服这种困难，某些商品逐渐从普通商品中分离出来，发展成为货币。并指出某些商品都起过货币的作用，促进了商品流通

---

① 《马克思恩格斯全集》第26卷Ⅱ，人民出版社，1973，第181~182页。
② 亚当·斯密：《国富论》上卷，商务印书馆，1972，第5页。
③ 亚当·斯密：《国富论》上卷，商务印书馆，1972，第12页。

的发展，并极力赞扬用纸币代替金属货币流通。①

三 商品价值学说

这是《国富论》的核心理论，也是斯密在政治经济学上的主要贡献。因为他第一次宣称：任何一个生产部门的劳动都是国民财富的源泉。他鲜明地站在产业资本的立场上，一方面批判重商主义者认为只有对外贸易才是财富来源的错误观点，另一方面又克服了重农主义者认为只有农业劳动才创造财富的偏向，第一次把创造财富的劳动普遍化到各种生产领域，这是对创造价值的劳动的认识上的巨大飞跃，也因此，奠定了斯密作为古典学派劳动价值创立人的地位。正如马克思指出的："在亚当·斯密那里，政治经济学已发展为某种整体，它所包括的范围在一定程度上已经形成。"②

总之，斯密明确肯定："劳动是衡量一切商品交换价值的真实尺度。任何一个物品的真实价格，即要取得这物品实际上所付出的代价，乃是获得它的辛苦和麻烦。"③

应当指出，亚当·斯密虽然继承和发展了从配第以来关于价值由劳动耗费决定的原理，但是他和其他古典学派的劳动价值论一样，仍然具有不科学之处。例如，他们不了解劳动二重性原理，不了解价值的本质，把生产商品时所耗费的劳动与商品交换中所购买的劳动力混为一谈。由于他所处的历史时代和阶级的局限性，再加上他方法论上的矛盾，使他不可能建立首尾贯通的科学的劳动价值论。他对决定价值的劳动的说明是二重的，他的整个价值学说也是二重的。从而也就决定了他不能科学地说明资本主义生产和再生产的矛盾。

四 三个阶级和三种收入学说

斯密依据经济地位或收入状况，将当时的居民划分为三个阶级：工人

---

① 亚当·斯密：《国富论》上卷，商务印书馆，1972，第268页。
② 《马克思恩格斯全集》第26卷Ⅱ，人民出版社，1973，第181页。
③ 亚当·斯密：《国富论》上卷，商务印书馆，1972，第26页。

阶级、资本家阶级、土地所有者阶级,并以劳动价值论为基础论述了三种基本收入:工人的工资、资本家的利润、土地所有者的地租。

1. 关于工资

斯密认为,劳动的真实价格可以说是由为取得劳动而给予的生活必需品和便利品的数量构成,而劳动的名义价格则是由货币的数量构成。① 其优点是认为工资是劳动的收入,缺点是没有说明工资是雇佣劳动者的收入,也就是说没有认识工资是劳动力价值或价格的转化形式,似乎工资是全部劳动的报酬,从而掩盖了资本家剥削工人剩余劳动的本质。

2. 关于利润

斯密认为,利润是对劳动生产物的扣除。很显然,这是把利润看做一个历史的范畴,认为它是随着资本积累的出现而产生的。斯密指出:"资本主义生产是在劳动条件归一个阶级所有,而另一个阶级仅仅支配劳动能力的时刻开始的。劳动和劳动条件这种分离成为资本主义生产的前提。"② 这一论述,正确地说明了利润的本质,说明了"利润不是别的,正是工人加到劳动材料上的价值中的扣除部分。"在这个意义上,马克思指出:"斯密认识到了剩余价值的真正起源。"③

3. 关于地租

斯密从劳动价值论出发,认为地租是地主阶级不劳而获的收入。他说:"一国土地,一旦完全成为私有财产,有土地的地主,像一切其他人一样,都想不劳而获,甚至对土地的自然生产物,也要求地租。"④ 他认为"作为使用土地的代价的地租,自然是租地人按照土地实际情状所支给的最高价格。"⑤ 他还认为,自然地租不仅是全部生产物中扣除生产资料和工资以后的余额,而且还应该为农业资本家扣除一个普通的利润。此外,斯密还指出产生地租的"垄断价格"问题。

---

① 亚当·斯密:《国富论》上卷,陕西人民出版社,2001,第45页。
② 亚当·斯密:《国富论》上卷,商务印书馆,1972,第43页。
③ 《马克思恩格斯全集》第26卷Ⅰ,人民出版社,1972,第58~59页。
④ 亚当·斯密:《国富论》上卷,商务印书馆,1972,第44页。
⑤ 亚当·斯密:《国富论》上卷,商务印书馆,1972,第136页。

五 关于社会资本的再生产理论

在《国富论》第二篇中,斯密比较集中地论述社会资本及其再生产问题。他认为"资本"是社会发展到一定阶段的产物,是一个历史的范畴,它的产生和发展是影响国民财富增长的重要因素。

1. 资本的性质

斯密认为,人们手中一旦有了较多的资财,"他的全部资财于是分为两部分:他希望从中取得收入的部分,称为资本,另一部分则供目前消费。"① 可见他看到了资本在再生产中的特点,即要求带来更多的收入。但是他未区分资本家的资本和小生产者的生产资料,也不能说明资本的剥削性质。

2. 固定资本和流动资本

斯密指出:"资本可用来生产、制造或购买物品,然后卖出去以取得利润。……这样的资本可称为流动资本。""资本可以用来改良土地,购买有用的机器和工具,或用来置备无须易主或无须进一步流通即可提供利润的东西。这样的资本可称为固定资本。"② 这样的划分是斯密的首创,对于考察社会再生产中资本的运动具有重要的意义。但是其划分的标准不科学,马克思后来作了修改和论证。

3. 生产性劳动和非生产性劳动

斯密指出:"有一种劳动,加在物上,能增加物的价值;另一种劳动,却不能够。前者因可生产价值,可称为生产性劳动,后者可称为非生产性劳动。"③ 以上的划分,反映了当时资产阶级积累资本和扩大再生产的要求,这是值得称道的;但是斯密认为商品的价值只分解为工资、利润、地租三种收入,忽略了生产资料的价值,却是错误的。

4. "斯密教条"

斯密从三种收入决定价值的庸俗观点出发,认为社会总产品的价值,

---

① 亚当·斯密:《国富论》上卷,商务印书馆,1972,第254页。
② 亚当·斯密:《国富论》上卷,商务印书馆,1972,第254~255页。
③ 亚当·斯密:《国富论》上卷,商务印书馆,1972,第303页。

仅包括工资、利润、地租三个部分，在国内不同居民之间进行分配，这个观点为后来许多资产阶级经济学家所继承，却受到马克思的批判，并称之为"斯密教条"。因为它忽略了生产资料的价值，排除了进行再生产的基本条件，也堵塞了对资本主义再生产进行理论分析的可能性。

5. 总收入和纯收入

斯密认为"一个大国全部居民的总收入，包含它们土地和劳动的全部年产物。在总收入中减去维持固定资本和流动资本的费用，其余留供居民自由使用的便是纯收入。换言之，所谓纯收入，乃是以不侵蚀资本为条件，留供居民享用的资财。"① 以上观点，显然是正确的，但是这和他认为产品价值仅分解为三种收入的观点相矛盾，使其不能自圆其说。

六 经济自由主义

斯密根据以上经济思想，提出了经济自由主义政策。他认为社会经济活动存在着自然的客观规律性，顺应这些规律让其自然发展，才最有利于国民财富的增长。因此，必须采取经济自由主义政策，通过"看不见的手"来指导，国家不加任何干预，采取自由放任政策。这一政策导向，指导了欧美资本主义国家一个多世纪的经济政策，至今仍为西方经济学界所推崇。

简要评述

《国富论》是西方经济思想史上一部划时代的名著，历经一个多世纪而影响力不衰；对我国现阶段实行社会主义市场经济体制仍具有重要的参考价值，对我国经济学界坚持和发展马克思主义经济学也具有重要意义。

（何炼成）

---

① 亚当·斯密：《国富论》上卷，商务印书馆，1972，第 261 页。

参考文献

1. 〔英〕亚当·斯密：《国民财富的性质和原因的研究》（《国富论》），商务印书馆，1972。
2. 马克思：《剩余价值理论》，《马克思恩格斯全集》第 26 卷Ⅰ、Ⅱ，人民出版社，1972。
3. 陈岱孙主编《政治经济学史》，吉林人民出版社，1981。

大卫·李嘉图

作者简介

〔英〕大卫·李嘉图（David Ricardo，1772~1823年），出生在伦敦一个信奉犹太教的证券交易所经纪人家庭。仅受过初等教育，14岁进入其父在伦敦经营的交易所工作。1793年，他决定和一个教友派的女子结婚，受其父痛斥并被逐出家门，并剥夺了他的财产继承权，迫使他不得不独立谋生，在股票投机中大发其财，几乎成为百万富翁。

后来他离开股票交易所，专门从事科学研究。钻研过数学、物理学、化学、地质学等。1799年，27岁的李嘉图开始接触经济学，对《国富论》产生了极大的兴趣。当时正值英国新兴资产阶级与封建贵族之间的矛盾日益尖锐，学者们对当时严重的经济问题展开了两场大论战：一是关于银券兑换问题，二是关于"谷物法"问题。李嘉图积极参加了这两次大论战，受到当时学术界的重视，产生了很大影响。接着他从政治经济学的基本原理进行了研究，最后写成《政治经济学及赋税原理》一书，成为英国经济学界的权威教材，以致影响西欧各国。1823年9月，他因内耳炎复发而突然去世，享年仅51岁。

《政治经济学及赋税原理》

本书精要

本书是英国古典学派的完成者李嘉图的代表作。李嘉图站在当时英国工业资产阶级的立场上,对封建主义制度下的谷物法与收入分配制度进行了批判;从理论上纠正了亚当·斯密对劳动价值论的混淆,坚持了劳动时间决定商品价值量的原理,并以此为基础来分析资本主义制度下的工资、利润和地租这三种基本收入的关系问题。

作品内容

本书共分32章。正如马克思指出的:"李嘉图的理论完全包括在他这部著作的前六章中。"[①] 前六章的内容分别是:论价值、论地租、论矿山租金、论自然价格与市场价格、论工资、论利润。可概括为五论:价值论、分配论、自由贸易论、货币论、再生产论。

一 关于价值论

本书基本上继承和进一步发展了亚当·斯密的劳动价值学说。

李嘉图接受了斯密对使用价值和交换价值的划分。但是纠正了斯密认

[①] 《马克思恩格斯全集》第26卷Ⅱ,人民出版社,1973,第184页。

为没有效用的商品也具有交换价值的观点，并明确指出，对人们没有效用的东西，无论怎样稀少或花费多少劳动，都不会具有交换价值，这实际上是把使用价值看成是交换价值的物质承担者。

商品的交换价值是如何决定的呢？李嘉图认为可分两种情况：一种是由商品的稀少性决定，如古董、珍藏很久的葡萄酒等；一种就是垄断条件下的某些商品，即垄断价格等。在这里，李嘉图把自己的研究仅限于能够不断再生产的商品价值，这是他的一个功绩。但是，他同斯密一样，都是不了解商品和价值的本质，把交换价值与价值混为一谈，他们都没有把价值从交换价值（或价值形式）中抽象出来，只是在交换价值形式上研究价值。

李嘉图的主要科学功绩，是他始终坚持劳动时间决定商品价值的原理。他批评了斯密用购买到的劳动决定价值的错误观点，强调指出只能由生产商品所耗费的劳动决定价值，而价值量的大小则与这种劳动量成正比。但是，他并没有真正了解斯密的错误在于没有把资本家与工人之间的交换看成资本与劳动力的交换，而看成资本与活劳动的交换。实际上，李嘉图犯了和斯密同样的错误。

李嘉图认为，商品价值中不仅包括直接生产该商品时耗费的劳动，而且还包括生产生产资料时所必需的劳动，这是对斯密劳动价值论的一个修正和发展。但是他同斯密一样不理解劳动二重性学说，即具体劳动转移生产资料的价值、抽象劳动创造新价值的道理；因此他们都忽视了创造价值的劳动的性质，忽视了价值是商品生产者之间的一种社会关系，只有商品生产者的劳动才具有创造价值的能力。

李嘉图只注意商品的价值量的分析，而忽视了创造价值的劳动性质，因此他虽然正确地认为价值量是由社会必要劳动量决定的，但是他不知道为何和如何确定生产商品的社会必要劳动量，他把生产商品的社会必要劳动量，归结为最坏生产条件下的劳动耗费量。他错误地把当时的农业生产条件推广到工业生产中去。他忽视了工业中劳动生产率的提高和竞争过程中生产条件最差的企业会被淘汰的事实，并不像农业中要受土地经营垄断的限制，因而工业品的价值量是由平均的、中等生产条件下的劳动耗费决定。

关于价值转化为生产价格问题，是马克思在《资本论》第三卷中首次论证的，在19世纪末才面世，因此前人都没有论及，李嘉图也不例外。首先，他把价值与生产价格混为一谈，因此他始终不能说明等量资本获得等量利润问题，以及用价值规律说明资本与劳动的交换问题，从而导致李嘉图学派的解体。

二　关于分配论

李嘉图认为，社会总产品要在地主、资本家、工人之间进行分配，"确立支配这种分配的法则，乃是政治经济学的主要问题。"[①] 李嘉图分配论的核心，实质上是剩余价值为何分割为利润和地租的问题。他从工人阶级所得的工资出发，因为工资在社会产品中所占份额起着决定作用；利润是剩余价值超过工资的余额，地租是商品价值超过工资加利润的余额。在他的分配论中，注意的是地租、利润、工资三者之间量的相互关系。

1. 关于地租

李嘉图首先提出"纯地租"这一范畴。他认为地主从出租土地上得到的收入并不都是地租，不应当把地租和土地租金中所包含的地主投资在土地上的资本利息混淆起来，他认为地租只应是"纯地租"。马克思后来指出了这个范畴的非科学性。

李嘉图的地租理论的贡献在于，他用劳动价值学说，论证了资本主义制度下的地租是价值规律作用的结果。据此他考察了资本主义级差地租的两种形态，即由于不同土地的质量和位置不同而形成的级差地租，在同一块土地上追加等量资本和劳动生产率不同的条件而形成的级差地租。最后得出地租总是由于使用两份等量资本和劳动而获得的产品之间的差额的结论。

李嘉图地租理论的不科学之处在于，一是没有突出资本主义制度下的地租的特点，把它和封建地租混为一谈；二是把级差地租形成的条件作为

---

① 〔英〕李嘉图：《政治经济学及赋税原理》，郭大力、王亚南译，商务印书馆，1962，第3页。

原因,这是不符合客观实际的;三是用"土地收益递减规律"来说明级差地租形成的原因,这在生产力和技术水平不变的条件下可能有说服力,但在生产力和科学技术发展的条件下则不适用了;四是他否定绝对地租的存在,这显然是违反实际的,因为土地所有者绝不可能无偿出租土地。

2. 关于利润

李嘉图因袭了经济学家习惯的看法,认为工资和地租都是所谓生产费用,资本家支付了这两种生产费用后,剩下的就是利润。至于这种利润如何而来,李嘉图没有用劳动价值论来研究这一问题,没有把利润和工资的对立看做资本主义制度的特殊历史规律,而是看做永恒的自然规律,因而就不可能理解剩余价值及其规律问题。正是从这个意义上来说,李嘉图没有科学的利润理论。

但是,李嘉图从利润和工资在分配中的对立出发,揭露了资本家和工人阶级之间的矛盾,这反映了当时英国工人阶级和资产阶级斗争的实况,这是难能可贵的。由此出发,他进一步探讨了在社会财富增长和人口过度繁殖的情况下,从两者变化的趋向提出了利润率下降趋势的论断。他痛心疾首地指出,在社会生产不断发展的情况下,利润将会不断下降。其中最根本的原因是地租的过快增长。这反映了当时资产阶级和地主阶级之间的矛盾是主要的社会矛盾,而工人阶级和资产阶级的矛盾是次要的。但从理论上来说,利润率的下降并不等于利润量的减少,恰好相反,在平均利润率下降的同时,资本家所得利润量是不断增加的,最吃亏的仍然是工人阶级。

3. 关于工资

李嘉图始终把工资和雇佣工人的收入联系在一起,这是他超越其他古典学派学者的地方;但是他又同其他古典学派的学者一样,仍然错误地把工资看成"劳动的价格",而没有涉及"劳动力"这一范畴,把劳动和劳动力混为一谈,因此也就没有科学的劳动价值论和工资理论。

例如,李嘉图以劳动市场上对劳动的供求规律来论证工资必然等于最低生活资料的价值。也区分了劳动的"市场价格"和"自然价格"。前者是"根据供求比例的自然作用实际支付的价格",后者是"让劳动者大体上能够生活下去并不增不减地延续其后裔所必需的价格"①；前者是随着劳动市场供求的变化而变化的，而后者在一定社会历史条件下则是不变的。以上论证从形式上看似乎正确，但如果把劳动与劳动力区别开来则大谬不然了。

三　关于货币论与国际贸易学说

李嘉图把劳动价值量应用于货币论，认为商品和货币（金属货币）的交换，与商品和其他商品的交换一样，都是等量劳动的交换。据此他提出以下观点。

1. 商品和货币的等价交换说明了商品的自然价格

商品的自然价格变动的原因，可以在商品方面，也可以在货币方面。商品价值的改变引起商品自然价格作同方向的改变；而货币价值的改变引起商品自然价格作反方向的改变。由此得出一条决定流通商品的货币量的原理，即"一国所能运用的货币量必然取决于其价值。"② 货币价值愈大，所需的货币量愈少；货币价值愈小，所需的货币量愈大。

2. 货币数量学说

把在一定限度内适用于纸币流通的规律作为一般的货币流通规律，从而得出所谓货币数量学说。据此学说，一个国家的货币量增加了，它的价值便下降，其表现形式是一般物价水平的上涨；货币量减少了，它的价值便上升，其表现形式是一般物价水平的下降。很显然，这个学说和李嘉图先前所提出的货币流通量系于货币的价值量的原理相矛盾。因为依据货币数量说，货币的价值反而系于它的流通量。可见他片面地把货币归结为流通手段，而忽视了货币首先是作为价值尺度的职能。

3. 比较成本学说

李嘉图在古典经济学的国际贸易理论方面最杰出的贡献在于提出了比

---

① 〔英〕李嘉图：《政治经济学及赋税原理》，郭大力、王亚南译，商务印书馆，1962，第 77~78 页。
② 〔英〕李嘉图：《政治经济学及赋税原理》，郭大力、王亚南译，商务印书馆，1962，第 301 页。

较成本学说，从而发展了斯密的"地域分工论"的贸易学说。

该学说认为，每个国家应该根据国内各种商品生产成本的相对差别，专门生产成本比较低的商品来出口，而在生产中成本比较高的商品，即使生产该商品的成本绝对低于其他国家，仍以从国外进口为更有利。这一学说证明，即使在各种商品生产成本方面，一个国家均占绝对优势，而另一个国家都处于绝对劣势，仍然存在着有利于双方的国际分工和贸易的可能性；只要两国各自生产在比较成本上相对有利的商品，通过国际贸易互相交换，彼此都能节省劳动，得到好处。他以英、葡两国各自生产毛呢和葡萄酒为例加以说明，并提出了一个国际分工的模式："正是这一原理，决定葡萄酒应在法国和葡萄牙酿制，谷物应在美国和波兰种植，金属制品及其他商品则应在英国制造。"[①] 很明显，这是完全代表英国资产阶级利益，反映英国资产阶级企图使英国成为"世界工厂"的愿望。

4. 自由贸易思想

李嘉图是自由贸易的积极拥护者。他在斯密的外贸理论的基础上，进一步发展了古典学派的国际自由贸易学说。

首先，他从进口国的观点出发，认为外国生产的商品的价值，不取决于该商品在国外生产所实际耗费的劳动量，而取决于为了换取该商品，本国所提供的商品所包含的劳动量。因此，"对外贸易的扩张虽然大大有助于一国商品总量的增长，从而使享受品总量增加，但却不会直接增加一国的价值总额。"[②]

其次，自由贸易的好处，在于它增加了本国国民收入所能购得的商品的数量和品种，在于商品价格的低廉，为储蓄和资本积累提供了充分条件。

最后，李嘉图坚决地站在英国工业资产阶级的立场上，在讨论国际贸易时，回顾了他所念念不忘的利润和地租的矛盾，再一次抨击了"谷物法"对于资本积累的阻碍。

[①] 《李嘉图著作和通信集》第 1 卷，郭大力、王亚南译，商务印书馆，1981，第 113 页。
[②] 〔英〕李嘉图：《政治经济学及赋税原理》，郭大力、王亚南译，商务印书馆，1962，第 108 页。

简要评述

本书作为英国古典政治经济学最终完成的代表作,具有划时代的意义。本书在坚持和发展亚当·斯密的劳动价值论上作出了重要贡献,为后来马克思建立科学的劳动价值论提供了重要的思想资料。李嘉图在剩余价值的分配问题的分析论述上,虽然明显有代表当时英国资产阶级利益的烙印,但却为后来马克思和恩格斯论述资产阶级剩余价值的分配问题提供了一些思路。

(何炼成)

参考文献

1. 〔英〕大卫·李嘉图:《政治经济学及赋税原理》,郭大力、王亚南译,商务印书馆,1962。
2. 马克思:《资本论》第3卷,《马克思恩格斯全集》第25卷,人民出版社,1974。
3. 陈岱孙主编《政治经济学史》,吉林人民出版社,1981。

托马斯·罗伯特·马尔萨斯

作者简介

〔英〕托马斯·罗伯特·马尔萨斯（Thomas Robert Melthus，1766～1834年），出身于英国贵族地主家庭，早年受教于他的父亲，1784年入剑桥大学攻读哲学和神学，毕业后曾任乡村牧师、神学院教师。1798年匿名发表《人口原理》小册子，1803年用真名出版《人口原理》第2版，内容扩充到数十万字，从此声名远扬。1805年被聘为伦敦东印度学院历史和经济学终身教授，也是伦敦政治经济学会和统计学会的创始人，英国皇家协会会员。

此外，他还著有《对谷物法影响的观察》（1814）、《地租的性质与发展的研究》（1815）、《政治经济学原理》（1820）、《价值尺度》（1823）、《政治经济学定义》（1827）等论著，是一位多产作家。1834年去世，终年68岁。

《人口原理》

◎ 本书精要 ◎

本书是马尔萨斯早期的代表作，他以此书闻名于世。该书提出关于人口问题的两个公理、两个级数和三个法则，强调人口增长受生活资料增长的制约，人口增长应与生活资料的增长保持适当比例；并指出人口过剩的危害性，论证人口、就业、收入之间的相互影响，提出应采取相应措施抑制人口过快增长。

◎ 作品内容 ◎

一　两个公理

第一，食物为人类生存所必需；第二，两性间的情欲是必然的，且几乎会保持现状。由此马尔萨斯推论出：人类有无限增殖的倾向，而食物却不能无限增长。人口有超过生活资料许可范围而增长的这一恒常的趋势。

二　两个级数

马尔萨斯认定，人口是按 1、2、4、8、16、32……的几何级数增加；而生活资料则只能按 1、2、3、4、5、6……的算术级数增加。这两个不同增长率的结果，必然是人口增长超过生活资料的增长。《人口原理》第 2

版又提出，如果人口增长不受抑制，则每 25 年翻一倍是必然的，其根据是，1800 年前的一个半世纪内，北美人口每 25 年甚至更短时间内就增加一倍；生活资料按算术级数增加，是根据"土地报酬递减规律"推论的，因为在这个规律作用下，食物增长额是递减的，其增长率无法达到算术级数。所以按算术级数增长，是食物增长的最佳比率。因此，"土地收益递减规律"是马尔萨斯人口理论的基础。

三 三个法则

第一，人口必然为生活资料所限制。

第二，只要生活资料增长，人口一定会坚定不移地增长，除非受到某种非常有力而又显著的抑制因素的阻止。

第三，这些抑制，和那些遏止人口的优势力量并使其结果与生活资料保持同一水平的抑制、全部可以归纳为道德的节制，罪恶和贫困。这里所谓的道德抑制，就是禁育和晚婚。所谓罪恶和贫困，就是用自然的或人为的强有力的手段来消灭过剩人口。

四 两个办法

一个是积极的办法，即通过战争、瘟疫和饥荒，提高人口死亡率；一个是消极的办法，即通过罪恶（即非自然的节育行为）和道德的约束，降低出生率。马尔萨斯认为应劝说人们实行道德的约束，不应该鼓励人口增长。尤其是要劝说穷人谨慎行事，主张无力抚养子女者不要结婚。

因此，他强烈地反对济贫法，主张国家不应承认穷人有受救济的权利，认为私人或公共的慈善事业绝对解决不了造成穷人贫困的根源。在他看来，财产私有制是保持人口增殖同生活资料增长之间平衡的最有效的制度。

简要评述

《人口原理》一书发表以来，受到英国乃至西欧资产阶级及其政府的称赞，说明了它的阶级立场是很鲜明的。后来受到社会主义国家经济学界的批判也是必然的。但是从学术观点来说，其中也有一些内容是符合实际的，值得发展中的国家执政者重视并慎重处理。

（何炼成）

参考文献

1. 〔英〕马尔萨斯：《人口原理》，子箕等译，商务印书馆，1961。
2. 马克思：《资本论》第 1 卷；《马克思恩格斯全集》第 23 卷，人民出版社，1972。
3. 鲁友章、李宗正：《经济学说史》（上册），人民出版社，1979。
4. 吴宇晖、张嘉昕：《外国经济思想史》，高等教育出版社，2007。

让－巴蒂斯特·萨伊

作者简介

〔法〕让－巴蒂斯特·萨伊（Jean-BaptisteSay，1767～1832年），出身于法国里昂的一个商人家庭，不到12岁时因父亲经商破产而中断学习，被迫到一家商店当学徒，不久随其兄到英国学习经商，回国后任一家保险公司经理的秘书，法国资产阶级革命后，他曾一度参军远征。雅各宾党上台后他脱离革命，开始从事写作。1794年曾任《哲学、文艺和政治旬刊》的主编，1803年发表了《政治经济学概论》一书，提倡自由贸易，反对拿破仑的大陆封锁政策，也因此，萨伊被逼解职。波旁王朝复辟后，派他去英国考察，从1816年开始，萨伊成为法国第一个系统讲授政治经济学的教授，1817年出版《政治经济学精义》小册子，后又写成《政治经济学教程》一书，作为他的代表作《政治经济学概论》的续集。1817年任巴黎工艺美术学院工业经济学教授，1830年任法兰西学院政治经济学教授，直至1832年逝世，终年65岁。

《政治经济学概论》

❧ 本书精要 ❧

萨伊是斯密的《国富论》在欧洲大陆的传播者，本书是他的代表作。他去掉了斯密的劳动价值和资本剥削劳动的思想，而代之以效用价值论、生产三要素论、三位一体分配论等，使政治经济学走向庸俗化的方向。

❧ 作品内容 ❧

一　混乱的价值理论

萨伊的价值理论非常混乱，是由效用价值论、生产费用价值论、供求价值论拼凑而成的。他首先提出了效用价值论，当感到不能自圆其说时，又用供求价值论加以补充，最后又转向生产费用价值论。但是，效用价值论是他的出发点，也是其庸俗价值论的核心。具体说明如下。

1. 效用是价值的基础

萨伊认为，人们所给予物品的价值，是由物品的用途而产生的。……当人们承认某东西有价值时，所根据的总是它的有用性。这是千真万确的，没有用的东西，谁也不肯给予价值。……因此，物品的效用就是物品价值的基础。

2. 生产三要素共同创造价值

萨伊认为，效用是价值的基础，而效用又是由三要素（劳动、资本、自然）共同创造的，因此三要素是价值的源泉。他认为，价值是劳动（或不如说人类的勤劳）的作用、自然所提供的各种要素的作用和资本的作用联合产生的成果。①

3. 价值取决于效用的生产费用

萨伊认为，既然劳动、资本、土地都是产品价值的源泉，而这三个要素都要支付一定的代价，劳动要支付工资、资本要支付利息、土地要支付地租，这三者构成产品效用的生产费用，正是这种费用决定产品的价值。他说，产品的全部价值分解为各种人的收入，因为任何产品的总价值，都是由促成它的生产的土地所有者、资本家和勤劳者的利润相加而成的。②

4. 供求关系决定价值

萨伊认为，价格是测量物品的价值的尺度，而物品的价值又是测量物品效用的尺度。③

总之，萨伊的价值理论是混乱的，也是庸俗的，他的这些观点后来演化成为各种庸俗的价值学说，因此萨伊是资产阶级庸俗价值论的"开山鼻祖"。

二 "三要素"和分配论

这是萨伊从他混乱的价值论引申出来的分配论。即劳动——工资，资本——利息，土地——地租。马克思将这种庸俗的理论，讽刺为"三位一体公式"。④

首先，萨伊完全抛弃了古典政治经济学工资理论的科学因素，而继承其庸俗因素，断言工资就是雇佣工人的劳动所生产出来的那一部分价值，由资本家全部付给工人的报酬，因此不存在什么剥削。

其次，关于资本所得利息，萨伊根据资本主义社会的表象，将其区分为企业收入和利息，其中利息是"对于资本的效用或使用所付的租金"，

---

① 转引自李嘉图《政治经济学及赋税原理》，商务印书馆，1962，第243页。
② 转引自《马克思恩格斯全集》第26卷Ⅰ，人民出版社，1972，第139页。
③ 〔法〕萨伊：《政治经济学概论》，商务印书馆，1963，第330页。
④ 参见马克思《资本论》第3卷第48章。

而企业收入则是对企业家的事业心及其才能、冒险精神等的报酬，因此资本家和企业家不是一回事。

最后，关于地主和地租，萨伊一方面抛弃了斯密关于地租是农业工作劳动生产物一个扣除部分的科学论断，另一方面又认为地租是地主实行节约和发挥智慧的结果，这显然是为地主阶级辩护。当时即遭到李嘉图的批判。当然，李嘉图的目的是为了证明地主和资本家的利益是对立的，而萨伊把地主与资本家混为一谈，企图证明社会各阶级的利益是一致的，根本不存在矛盾。

三 所谓"萨伊定律"

这是萨伊的营销理论，即认为商品是为了出卖的，每一个商品的卖主同时也就是其他商品的买主。换言之，供给会给自己创造需求，就全社会而言，总供给和总需求一定是恒等的，因而不可能出现生产过剩的危机。

马克思指出："在这里，经济学辩护士的方法有两个特征：第一，简单地抽出商品流通和直接的产品交换之间的区别，把二者等同起来。第二，企图把资本主义生产当事人之间的关系，归结为商品流通所产生的简单关系，从而否认资本主义生产过程的矛盾。"[①]

总之，萨伊定律是以歪曲资本主义的现实，把商品流通归结为生产物的直接交换作为前提的。因此，他从其销售论所得出的四个结论，也与资本主义现实毫无共同之点。他的第一个结论抹杀了资本主义再生产过程的矛盾和危机的必然性；第二个结论抹杀了资本主义制度下城乡之间、各个产业部门之间的对立和矛盾；第三个结论抹杀了资本主义国家同落后国家和殖民地国家之间的对立和矛盾；第四个结论从工业资产阶级立场出发，反对只消费而不生产的土地贵族，但是当工业资产阶级和土地贵族之间没有利益冲突时，萨伊总是拥护有产阶级的。

---

① 《马克思恩格斯全集》第23卷，人民出版社，1972，第133页。

简要评述

萨伊定律是建立在一系列不符合资本主义现实的前提假定之上的,是不理解物物交换、一般商品交换和资本主义商品交换三者本质区别的结果。马克思指出,"危机有规律地反复出现把萨伊等人的胡说实际上变成了一种只在繁荣时期才使用,一到危机就被抛弃的空话。"①

(何炼成)

参考文献

1. 〔法〕萨伊:《政治经济学概论》,商务印书馆,1963。
2. 《马克思恩格斯全集》第 26 卷Ⅲ,人民出版社,1974。
3. 《马克思恩格斯全集》第 23 卷,人民出版社,1972。
4. 陈岱孙主编《政治经济学史》上册,吉林人民出版社,1981。
5. 吴宇晖、张嘉昕:《外国经济思想史》,高等教育出版社,2007。

---

① 《马克思恩格斯全集》第 26 卷Ⅱ,人民出版社,1973,第 570 页。

昂利·克劳德 – 圣西门

作者简介

〔法〕昂利·克劳德 – 圣西门（Henri Claude Saint-Simon，1760～1825年），出生于法国巴黎一个古老的贵族世家。他生活在法国大动荡时期，经历了法国封建制度的瓦解、资产阶级大革命、多次政变和波旁王朝复辟的政治大变动。

圣西门从小就受到良好的家庭教育，深受当时法国著名的"百科全书派"的影响。他17岁入伍，1779年赴美参加反对英国殖民统治的独立战争，1789年法国大革命爆发他回国参加革命，并宣布放弃其贵族的身份，后由于他不赞同革命的恐怖行为，退出革命，转而参加投机买卖。1797年他退出商业领域，开始进行科研活动，并周游英法等国进行实地考察，逐步形成了他对新社会的设想，先后发表有关论著10本。1825年最后出版了他的代表作《新基督教》，完成了他所创建的空想社会主义思想体系。同年因贫困劳累而去世，终年65岁。

《新基督教》

本书精要

本书是圣西门最后出版的代表作,表述了他对未来社会的理想。强调"劳动是一切美德的源泉,最有益的劳动应受到尊重。"批判了当时的阶级剥削制度,提出建立科学和实业制度,使全体人民都拥有财产所有权,社会权力将由对人的统治变为对物的管理和对生产活动的管理,消费品的分配采取"各按其能"、"各按其劳"的原则。从而勾画出他所设想的新社会——协作制。

作品内容

一 本书思想的形成过程

圣西门的第一部论著《一个日内瓦居民给当代人的信》写于1802年,其中已包含有他的空想社会主义的一些基本思想,但是没有引起人们的注意。到1814年,他和梯也里合写了一本名为《论欧洲社会的改组》的书(梯也里是历史学家,曾当过圣西门的秘书),该书受到社会的重视,圣西门开始闻名于世。1817~1818年,他出版了自己的选集,其中包括他的名著《给一个美国人的信》和《论财产和法制》,开始涉及当时的经济问题。1821年,他发表了描绘未来社会制度的专著《论实业制度》,在该书的题词上写道:"直到目前,人们都盲目地传说黄金时代是属于过去的事,其实它还在将来。"说明他当时已形成了自己的理想社会,以致到 1825 年他在最后的论著《新基督教》一书中,最终完成了空想社会主义思想大厦。

二 新的社会发展观及其对现存制度的批判

圣西门认为,人类历史的发展是有规律性的,它的发展是后浪推前浪,过去发生的一切和未来将要发生的一切,形成一个级数,这个级数的前项是过去,后项是未来。[①] 圣西门认为,人类只有对过去和现在进行深入的研究,才能够发现它的内部联系或规律,才能预见未来。这种思想贯穿在他的所有论著中,成为他的空想社会主义学说的核心。

但是,圣西门深受唯心史观的影响,认为社会发展不是取决于物质资料的生产方式,而是取决于包括理智、科学、道德和宗教等在内的人类理性,理性在不断发展,现实生活也在理性范围内发展。进而又把哲学家视为人类理性的化身,借助他们的理性的发展,人类就可以改造社会,建立新的社会制度。因此,这种新的社会制度必然是一种不可能实现的空想。

正是根据以上观点,圣西门把人类社会历史发展分为四个阶段:一是和理性发展的偶像崇拜阶段相适应的是人类的原始时期;二是和多神论发展时期相适应的奴隶社会;三是当基督教一神论代替了多神论,人类社会就进入了神学的和封建的制度。现在则是要建立与工业发达相适应的"实业和科学体系"。现行的资本主义制度不过是从"神学和封建体系"向"实业和科学体系"过渡的一个中间阶段而已。

总之,圣西门以理性的发展作为划分历史阶段的依据是一种历史唯心主义观点;但是他把社会发展看做从低级阶段到高级阶段的历史进程,而不是永恒不变的制度;他深信人类社会是不断进步的,人类的黄金时代并不在过去而是在未来,他认为自己就是为这个时代的到来而努力的。

圣西门认为,当时法国的政治已走上反动,法国的政治局势是非常令人痛心的……最高当局把授予它的力量用在建立完全有利于统治者和有损于被统治者的秩序方面。并且对外进行野蛮的侵略。他认为利己主义是这

---

① 《圣西门选集》上卷,王燕生等译,商务印书馆,1962,第 90 页。

种政治病的根源，又进一步侵害整个社会。他写道，到如今，贪婪已变成在每个人身上占有统治地位的感情；利己主义这个人类的坏疽，侵害着一切政治机体，并成为一切社会阶级的通病。①

三 "实业制度"

这是圣西门对未来理想社会制度的构想。其具体内容是：

关于"实业制度"的领导机构，应当和现行的国家机构根本不同。它是建立在根本不同的原则基础上。他说，直到如今，统治者都把人民看做自己的领地；他的一切政治计划实质上不是为了经营领地，就是为了扩大领地。甚至在这种计划当中，一些有益于被统治者的计划，也只是由统治者当做使自己的财产更有扩大和更加巩固的手段而想出来的。②

圣西门在《新基督教》一书中明确指出，人们应当把自己的社会组织得尽量有益于最大多数的人；人们应当把在最短期间内用最合适的方式改善人数最多阶级的精神和物质的状况的事业，作为自己的一切劳动和一切活动的目的。

"实业制度"的职能，同旧制度下国家的根本职能不同。圣西门指出，在旧制度下，一些主要措施的目的，自然是使政府拥有巨大的权力，加固上层阶级压制下层阶级的权力，而在新制度下与此完全相反，主要的措施都以制定明确的和配合得十分合理的工作计划为目的，所计划的工作都是社会为了改进它的全体成员在政治和道德方面的处境而应当实施的。由此他认为，在新制度下，政治学就是关于生产的科学，也就是目的在于建立最有利于各种生产的事物秩序的科学。③

关于"实业制度"的领导组织形式，圣西门提出最高领导机关由科学院和最高行政委员会构成，遵照上帝的意志以新基督教的形式组织起来。科学院由最优秀的科学家、艺术家、学者们组成，负责国民教育等工作；最高行政委员会，也叫实业家委员会，由最有实力的实业家组成，负责编

---

① 《圣西门选集》上卷，王燕生等译，商务印书馆，1962，第39、276页。
② 《圣西门选集》下卷，王燕生等译，商务印书馆，1962，第226页。
③ 《圣西门选集》下卷，王燕生等译，商务印书馆，1962，第211页。

制国家预算,检查预算执行情况。在这一"实业制度"中,"一切特权都将废除,而且也不能让它们恢复,因为将要建立起尽可能完全平等的制度。"①

简要评述

本书是空想社会主义的第一部著作,此后引出傅立叶和欧文的空想社会主义思想的进一步发展和欧文的实践,成为马克思和恩格斯创立科学社会主义的思想资料。但是由于它是空想的,因而也是不成熟的,甚至有些观点还是错误的,当然我们不能苛求于前人。

(何 林)

参考文献

1. 《圣西门选集》,王燕生等译,商务印书馆,1962。
2. 恩格斯:《反杜林论》第三编,人民出版社,1970。
3. 陈岱孙主编《政治经济学史》,吉林人民出版社,1981。

---

① 《圣西门选集》下卷,王燕生等译,商务印书馆,1962,第70页。

罗伯特·欧文

作者简介

〔英〕罗伯特·欧文（Robert Owen，1771~1858年）生于英国威尔士蒙哥马利郡的新镇，其父是个小手工业者，家境贫穷，9岁即到一个小铺当学徒，10岁外出谋生，先后到曼彻斯特、伦敦等城市打工；1789年后自己经营一个小纺织厂，1791年受聘去管理一个大纺织厂。1794年加入由伦敦和曼彻斯特三家老字号企业组成的"查尔顿特威斯特公司"并任经理，开始对工厂进行改革：缩短工人的劳动时间，提高工人的工资，工厂停产时工资照发，并建造工人住宅，创办幼儿园和子弟学校，并在厂内设公共食堂、商店、医院、俱乐部等设施。从而大大改善了工人的生活条件，提高了工人的劳动积极性，也增加了资本家的利润，被誉为"模范工厂"。1830年以后，在欧文主义的影响下，英国建立了许多合作社，并在伦敦建立了"全国劳动产品公平交易市场"。1833年他又领导成立了"大不列颠和爱尔兰全国产业部门大联盟"，1834年被迫解散。1834~1845年间，他又组织过"和谐大厅"和"皇后林新村"，但都以失败告终。欧文于1858年去世，终年87岁。

《新道德世界书》

本书精要

本书是欧文对他所向往的新世界的描述。欧文对资本主义社会的道德进行了批判，对新社会进行了构想，即建立"合作公社"，从而消灭私有制，建立公有制，实行产品的按需分配。因此，欧文被后人称为"空想共产主义者"。

作品内容

一 对资本主义制度的批判

欧文认为，资本主义一切罪恶的根源在于私有制度。他说，私有财产或私有制，过去和现在都是人们所犯的无数罪行和所遭的无数灾祸的原因。[①]

资本主义工业的发展给工人带来严重的灾难。欧文指出，英国在半个世纪内，由于采用机器生产，产品增长了11倍以上，但大量财富均被少数资本家占有了，而对工人阶级却带来贫困和痛苦。他强调指出现在，世界上充满了财富，而且这种财富有继续大量增加的可能性，但到处是一片贫困。[②]

---

① 《欧文选集》下卷，柯象峰等译，商务印书馆，1965，第83页。
② 《欧文选集》上卷，柯象峰等译，商务印书馆，1965，第218页。

对当时英国出现的经济危机，欧文认为这是资本主义制度矛盾发展的表现。欧文从中得出结论：既然劳动创造财富，创造财富的劳动者就应当享受全部劳动产品。他说，富人所持有的一切，都是从这个阶级身上得来的。富人们之所以能陶醉于有害自己的过分奢侈的生活，只是由于依靠穷人的劳动；这些穷人，甚至连足够的生活必需品都无法得到，至于周围所见到的无数生活享用品就更不用提了。①

二 建立"合作公社"及其实践

"合作公社"是欧文理想社会中的基层组织。1817年，他在《致工业和劳动贫民救济协会委员会报告书》中提出这一思想，1820年在《致纳克郡报告》中进一步发展了这一思想，1842～1844年发表的《新道德世界书》中对此作了比较全面的论述。其中对"合作公社"内的建筑物布局、生产基地、生活设施都进行了具体的安排，设想把整个"合作公社"建成一个方形的新村，主要建筑均集中在公社中心地区，外围是住宅、医院、客房等。

"合作公社"的规模，应遵循以下原则：他们的利益都要求以最少的劳动消费量，以最有利于生产者和社会的方式最大量地创造具有内在价值的产品。②

"合作公社"是建立在财产公有制的基础上，公社中全体成员集体生产劳动，集体进行消费。公社"是根据联合劳动、联合消费、联合保有财产和特权平均的原则建立起来的。"③

"合作公社"的生产内容既包括工业，也包括农业，每个公社形成一个由农、工、商、学结合起来的大家庭，在矿业区或渔业区，这种秩序可因地制宜地加以改变。④ 公社全体成员都参加集体生产劳动，没有游手好闲的人，也没有失业者。人们的劳动不再是被迫的，而是自愿的愉快的事

---

① 《欧文选集》上卷，柯象峰等译，商务印书馆，1965，第149页。
② 《欧文选集》上卷，柯象峰等译，商务印书馆，1965，第319页。
③ 《欧文选集》上卷，柯象峰等译，商务印书馆，1965，第320页。
④ 《欧文选集》上卷，柯象峰等译，商务印书馆，1965，第129页。

情。同时，每个人在农业上和工业上也尽可能多地调换工作，并且相应地训练青年从事尽可能全面的技术活动。①

关于"合作公社"的分配，欧文提出，这种社会的成员将通过简易、正常、健康和合理的工作，生产出满足其消费欲望还有余的为数极多的剩余产品。因此可以让每个人都随便到公社的总仓库中去领取他所要领的任何物品。②但是，在他试验的"新协和公社"中，实行的仍然是按劳付酬，只是计划逐步创造条件达到按需分配。

实行教育与生产劳动相结合的原则。欧文认为，儿童除学习文化科学知识外，应从小就根据他们的体力参加一定的劳动，把参加劳动作为受教育的一个重要方面。后来马克思强调指出："正如我们在罗伯特·欧文那里可以详细看到的那样，从工厂制度中萌发出了未来教育的萌芽，未来教育对所有已满一定年龄的儿童来说，就是生产劳动同智育和体育相结合，它不仅是提高社会生产的一种方法，而且是造就全面发展的人的唯一方法。"③

简要评述

欧文对"合作公社"的设想，提出的许多重要的理论观点，对于后来启发工人阶级的觉悟，对马克思科学社会主义理论的创立，都是极为宝贵的思想资料。但是由于当时的历史条件，他的"合作公社"的思想总体上是"空想的"。因为他并没有认识到资本主义制度的基本矛盾及其发展的规律性，没有明确实现新制度的阶级力量，特别是他反对进行阶级斗争，力图通过示范和说服教育的方法达到改造社会的目的，这注定是无法成功的。

（何　林）

---

① 《马克思恩格斯选集》第3卷，人民出版社，1972，第332页。
② 《欧文选集》上卷，柯象峰等译，商务印书馆，1965，第347页。
③ 《马克思恩格斯选集》第23卷，人民出版社，1972，第530页。

参考文献

1. 〔英〕罗伯特·欧文:《新道德世界书》,《欧文选集》,商务印书馆,1965。
2. 《马克思恩格斯选集》第 3 卷,人民出版社,1972。
3. 陈岱孙主编《政治经济学史》上册,吉林人民出版社,1981。

弗里德里希·李斯特

作者简介

〔德〕弗里德里希·李斯特（Friedrich List，1789～1846 年）是德国 19 世纪上半叶著名经济学家和历史学派的先驱者。他出生在德国符腾堡的一个皮革匠家庭，1806 年通过自学参加文官考试，到政府机关任一般职员。1817 年任图宾根大学财政学教授，1820 年当选为符腾堡议会议员。1840 年获耶拿大学名誉法学博士学位。1841 年出版了他的《政治经济学的国民体系》。由于一生坎坷，1846 年，李斯特自杀身亡，年仅 57 岁。

《政治经济学的国民体系》

本书精要

本书是德国历史学派的先驱李斯特的代表作。其主要内容是实行工业保护关税政策，反对英法古典学派的自由贸易理论与政策，以建立和发展德国的工业。为此，他首先提出"国家经济学"的概念，以对抗英法的古典政治经济学。

作品内容

本书共分四编：第一编是对西欧各国经济发展的历史回顾，并从中归纳出历史教训；本编采用的是历史归纳的分析方法，因此被后人称为德国历史学派的先驱；第二篇阐述作者的理论观点，是全书的精华所在；第三编是介绍李斯特之前各派的经济理论，并对这些经济理论进行了评论；第四编是具体的政策主张。

全书阐述的经济理论包括四个方面：第一部分是生产力理论；第二部分是关于工业对国民经济的重要作用；第三部分是保护关税的政策主张；第四部分是殖民主义的倾向。现分述如下。

一 生产力理论

关于生产力的决定作用，李斯特指出，财富的原因与财富本身完全不同，而作为财富原因的生产力比之财富本身，不晓得要重要到多少倍。①

李斯特的生产力理论包括以下内容。

1. 精神生产力

李斯特提出"精神劳动的生产力"的概念，把它看成是"精神资本"。他指出，近一千年以来在科学与艺术、国家与社会制度、智力培养、生产效能这些方面的进步，以及许多世代一切发现、发明、改进和努力等等累积的结果，这些就是现代人类的精神资本。② 此外，精神生产力不仅体现在个人生产力、各种物质生产部门中，还体现在进取精神、刻苦耐劳精神、重视公道精神、自由独立精神、宗教、教育和道德状况之中。

2. 自然生产力

指某地区的"现存的天然富源"。对农业而言，指土地资源的富饶程度；对工业来说，指风力、水力、矿产等工业所需要的各种资源。自然生产力并不是一个恒量，它随精神生产力、科技和工业的发展而发展。

3. 物质生产力

即"工具力"或"物质资本"。它是人们用体力劳动和脑力劳动生产的"物质产品的工具（即农业的、工业的与商业的物质资本）。"③ 科技与工业的结合产生了一种巨大的物质力量——机械力量。而且，物质生产力和精神生产力二者相互促进、互相依赖、共同推动国民经济的发展。

4. 个人生产力

指个人进行财富创造性的能力。它从本质上讲源于社会，是个人通过社会教化而形成的。个人生产与社会之间相互作用：一方面，前者以后者的高度发达为前提；另一方面，前者的充分发展是后者发展的最宝贵资源。

5. 政治生产力

它体现为：一方面，政府向个人提供发挥其生产力的各种社会、政治

---

① 〔德〕弗里德里希·李斯特：《政治经济学的国民体系》，陈万煦译，商务印书馆，1981，第118页。
② 〔德〕弗里德里希·李斯特：《政治经济学的国民体系》，陈万煦译，商务印书馆，1961，第124页。
③ 〔德〕弗里德里希·李斯特：《政治经济学的国民体系》，陈万煦译，商务印书馆，1961，第193页。

和法律条件；另一方面，国家通过各项政策干预经济运行，合理地整合个人生产力，使之最大可能地有利于国民经济发展。

6. 国家生产力

国家生产力是第一至第四种生产力在政治生产力的整合下，形成的总体生产力。

二 关于工业化的战略思想

1. 发展工业的重大意义

李斯特提出，工业的发展能扩大社会所用资源的范围，提高对自然资源和自然力的利用程度。他说，工业可以使无数的自然资源和自然力转化为生产资本。建立工业对于增加国家的物质资本，也就是他所说的工具力的重要作用。此外，工业的建立有助于使农业的剩余产品转化为工业的物质资本。最后，李斯特还提出了工业发展对科学技术发展的促进作用。[1]

2. 工业的发展对其他产业发展的关系

李斯特指出，一个国家没有工业，只经营农业，就等于一个个人在物质生产中少了一个膀子。单纯的农业国同其他工业发达国家往来，那么它"在经济上、政治上总是要或多或少处于从属地位的"。更为严重的是纯农业国还可能由于外贸逆差而诱发信用危机，给国民经济的发展带来极为不利的影响。此外，纯农业国的货币制度也往往是从属于工业国的。总之，农业繁荣的根本原因主要是由于工业的发展。关于商业，李斯特指出商业是依存于工农业的，其中工业的发展将给予商业以极大的刺激。

总之，李斯特关于工业化的思想，特别强调工业发展对提高一国生产力的重要作用，对于当时德国经济的发展来说，起了重要的指导作用，对20世纪以来的发展中国家来说，也具有重要的借鉴意义。

---

[1] 〔德〕弗里德里希·李斯特：《政治经济学的国民体系》，陈万煦译，商务印书馆，1981，第189、173页。

三　关于关税保护制度

这是李斯特根据当时德国的具体情况所提出的政策主张,对德国经济的发展也起到了至关重要的作用。

为了证明自由贸易制度的不合理性,李斯特首先批判了英国古典学派所提倡的自由贸易制度,否认了斯密的那只"看不见的手"的功能。认为个人竭力促进自己的私利未必就一定促进社会公益,指出"国家生产力的综合并不等于在分别考虑下一切个人生产力的综合"。①

李斯特认为,实行国与国之间的自由贸易必须具备一定的前提条件。前提条件之一就是要有"一个包括一切国家在内的世界联盟作为持久和平的保证"。② 前提条件之二是实行自由贸易的国家工业水平必须达到相当的程度。

李斯特反对斯密等人的自由放任主张,认为一国的经济越发展,国家在立法和行政方面的干预就越不可少。他还用英美两国的实例说明国家干预的必要性。在他看来,当时的德国正处于需要实行外贸限制政策的时期,因此国家干预的主要表现就是实行保护关税政策。

李斯特的保护关税政策并不是闭关锁国,并不排斥引进外国资本和技术。他提出实行保护制度有两个步骤:首先是把外国工业品从国内市场排挤出去;其次是鼓励外资和外国技术和人员的流入。同时,他的保护政策并不是对一切产品都实行保护,而是对农业和工业产品区别对待,对农业原料和工业品加以区分。

李斯特从当时德国的利益出发,指出斯密等鼓吹自由贸易的局限性,即在国力不同等时自由贸易将损害相对落后的国家。这一见解在当前也仍然具有现实意义,值得发展中国家重视。此外,他作为当时德国新兴资产阶级的代言人,有着特别强烈的殖民主义倾向,对俾斯麦推行"铁血政

---

① 〔德〕弗里德里希·李斯特:《政治经济学的国民体系》,陈万煦译,商务印书馆,1981,第149页。
② 〔德〕弗里德里希·李斯特:《政治经济学的国民体系》,陈万煦译,商务印书馆,1981,第109页。

策"起了一定的作用。

简要评述

李斯特是德国资本主义发展初期的德国民族资产阶级的代言人。他的经济理论体系，一方面反映了当时新兴的工业资产阶级的利益，符合提高生产力的要求，另一方面也反映了德国资产阶级竭力向外扩张，力图占有殖民地的强烈的殖民主义影响。

（何炼成）

参考文献

1. 〔德〕韦里德里希·李斯特：《政治经济学的国民体系》，陈万煦译，商务印书馆，1961。
2. 马克思：《剩余价值理论》，《马克思恩格斯全集》第 26 卷 Ⅲ，人民出版社，1974。
3. 鲁友章、李宗正：《经济学说史》上册，人民出版社，1979。

约翰·斯图亚特·穆勒

作者简介

　　〔英〕约翰·斯图亚特·穆勒（John StuartMill，1806～1878年）是19世纪中叶英国著名的经济学家、哲学家和逻辑学家，也是一位资产阶级自由主义代表人物和著名的社会活动家。他是詹姆斯·穆勒的长子，从小就受到英国古典政治经济学的熏陶；他在法国居住时，又认识了萨伊和圣西门等人，并接受了他们的某些观点。从1823～1858年，他一直在东印度公司任职。1865～1868年间，他曾当选为英国议会议员。1830～1831年间，他曾写过5篇经济学论文。他的主要经济学著作是出版于1848年的《政治经济学原理以及对社会哲学的某些应用》（一般简称《政治经济学原理》）。该书除前面七篇"序言"外，下分五篇正文，即生产、分配、交换、社会进步、论政府之影响。该书在很长时间内一直被英国经济学界奉为经济学理论的"圣经"，政治经济学必读的教科书，一直到19世纪末才逐渐被边际效用学派代替。他反对美洲的奴隶制，并为妇女选举权四处奔走，提出保障人权法案。在一次选举中失败后，他移居法国的阿维尼翁地区，1878年逝世，终年72岁。

《政治经济学原理》

∽ 本书精要 ∽

本书是穆勒的代表作,是古典经济学的集大成者。穆勒把斯密、李嘉图以来各种互相对立的学说折中成一个平和的经济思想体系,完成了经济学说史上的第一次大综合。他被视为李嘉图学说的正统继承者,并可与斯密相提并论。马克思虽然批判他是"没有生气的折中主义",但承认他是"有良心的学者"。

∽ 作品内容 ∽

一 生产理论

他从生产的一般要素出发,认为任何社会生产都必须具备以下三个要素,即劳动、资本及自然所提供的材料或动力。[①]

1. 关于劳动

穆勒根据劳动对生产所起的作用,认为劳动所生产的效用有三种:第一种是固定并体现在外界对象物上的效用;第二种是培植自身或他人的体力或智力的劳动;第三种是给人们提供一定快乐或避免烦恼痛苦的活动。关于劳动的生产性和非生产性,穆勒认为一切直接或间接生产物质产品的劳动都是生产劳动,否则都是非生产性劳动。

---

① 《穆勒经济学原理》,郭大力译,世界书局,1936,第96页。

2. 关于资本

穆勒认为，资本是"蓄积的原先劳动的生产物。劳动生产物的这种蓄积名为资本"，被蓄积的劳动之所以成为资本，就是"因为它是生产地被使用"，因此，"资本是被用以再生产的财富。"①

3. 关于"自然所提供的材料与动力"

穆勒认为自然界所提供的材料和动力，是进行生产所不可缺少的必要条件，它是生产的"自然要素"，因为它所包括的"都不是劳动的生产物"。

4. 关于生产增加

穆勒认为，生产增加第一依存于劳动，而劳动的增加即"是人口的增加"。生产增加第二依存于资本，而资本的增加又依存于两事，即节蓄所留出的基金的多寡及节蓄欲望的强弱。生产增加第三依存于土地，而土地生产的基本规律，就是土地报酬递减率。

二 分配理论

1. 关于工资

穆勒认为竞争是工资的主要支配者。工资取决于劳动的需要与供给，即取决于人口和资本。从劳动的供求决定工资高低的观点出发，他认为物价的涨跌，通常是通过影响劳动的供给来影响工资的。所以，工资取决于资本与劳动的比例的法则，不会因物价变化而动摇。

2. 关于利润

穆勒认为，劳动者的工资是劳动的报酬，同样，资本家的利润……则是忍欲的报酬。他从西尼尔的节欲论出发，认为总利润必须分成三个部分：利息、保险费、监督工资。他的这种利润观与萨伊的"三位一体公式"相比较，可以说是殊途同归。关于利润的来源，他认为在于生产力，在于劳动所生产的产品多于所耗费的产品。

---

① 《穆勒经济学原理》，郭大力译，世界书局，1936，第53、59页。

3. 关于利润率

穆勒认为利润最终取决于两个要素：一是生产物的数量，二是劳动者在生产物中所得的比例，因此，利润率与劳动者的报酬成反比例。这是由于他混淆了利润与剩余价值、利润率与剩余价值率的缘故。

三 关于价值理论

穆勒的价值理论是以交换价值完全代替价值、否认价值实体的存在而开始的。在他看来，价值只是一个相对术语，而不是商品本身所具有的内在实体。

穆勒在歪曲了价值概念后，就进而论述价值的决定，他把生产费用、供求关系、节欲论等庸俗价值决定论折中调和起来，形成了他的折中调和价值论。他认为，劳动、生产费用、供求关系等虽然都决定商品价值，但它们不能决定一切商品的价值，而只能各自决定某一类商品的价值。他把商品分为三类：第一类是数量绝对有限、供给不能任意增加的商品；第二类是供给数量可以无限增加而其单位生产费用不会提高的商品；第三类是供给数量可以增加而其单位生产费用会随着提高的商品。然后具体分析了这三类商品的价值决定问题。

总之，穆勒采用折中调和的方法，把古典学派的劳动价值论与各种庸俗价值论结合起来，形成了一个折中调和的价值论，从而为以后的边际效用价值论的形成和发展铺平了道路。

关于国际价值。穆勒认为，在国际贸易中由于存在以国界为标志的政治体制的障碍，劳动和资本不能自由转移，因而很难形成一个统一的国际市场价值，因此他认为，商品价值的决定，在国际贸易中"生产费的法则是不适用的"，而只能决定于"别一个法则，即供给与需求的法则"，穆勒把它称之为"国际需求方程式"。①

---

① 《穆勒经济学原理》，郭大力译，世界书局，1936，第 546 页。

简要评述

本书所建立的折中主义的经济理论体系,不仅影响到以后资产阶级的经济学演变和发展,而且为马克思主义政治经济学的创立,提供了某些思想资料。例如,马克思在评论穆勒的利润时,第一次表述了关于价值转化为生产价格的理论,以及穆勒关于供求关系对确定国际贸易交换比例,从而使价值规律在国际市场上作用形式发生重大变化的见解,对于国际贸易理论的研究也具有一定启示意义。

(何炼成)

参考文献

1. 《穆勒经济学原理》,郭大力译,世界书局,1936。
2. 马克思:《资本论》第1卷,人民出版社,1975,第17页。
3. 陈岱孙主编《政治经济学史》上册,吉林人民出版社,1981。

纳索·威廉·西尼尔

作者简介

〔英〕纳索·威廉·西尼尔（NassauWilliamSeniou,1790～1864年）生于英格兰巴格夏郡一个乡村牧师家庭，1811年毕业于牛津大学法律系，1815年获法学硕士学位，1819年任高级律师。1825～1830年任牛津大学政治经济学教授，1831年被委任为伦敦国王学院政治经济学教授，1832～1857年先后受聘为济贫委员会、工厂委员会、教育委员会委员，并参与制定1834年颁布的济贫法修正条例。1860年任英国科学会经济分会主席。他一生著作很多，《政治经济学大纲》为其代表作。1864年逝世，享年74岁。

《政治经济学大纲》

~ 本书精要 ~

本书是 19 世纪英国经济学家西尼尔的代表作，1836 年发表于《大英百科全书》。该书认为，政治经济学研究"应当以财富的性质、生产和分配为限"，应当排除政治、道德、立法、哲学等。他提出建立"纯粹经济学"的"四条基本原理"，重点论述了他的"节欲论"、"边际效用递减论"、"最后一小时论"等，以达到效用最大化和负效用最小化的目的。

~ 作品内容 ~

一 政治经济学的四个基本命题

西尼尔认为"纯经济理论"所依据的一般事实，可概括为四个"不需证明"的基本命题[①]：

（1）每个人都希望以尽可能少的牺牲取得尽可能多的财富。但是由于每个人的个性不同，其欲望及其为了追求财富所做的牺牲也不同。该命题是一切经济学推论的基本假设，是工资、利润和交换理论的基础。

（2）限制世界上的人口或限制生存在这个世界上的人数，只是精神上或物质上的缺陷，人口增长率的降低会改善人们的生活水平，人口的增长

---

① 〔英〕西尼尔：《政治经济学大纲》，蔡受百译，商务印书馆，1977，第 25 页。

大大超过生活资料的增长。

（3）劳动的力量或生产财富的其他手段的力量，将由此所产生的产品作为继续生产的工具，可以无限地增加。①

（4）假使农业技术不变，在某一地区以内的土地上所使用的追加劳动，一般会产生比例递减的报酬，也就是说，尽管在土地上增加劳动，虽然总的报酬有所增加，但报酬不能随着劳动成比例增加。

西尼尔以上四个基本命题，是对旧功利主义、马尔萨斯人口论、萨伊定律以及李嘉图的地租理论的进一步解释；其核心思想即现代西方经济学所谓的收入或效用最大化原理、人口原理、生产函数原理、收益递减原理。

二　主观价值论

西尼尔以上四个基本命题的理论基础是主观价值论。

1. 综合价值论

他将使用价值和交换价值混为一谈，从而把使用价值和交换价值综合为价值。

首先，他把交换价值混同为价值。说什么"价值是指互相存在于两件东西之间的一种关系，而且它所指的确切关系：同一定数量的其他东西相交换所能取得的某一东西的数量。"②

其次，他把使用价值混同为价值。认为价值必须有用，有用性即是价值。其实，使用价值是商品的自然属性，价值则是商品的社会属性，使用价值虽然是价值的物质承担者，但并不是商品价值本身。

最后，西尼尔在总结价值的构成因素时写道，效用是价值的一个必要构成要素；价值的其次一个构成因素是供给有限；第三个和最后一个特性是可以移交。③

---

① 〔英〕西尼尔：《政治经济学大纲》，蔡受百译，商务印书馆，1977，第25页。
② 季陶达编《资产阶级庸俗政治经济学选辑》，商务印书馆，1963，第171页。
③ 季陶达编《资产阶级庸俗政治经济学选辑》，商务印书馆，1963，第170页。

2. 节欲论

在价值源泉问题上，西尼尔搬用萨伊的"三要素"论，但把"三位一体"中的"资本"改为"节欲"，认为自然、节欲和劳动共同创造价值。他写道："虽然人类劳动和与之无关的自然要素是主要的生产力，它们还需要第三种生产力的协作，才能取得完全的功效。""我们把第三种要素或生产手段……叫做节欲。"①

3. "最后一小时"论

1836年，当时英国的工厂主反对工厂法和十小时工作日运动。西尼尔提出了所谓"最后一小时"论。他说，工厂主的利润是十一小时半工作日中的最后一小时创造出来的，如果改为十小时工作制，工厂主就没有利润了，谁来组织生产呢？很明显，这是为工厂主辩护的谰言。

三 修改"济贫法"的执笔人

西尼尔的经济思想基本上是错误的，但是他对经济政策的推动却有可取之处。1832年，他被任命为英国济贫法修改委员会的委员，推动了该修改法于1834年获得通过。该法规定，那些接受社会福利的人的工作条件应该比那些得到最低工资的劳动者的生活条件要差，因此该法案禁止那些身体健康、有工作能力的人申请社会救济。并提出减少爱尔兰国家机构的开支，这一建议激怒了国王学院的赞助者，将他从学院解聘。此外，他还赞同住房和保障的立法，并倡议初等教育免费，取消对妇女就业的管制等。

简要评述

本书是现代西方新古典经济学的开创性著作之一。它继承了先前古典政治经济学的某些观点，修正了其中的部分观点并增加了一些观点，从而形成了一套从理论上论证19世纪的资本主义制度是公平合理的学说。他强调用效用解释价值、利润和地租具有道德上和理论上的公平性。这些观点

---

① 季陶达编《资产阶级庸俗政治经济学选辑》，商务印书馆，1963，第174~175页。

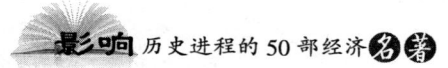

深深地影响了后世的新古典经济学。

(何炼成)

参考文献

1. 〔英〕西尼尔:《政治经济学大纲》,商务印书馆,1977。
2. 马克思:《资本论》第1卷,《马克思恩格斯全集》第23卷,人民出版社,1972。
3. 鲁友章、李宗正:《经济学说史》上册,人民出版社,1979。

弗雷德里克·巴斯夏

作者简介

〔法〕弗雷德里克·巴斯夏（FrédériBasTiat，1801～1850年）1801年6月29日出生于法国南部一个富裕的商人家庭，9岁时父母双亡。1825年祖父逝世，给巴斯夏留下一笔遗产，巴斯夏成为了一名制造葡萄酒业主，并经营一个农场。1840年，他离开法国去西班牙和葡萄牙学习，企图建立保险公司而未果。回国后参加宣传自由贸易运动并参加反"谷物法"同盟的报道，1844年在《经济学家杂志》上发表清算贸易保护主义的文章，引起全国轰动。1845年他来到英国考察自由贸易运动，回国后出版了《科布登与同盟》一书，成为曼彻斯特自由主义运动的纪念碑。1846年移居巴黎，组建了全国性的自由贸易协会，并创办了《自由贸易》周刊。1848年法国"二月革命"后，他作为朗德地方代表参加立宪会议，次年当选为立法议会议员。1850年12月24日，巴斯夏去世，终年49岁。

《和谐经济论》

本书精要

本书是巴斯夏的最终著作,也是他的代表作。其中构建了一个和谐经济理论体系,其目的是引导人们"去认识一切正当的利益彼此和谐这个真理。这便是本书的主旨。"①

作品内容

一 和谐经济的两个基本论据

1. 上帝的意志

巴斯夏深信"上帝的法则是和谐"。依据上帝的法则,当人们从事……活动时,从他们的智能中自发地涌现的,只能是秩序、和谐、进步、善良、更美好,以至无限美好。上帝以其光芒四射的智慧制定了关于重力和速度的法则,至少也同样制定了有关利益和意愿的法则。②

2. 人的本性

巴斯夏认为人的本性是追求幸福和谐。人来到世上,本身对幸福有执著的追求,对痛苦则表示厌恶。鉴于人有这种本能的驱动,我们不应否定

---

① 〔法〕巴斯夏:《和谐经济论》,中国社会科学出版社,1995,第34页。
② 〔法〕巴斯夏:《和谐经济论》,中国社会科学出版社,1995,第42、47页。

个人利益是个人,乃至社会的大动力。①

二 服务价值论

1. 交换是"经济和谐"论的出发点

巴斯夏认为,和谐的建立是以交换为基础的,这种交换的内容就是相互提供服务。服务就是为满足他人欲望而作出的努力,即人们在交换中,可以相互帮助,相互替代对方工作,提供相互的服务。他写道:"我们可以彼此帮助,可以替他人工作;我们可以相互提供劳务,用我们的能力或源自能力的东西,在得到相应回报的条件下,为他人提供劳务。这就是社会。"②

2. 服务价值论以自由主义为基础

巴斯夏提出,如果我们承认自由交换,那么,现今的社会组织就是一种最好的、最广泛的联合。……因为由于拥有良好的机制,这种联合与个人的独立并行不悖。价值正是存在于相互服务的比较评价之中,价值就是两项交换的劳务之间的比例关系,它反映服务提供者所作出的努力和服务接受者所节省的努力。这就是他所谓的"服务价值论"。③

巴斯夏的服务价值论借用了萨伊的"服务"概念,只不过萨伊把效用的创造归结为"服务",而巴斯夏以"节约的劳动"作为"服务"。他们的共同之处都是抽掉了商品价值决定中所包含的经济关系。而巴斯夏比萨伊走得更远,他完全否定了商品的劳动生产过程,因此也就不会涉及资本主义商品生产过程的各种矛盾。

三 服务报酬论

1. 服务的种类

服务可以分成两大类:一类产生于人们的劳作,一类是自然的赐予。

---

① 〔法〕巴斯夏:《和谐经济论》,中国社会科学出版社,1995,第440、442页。
② 〔法〕巴斯夏:《和谐经济论》,中国社会科学出版社,1995,第100页。
③ 〔法〕巴斯夏:《和谐经济论》,中国社会科学出版社,1995,第106、136页。

前者必须得到补偿或报酬，后者由于自然赋予而无需支付。按照这一观点，地租不应是支付给地主的报酬。巴斯夏认为，地租作为土地所有者的收入，是土地所有者曾提供服务的报酬；工人的收入是工资，它是工人提供服务——努力和紧张的报酬；资本的收入是利润，它分为企业主收入及利息两部分，企业主收入是对企业主劳动的报酬，利息是对资本家为积累资本而"延缓"自己的消费和享受的报酬。这就是以服务交换服务的规律。

2. 巴斯夏反对李嘉图关于利润、地租和工资对立的观点

巴斯夏认为，资本和劳动的交换是两种服务的交换，资本家为工人提供生产资料和生活资料，这是资本的服务；工人替资本家劳动，这是工人的服务。利息和工资分别是这两种服务的报酬。在自由竞争的条件下，这两种服务是等价交换的。因此，两者不存在剥削与被剥削的关系。

3. 所谓"和谐规律"

巴斯夏提出，随着资本的增长，资本总产品中的绝对提取额增加了，而它的相对份额降低了。相反，劳动从中提取的绝对额和相对份额都增加了。他认为，这是一个伟大而奇妙、必要且不变的资本规律，也是劳资合作成果在分配领域的重要规律。①

简要评述

本书作为自由贸易论者的旗帜，对贸易保护主义的批判和对经济自由主义的论证，对自由贸易制度的确立，对西欧各国经济的发展，都具有一定的积极意义。巴斯夏的和谐经济论和服务价值论，其阶级立场是明显的，其服务目的也是公开的。他强调经济"和谐"和自由竞争，提出人们应当互相"服务"的思想，对当前建立和谐社会具有借鉴意义。

（何炼成）

---

① 〔法〕巴斯夏：《和谐经济论》，中国社会科学出版社，1995，第212页。

参考文献

1. 〔法〕巴斯夏：《和谐经济论》，中国社会科学出版社，1995。
2. 季陶达主编《资产阶级庸俗政治经济学选辑》，商务印书馆，1978。
3. 鲁友章、李宗正：《经济学说史》上册，人民出版社，1979。

比埃尔·约瑟夫·蒲鲁东

作者简介

〔法〕比埃尔·约瑟夫·蒲鲁东（PierreJoseph Proudhon，1809～1865年）出生于法国贝桑松省一个农民兼手工业者家庭，少年时当过童工，务过农，当过排字工人。1837年因写了《普通语法试论》一文获贝桑松大学助学金，后迁居巴黎当职业作家。1840年他发表《什么是财产？》一书，1846年发表了他的代表作《经济的矛盾，或贫困的哲学》。在1848年的法国大革命中，他未参加革命活动，但国民议会补选他为巴黎代表。1849年他以招股方式创立"人民银行"，后因其攻击总统被判刑3年。1858年又因撰文侮辱大主教而被判刑，他被迫流亡到比利时，1860年遇赦回国。1865年去世，享年仅56岁。

《经济的矛盾，或贫困的哲学》

本书精要

这是蒲鲁东的代表作，反映了当时法国小资产阶级的观点和愿望。他一方面反对私有财产制度，另一方面又反对共产制度。他提出"所有权"这一核心命题，认为所有权并不等于财产，它是减去私有财产所具有的主要性质（不劳而获所得）以后的占有权利。而一切不劳而获的财产都是盗窃来的，必须取消。

作品内容

一 对私有财产制度的批判

蒲鲁东在《什么是财产？》一书中提出"财产是盗窃"的口号，这是什么意思呢？

蒲鲁东说，财产是享受别人勤劳或劳动成果和随意支配这些成果的权利。可见他所谓的财产是指取得和支配别人劳动成果的权利。这种权利具体表现为利润、利息和地租。这种权利之所以是盗窃行为，是因为它使得拥有这种权利的人可以不劳而获占有和享用别人劳动的成果。劳动创造财富，因此凭借这种权力获取别人的劳动成果，就是盗窃。而对另一种意义上的财产，即劳动者支配和享受自己劳动成果的权利并不是盗窃，而是社会自由的前提和要素。

蒲鲁东既反对私有财产制度，特别是支配别人劳动的雇佣劳动制度，又反对共产主义制度。其理由有二：一是共产主义制度下社会成员作为个人仍然是一无所有，而社会则不但支配了物质财富，而且支配了个人的人身和意志；二是共产主义制度下仍然是不平等的，是与雇佣劳动制度相对称的一种不平等，雇佣劳动制度是强者剥削弱者，而共产主义制度则是弱者剥削强者。

关于"财产"和"所有权"，蒲鲁东认为，这是两个不同的范畴，不能混为一谈。财产是盗窃，而所有权是取消不劳而获的权力后占有自己劳动产品的权利。所有权保障劳动者可以利用生产资料进行生产，可以享用自己生产的生产资料，他反对财产而拥护所有权，其实质是反对雇佣劳动制，拥护小私有制。

二 构成价值理论

蒲鲁东认为，商品的价值有两种：一种是使用价值，他称之为商品本身的价值；一种是交换价值，他称之为公议的价值。为什么商品会具有交换价值呢？蒲鲁东说，由于我所需要的许多东西在自然界里有限或者根本没有，因此就不得不去协助生产我所缺少的东西，可是由于我不能单独生产这么多东西，所以我就会向别人，即向各行各业中我的合作者协议，把他们所生产的一部分产品同我所生产的产品交换。①

蒲鲁东认为，商品的使用价值和交换价值之间存在着所谓"二律背反"，用术语来说，就是使用价值和交换价值成反比。②

按照蒲鲁东的解释，产品"丰裕"，使用价值就增多，而交换价值就降低；产品"稀少"，使用价值就减少，而交换价值就提高。这就是说，他把"丰裕"看做使用价值，而"稀少"则代表交换价值；这样，使用价值和交换价值的矛盾，就变成了"丰裕"和"稀少"之间的矛盾。接着他又把供给当做使用价值，把需求当做交换价值，从而把使用价值和交换价

---

① 《马克思恩格斯选集》第4卷，人民出版社，1975，第330页。
② 〔法〕蒲鲁东：《贫困的哲学》，余叔通等译，商务印书馆，1961，第67页。

值的矛盾归结为效用和需求之间的矛盾。很显然,这里是把价值和交换价值混为一谈,从而把由供求关系而形成的市场价格说成是价值的"二律背反",这是根本不符合商品价值的科学理论的。

蒲鲁东提出,商品使用价值和交换价值之间的矛盾,只有通过"构成价值"(或称"综合价值")才能解决。他所谓的"构成价值",好比化学中的化合物,是由若干化学元素按照一定的规律以不同的比例互相配合而成的一样,社会财富也同样是由各种产品按比例组成的;如果某种产品的数量超过了按比例要求的份额,多余的部分便不能列入社会财富。因此,蒲鲁东提出,凡是产品能够通过交换而得到社会承认,就构成社会财富,因而成为"构成价值",而在"配合"后所剩下的多余部分就是"非价值"。这样,产品经过交换被列入社会财富而成为"构成价值",也就解决了使用价值与交换价值之间的矛盾,因此他也把"构成价值"称为"综合价值"。

对蒲鲁东的以上观点,马克思对其进行了彻底的批判。马克思指出:"在李嘉图看来,劳动时间决定价值这是交换价值的规律,而蒲鲁东先生却认为这是使用价值和交换价值的综合。李嘉图的价值论是对现代经济生活的科学理解;而蒲鲁东先生的价值论却是对李嘉图理论的乌托邦式的解释。"[①]

三 关于货币、银行和利息

1. 货币

蒲鲁东认为,商品生产者的产品之所以不能实现或不能按照其所耗费的劳动完全实现,是由于货币在作祟,如果取消货币,把所有商品都变成像货币那样的等价物,能够随时随地根据生产它所耗费的劳动直接进行交换,那么供求便可能一致,商品生产的矛盾也就可以取消。可见,他根本不理解货币的产生及其本质与职能。

[①] 《马克思恩格斯选集》第 4 卷,人民出版社,1965,第 93 页。

2. 关于银行

1848年7月，蒲鲁东在法国国民议会上提出了他的"交换银行"方案，被压倒多数的投票所否决，于是他企图不求助于政府，而以股份公司的形式开设一个"人民银行"，与他原来提出的"交换银行"不同，前者收取极低的利息（最多2厘），而后者则完全取消利息。他的理由是，利息的存在破坏了"构成价值"，工人不能以他们的工资买回自己劳动的产品。很显然，这是用错误的价值理论来错误地解释利息。因此，他所提出的"交换银行"也是不可能成立的。

3. 关于"无息贷款"

如上所述，蒲鲁东把利息看成是资本对劳动剥削的基本形式，认为取消利息剥削，其他剥削形式随之消灭，而无息信贷就是消灭这种剥削基本形式的办法。同时，无息信贷使劳动者获得购买他们所需要的货币资本，如果每一个劳动者都通过无息贷款获得他所需要的土地和生产资料，地主和资本家就没有理由要求土地和生产资料的利用者交纳地租和利息了。这样财产就变为"所有权"，这就是"交换银行"方案的主要作用。

四　无政府主义理想

蒲鲁东关于无政府主义理想的论述主要见于他的《十九世纪革命的总概念》一书。他理想中的社会秩序是："建筑在自由、平等、博爱原则上"的无政府主义，这是在19世纪中叶以后成为无政府主义思潮的主源，蒲鲁东因此也成为法国无政府主义的鼻祖。

马克思主义认为，无政府主义的信条是极端的个人主义。它反对一切统治权威，而国家是统治权威的最高和集中的表现，因此国家的消亡就意味着人统治人的消亡。蒲鲁东宣称他是一个无政府主义者，他的最终理想实际上是一个没有劳动阶级的资产阶级社会，这个资产阶级实际上就是小资产阶级。因此，蒲鲁东只不过是一个小资产阶级的代言人。

简要评述

本书是蒲鲁东经济思想的代表作。蒲鲁东是生活在 19 世纪中叶的小资产阶级思想家，提出了一些对未来社会的设想，这对当时具有一定的积极意义。但是由于他所代表的阶级及其思想的局限性，他的经济思想具有二重性和空想性，因而其理想也是不可能实现的。

（何炼成）

参考文献

1. 〔法〕蒲鲁东：《经济的矛盾，或贫困的哲学》，余叔通译，商务印书馆，1961。
2. 马克思：《论蒲鲁东》，《马克思恩格斯全集》第 16 卷，人民出版社，1964。
3. 鲁友章、李宗正：《经济学说史》上册，人民出版社，1979。

卡尔·马克思

作者简介

〔德〕卡尔·马克思（Kare Marx，1818～1883年），1818年5月5日诞生在普鲁士莱茵省特利尔城一个犹太人家庭，其父亨利希·马克思是一位备受人们尊敬的律师，当过司法参事，对马克思青少年时期影响很大。1835年10月马克思考入波恩大学攻读法律、哲学和历史。一年之后转入柏林大学法律专业。从1837年10月起，马克思加入青年黑格尔派的组织——"博士俱乐部"。1841年7月，马克思写成博士论文《德谟克利特的自然哲学和伊壁鸠鲁的自然哲学的差别》，并在耶拿大学获博士学位。1842年初，马克思到科伦筹办《莱茵报》并任编辑，后任主编，在该报发表了许多评论文章。其中关于"林木盗窃"问题就涉及经济关系，从而开始了对经济问题的研究。

1841～1843年，费尔巴哈发表了《基督教的本质》和《未来哲学原理》，其中的唯物主义思想对马克思影响很大，马克思对其中的形而上学观点进行了批判，从而建立了辩证唯物主义思想，成为后来写《资本论》的基本方法论。从1850年起，马克思开始了对《资本论》的写作，到1867年写成第一卷并出版，后又写出第二、三卷的手稿，马克思去世后由恩格斯整理成书并出版。

《资本论》

本书精要

本书是马克思主义政治经济学的代表作。内容共分三大卷：第一卷，资本的生产过程，论述了劳动价值论、剩余价值论、资本积累论；第二卷，资本的流通过程，论述了个别资本的流通和社会总资本的流通；第三卷，资本主义生产的总过程（上、下），论述了剩余价值在各剥削阶级集团的分配问题。本书从商品分析开始，揭示了商品内部的矛盾如何外化为劳动与资本的矛盾，揭露了资本主义制度下两大阶级（无产阶级与资产阶级）之间的矛盾和斗争，论证了资本主义制度的产生、发展及其必然要为社会主义制度所代替的客观规律性。

作品内容

《资本论》是一部划时代的、伟大的政治经济学文献。马克思恩格斯所创立的政治经济学的全部理论原理，集中地反映在《资本论》中。所以，《资本论》的出版，标志着马克思主义政治经济学创建过程的完成。

《资本论》第一卷在劳动价值论的基础上研究了剩余价值的来源、本质及其生产的问题；第二卷从社会资本再生产角度研究了剩余价值的实现；第三卷研究了剩余价值的分配及其所采取的各种具体形式，也就是马克思关于剩余价值转化的学说。

一　劳动价值论

马克思的整个经济理论大厦，特别是剩余价值理论，是建立在劳动价值论的基础上的。劳动价值论是资产阶级古典政治经济学家提出来的，他们明确地区分了使用价值和交换价值，认为劳动是价值的唯一源泉。19世纪40年代前半期，马克思、恩格斯开始研究政治经济学的时候，他们对资产阶级经济学说一概采取否定态度。与此相适应，也对古典学派提出的劳动价值论持否定的态度。马克思恩格斯对劳动价值论由否定转为采取批判继承的态度，是19世纪40年代后半期以后的事情。

《资本论》阐述的马克思的劳动价值论的内容及其不同于古典学派劳动价值论的地方在于：

第一，马克思是通过分析商品二重性之间的对立统一关系，来阐述自己的劳动价值论的。所以，马克思的劳动价值论是贯穿在他的商品理论之中的。资产阶级古典政治经济学家没有从交换价值中抽象出价值来进行分析，往往把二者混为一谈。马克思作了严格的区分，认为价值是人类劳动的凝结，而交换价值则是价值的表现形式，二者的关系是内容和形式的关系。商品的二因素是使用价值与价值，而不是使用价值与交换价值，使用价值是价值的物质承担者，价值寓于使用价值之中。

第二，在政治经济学说史上，马克思第一次提出了劳动二重性的理论。生产商品的劳动具有二重性：具体劳动和抽象劳动。商品的二重性是由劳动的二重性决定的，而劳动的二重性质则根源于私人劳动与社会劳动的矛盾。这样，马克思就由商品二重性入手，深入到商品经济的基本矛盾之中。

第三，关于价值形式的理论也是马克思首先提出和论证的。马克思指出，随着交换的扩大和发展，从简单的、偶然的价值形式，经过扩大的价值形式，一般价值形式，发展到货币价值形式。从而揭示了商品内部矛盾如何发展为商品货币的外部对立。

第四，生产价格理论也是马克思增加到价值理论中的新贡献。

马克思提出生产价格理论，解决了古典学派遇到的难题，使劳动价值论得以最后完成。如果没有生产价格理论，则劳动价值论就不能说明资本主义社会中的商品交换现象，也不能说明资本主义现实生活中存在的等量资本得到等量利润的问题，那它就是不完善的。所以，生产价格理论使劳动价值论这个抽象理论能说明资本主义的现实生活现象了，使劳动价值论得到了补充、完善和具体化。

恩格斯指出，要知道什么是剩余价值，就必须知道什么是价值。没有劳动价值理论，就没有剩余价值论，而没有剩余价值论，就没有整个马克思主义经济理论大厦。所以，劳动价值论是马克思主义政治经济学的基础和前提。

二 剩余价值论

剩余价值理论是马克思主义政治经济学的核心。剩余价值是马克思一生中的两大发现之一，由于这一理论的发现，才彻底揭露了资本和劳动对立的真正根源，论证了资本主义制度发展的规律性，从而使社会主义从空想变成了科学。

马克思创立的剩余价值理论的主要内容有：

第一，把劳动与劳动力区别开来的学说。古典经济学家没有把劳动与劳动力区别开来。古典经济学家的优秀代表李嘉图就认为，个人出卖的是劳动，变成商品的是劳动，工资是劳动的价格或报酬。因此，他不能在价值规律的基础上说明资本与劳动的交换，以至于使他的体系趋于瓦解。在政治经济学史上，马克思第一次把劳动与劳动力区别开来，指出在资本主义条件下变成为商品的，不是劳动而是劳动力。他首先分析了劳动力成为商品的条件；其次，又分析了劳动力这一商品的特点。劳动力和其他商品一样具有价值和使用价值，但劳动力又有它不同于其他商品的特点，它的使用过程就是价值的源泉，即其使用价值就是价值的源泉。而且，劳动力使用中创造的价值大于劳动力本身的价值。因此，在资本和劳动力的交换中，即使资本家支付了劳动力的等价，也不妨碍工人创造出大于劳动力价值的价值，这个价值被资本家不付代价地占为己有，这就是剩余价值。所以，马克思用劳动力代替了劳动，就解决了李嘉图所不能解决的难题。

第二，剩余价值生产的学说。资产阶级古典经济学家始终没有把剩余价值与其表现形式区别开来。就是说，资产阶级经济学家只知道利润、地租等范畴，而不知道剩余价值，只是看到了现象，而没有看到事物的本质。资本主义生产的特点就在于，它是生产使用价值的劳动过程和价值增值过程的统一。马克思说：生产剩余价值或赚钱，是这个生产方式的绝对规律。通过对剩余价值生产的分析，马克思发现了资本主义的基本经济规律，这就是剩余价值规律。

马克思揭示了剩余价值的生产之后，进一步研究了剩余价值生产的两种方法：绝对剩余价值生产和相对剩余价值生产。

第三，剩余价值的分配和它所采取的各种具体形式的学说。剩余价值是劳动力创造的价值大于其本身价值的差额，从而是可变资本的产物，但却表现为全部预付资本的产物，这样在资本家眼里剩余价值就转化为利润。认识到价值转化了生产价格（生产成本加平均利润）的理论，这就解决了古典学派所不能解决的等量资本获得等量利润同价值规律之间矛盾的问题，从而使马克思把劳动价值论贯穿到底，并用它来揭露呈现在资本主义社会表面的那些经济范畴的本质。

马克思在研究了剩余价值转化为利润，利润转化为平均利润的基础上，进而研究了利润的分割过程。他指出，由于商品资本独立化为商品经营资本或商业资本，于是，利润便分割为产业利润和商业利润，这分归于产业资本家和商人所占有；又由于货币资本独立化为货币经营资本或借贷资本，利润又分割为企业收入（即产业利润和商业利润）和利息，利息则是凭资本所有权获得的收入，是产业资本家和商人因使用借贷资本而把自己平均利润的一部分分给货币资本家的。

马克思还研究了资本主义地租，指出它是超额利润的转化形式，是超过平均利润以上的超额利润，是剩余价值的一部分，而不是全部。

通过对产业利润、商业利润、利息和地租的分析，马克思说明了剩余价值所采取的各种具体形式，从而也就说明了剩余价值如何在剥削阶级之间进行分配的问题。

三 资本积累和无产阶级贫困化理论

马克思的资本积累理论可以归纳为以下几个主要内容。

第一,资本及资本有机构成的学说。不变资本与可变资本之间的比例,叫资本的价值构成;而由一定技术水平决定的生产资料与劳动力之间的比例,叫资本的技术构成。马克思把由资本的技术构成所决定并反映它的变化的资本价值构成,叫资本的有机构成。

在政治经济学史上,是马克思第一次把资本划分为不变资本与可变资本,并提出资本有机构成的学说,从而揭示了资本积累与无产阶级贫困化的内在联系。资本积累不仅意味着由于剩余价值的资本化而使总资本增大,而且意味着资本有机构成的提高,可变资本及资本对劳动力的需求相对减少,工人贫困化的产生。

第二,资本积累一般规律的学说。资本积累的过程,就是剩余价值转化为资本的过程,就是用从工人身上剥削到的剩余价值再剥削更多的剩余价值的过程。

第三,利润率下降趋势的学说。马克思指出资本主义生产的目的和动机,是追求尽可能多的剩余价值。为此就要把一部分剩余价值资本化,扩大生产的规模。但随着资本积累和资本有机构成的提高,平均利润率却有下降的趋势。利润率下降趋势是资本主义生产的规律,是资本主义积累一般规律的特殊表现。

古典经济学家李嘉图认为,随着资本主义发展,利润率有下降趋势,但他不了解利润率下降的真正原因,也不了解它的真正意义。马克思指出,资本有机构成提高是利润率下降趋势规律的真正基础,而且马克思在分析资本积累和无产阶级贫困化的基础上,阐明了资本主义积累的历史趋势。

四 社会资本再生产和经济危机理论

马克思在对魁奈的《经济表》和"斯密教条"进行分析批判的基础

上，提出了社会资本再生产和流通的一些基本问题。在《资本论》第二卷中，马克思研究了个别资本与社会资本之间的区别，深入分析了社会资本在再生产过程中如何进行价值补偿和实物补偿的问题，从而阐明了社会资本再生产的规律性，建立了完整而科学的社会资本再生产理论。

1. 把社会总产品从价值上和实物上加以区分的学说

在政治经济学说史上，第一个对社会资本的再生产和流通问题进行探讨的，是重农学派的创始人魁奈。魁奈的再生产学说只是一次伟大的尝试。马克思把社会总产品从实物上区分为生产资料和消费资料两部分，价值形态上区分为 C＋V＋M 三个部分，可以说，两大部类的划分、价值构成的三个部分是马克思建立再生产学说的基本理论前提。

2. 简单再生产和扩大再生产实现条件的学说

马克思认为，简单再生产实现的基本条件是Ⅰ（V＋M）＝ⅡC。只有这样，社会产品才能实现，社会再生产的价值和物质才能得到替换，简单再生产才得以继续进行。这便是简单再生产条件下社会资本运动的基本规律。

马克思还分析了扩大再生产。他指出，只有当第一部类的可变资本和剩余价值总额大于第二部类的不变资本时，即Ⅰ（V＋M）＞ⅡC，社会再生产才能在扩大的规模上进行。Ⅰ（V＋M）＞ⅡC便是扩大再生产条件下社会资本运动的基本规律和基本公式。

无论简单再生产，还是扩大再生产，社会再生产得以顺利进行的前提条件简单讲就是保证整个社会生产资料和消费资料的生产与整个社会对生资料和消费资料的需求相等。

3. 经济危机的根源、周期和后果的学说

古典政治经济学家像斯密和李嘉图，都认为不存在发生普遍生产过剩危机的可能性。也就是说，他们否认经济危机的必然性。西斯蒙第批判了李嘉图等人否认经济危机的理论，指出资本主义社会中存在着经济危机的必然性。但由于他站在小资产阶级的立场上批判资本主义，所以他并不了解资本主义经济危机的真正根源，而是错误地把发生危机的根本原因归结为由资本主义的分配制度所引起的收入不足和消费不足。只有马克思才批判了李嘉图等人和西斯蒙第的理论，在他的关于资本积累一般规律的学说、关于社会资本再生产的学说的基础上，说明了经济危机的真正原因及其客观基础，建立了马克思主义的经济危机理论。

马克思指出，经济危机的根源在于资本主义的基本矛盾，即生产社会化和资本主义私人占有之间的矛盾。

简要评述

《资本论》的发表，标志着马克思主义政治经济学理论体系的形成，从此，社会主义从空想变为科学，从理论变为前苏联、东欧及中国的实践，无疑也是影响甚至改变世界历史进程的经济学巨著。

《资本论》就是"论资本"，即使在我们选择了社会主义市场经济的今天，马克思在140余年前关于资本的论述仍然具有借鉴意义。例如，资本的本性在于趋利避害、在于增值，资本就是能够带来剩余价值的价值，不能增值就不是资本；资本就是一种不断循环周转的运动，资本的生命在于运动，运动使资本具有生命力，如果停止了运动就失去了增值的能力和活力；资本还是一种权利，等量资本获取等量利润的权利，在流动中不断捍卫自己的这一权利，所谓的人往高处走，水往低处流，资本在往利润大的行业、地区甚至国家流去，这是自然法则；因此，资本是天生的平等派，它要求公平竞争、一视同仁、同等国民待遇，它与垄断水火不容；它要求政府作为裁判员制定和执行规则，保证公平竞争；资本就是规则、秩序、法制、和谐、民主、平等、自由、繁荣、民富与国强，资本家就是资本的人格化。

（杨小卿）

参考文献

1. 马克思：《资本论》1~3卷，人民出版社，1972。
2. 鲁友章、李宗正：《经济学说史》下册，人民出版社，1983。
3. 李靖华编著《经济学说史教程》，西北大学出版社，1991。

弗拉基米尔·伊里奇·列宁

作者简介

〔俄〕弗拉基米尔·伊里奇·列宁（乌里扬诺夫）（1870~1924年）1870年4月22日诞生于伏尔加河岸的辛比尔斯克城（后改名为乌里扬诺夫斯克）。他在青少年时代即仇视俄国的沙皇专制制度，1887年其兄因谋刺沙皇被判死刑，促使他坚决地走上革命道路。1887年底被捕入狱，次年被释放，同年进入喀山大学法律系学习，参加了当地的马克思主义小组，后移居萨马拉城，又组织了当地第一个马克思主义小组。1893年8月，列宁移居当时俄国革命中心彼得堡，对"民粹派"的理论进行了批判。1895年底，因为领导成立"工人阶级解放斗争协会"，列宁被沙皇政府逮捕并流放到西伯利亚。19世纪90年代，列宁开展了对伯恩斯坦修正主义的批判。1900年4月，列宁从流放地回到彼得堡，开始着手建立马克思主义政党，1903年参加俄国社会民主工党第二次代表大会。1905年12月在社会民主党领导下，莫斯科工人举行了武装起义，失败后再度流亡到国外，并侨居日内瓦。第一次世界大战爆发后，1917年4月列宁从瑞士回到俄国，制定"四月提纲"，开始准备进行社会主义革命，1917年11月7日，俄国工人阶级通过武装起义推翻了临时政府，取得了"十月革命"的伟大胜利，开始了社会主义制度的建设。

1924年1月21日，列宁不幸逝世，终年54岁。

《帝国主义论》

本书精要

本书全名为《帝国主义是资本主义的最高阶段》,是对资本主义制度进入新阶段的论述,是对《资本论》理论的继承和发展。它揭示了帝国主义的本质及其发展规律,分析了帝国主义的五大特征,指出了帝国主义的历史地位,阐明了帝国主义是垄断的、腐朽或寄生的、垂死的资本主义,是无产阶级社会主义革命的前夜。

作品内容

《帝国主义论》全书共分10章。第1~7章揭示帝国主义5个基本特征及其总论;第8章和第10章,分析了帝国主义的历史地位;在第9章中,对机会主义者关于帝国主义的理论进行了批判。

一 关于帝国主义的五个基本特征

1. 生产集中与垄断

这是帝国主义最根本和首要的特征,就是由生产集中而必然产生的垄断的统治,自由竞争的资本主义已被垄断的资本主义所代替。垄断是帝国主义的经济本质。

列宁指出,从自由竞争中生长起来的垄断并不消灭竞争,而是凌驾于竞争之上，与之并存，因而产生许多特别尖锐特别剧烈的矛盾、摩擦和冲突。①

2. 银行的新作用和金融资本的统治

随着银行的集中，银行的作用起了根本性的变化，它由简单的中介人变成了万能的垄断者。它通过自己的业务，支配整个工商业的活动，乃至于决定着后者的命运。

3. 资本输出

资本输出代替商品输出而占统治地位是帝国主义另一个基本经济特征。列宁指出，自由竞争占完全的统治地位的旧资本主义的特征是商品输出。垄断占统治地位的现代资本主义的特征是资本输出。②

4. 瓜分和重新瓜分世界

列宁指出，现代资本主义时代表明各个资本家同盟在从经济上分割世界的基础上形成了一定的关系，同时随之而来的是各个政治同盟、各个国家在从领土上分割世界争夺殖民地、"争夺经济领土"的基础上也形成了一定的关系。③

最后，列宁对帝国主义下了两个全面的科学的定义：如果必须给帝国主义下一个尽量简短的定义，那就应当说，帝国主义是资本主义的垄断阶段。④ 同时指出：帝国主义是发展到垄断组织和金融资本的统治已经确立、资本输出具有特别重大意义、国际托拉斯开始分割世界、最大的资本主义国家已把世界全部领土分割完毕这一阶段的资本主义。⑤

二 帝国主义是资本主义的特殊历史阶段

这种特殊性分三个方面：帝国主义是垄断的资本主义；帝国主义是寄生的或腐朽的资本主义；帝国主义是垂死的资本主义。

---

① 《列宁全集》第 22 卷，人民出版社，1963，第 258 页。
② 《列宁全集》第 22 卷，人民出版社，1963，第 232 页。
③ 《列宁全集》第 22 卷，人民出版社，1963，第 246 页。
④ 《列宁全集》第 2 卷，人民出版社，1974，第 796 页。
⑤ 《列宁全集》第 2 卷，人民出版社，1974，第 808 页。

三 垄断资本主义发展到国家垄断资本主义

列宁指出，进入 20 世纪，特别是第一次世界大战和经济危机以后，资本主义已大大向前发展了，战争做了 25 年来没有做到的事情。工业国有化不仅在德国而且在英国也得到发展。一般垄断已过渡到国家垄断。① 战争和经济破坏逼迫各国从垄断资本主义走向国家垄断资本主义。这是客观的形势。②

国家垄断资本主义是垄断资本主义和国家政权合为一体的垄断资本主义。它的主要特点是，垄断资本通过对国家政权的控制，加速资本的积聚与集中，扩大和加重对劳动人民的压榨，加紧吞并中小企业，加剧垄断资本集团之间的互相兼并，加强对外的经济扩张与掠夺。

关于国家垄断资本主义的本质，列宁指出，它企图利用"国家干预经济生活"，对产品的生产和分配实行社会"调节"等欺骗手段，达到保障垄断资本家获得高额利润的目的。

关于国家垄断资本主义条件下资产阶级国家机器的反动作用，列宁指出，垄断资本主义转变为国家垄断资本主义的时代表明，无论在君主制的国家或最自由的共和制国家，由于要对无产阶级加强镇压，"国家机器"就空前地加强起来，它的官吏和军事机构也就骇人听闻地扩大了。③

就国家垄断资本主义与社会主义的联系，列宁指出，国家垄断资本主义是社会主义的最完备的物质准备，是社会主义的入口，是历史阶梯上的一级，从这一级就上升到叫做社会主义的那一级，没有任何中间级。④

---

① 《列宁全集》第 24 卷，人民出版社，1957，第 211 页。
② 《列宁全集》第 26 卷，人民出版社，1959，第 150 页。
③ 《列宁全集》第 3 卷，人民出版社，1974，第 198 页。
④ 《列宁全集》第 3 卷，人民出版社，1974，第 164 页。

四 关于资本主义经济政治发展不平衡规律和社会主义革命在一国胜利的可能性

列宁在《论欧洲联邦口号》一文中指出，经济政治发展的不平衡是资本主义的绝对规律。由此就应得出结论：社会主义可能在少数或者甚至在单独一个资本主义国家内获得胜利。①

关于无产阶级革命和无产阶级专政，首先，列宁强调指出，一切革命的根本问题是国家政权问题。不弄清这一点，便谈不上自觉地参加革命，更不用说领导革命。② 其次，列宁发挥了马克思和恩格斯关于暴力革命的观点，论证了资产阶级国家由无产阶级国家代替，根据一般规律是不能通过和平方式，只能靠暴力革命来实现。因为历史上没有一个阶级斗争的问题，不是用暴力来解决的。再次，在无产阶级革命取得胜利后，必须建立无产阶级专政的国家政权。列宁指出，无产阶级专政是无产阶级利用国家政权这个工具所进行的阶级斗争。③ 又说，为了推翻资产阶级，击退资产阶级反革命的尝试，就必须建立无产阶级这个唯一彻底的革命阶级的专政。④

简要评述

本书基本上继承和发展了马克思主义的经济理论，该书发表将近一百年来的实践证明，列宁在《帝国主义论》中所论证的基本观点是正确的，是符合资本帝国主义发展规律的。当然，其中关于帝国主义的垂死性和暴力革命与建立无产阶级专政的必要性，客观实践证明也是正确的。至于如何科学地加以论证和解释近半个世纪以来出现的许多新情况和新问题，这是马克思主义经济学界所面临的任务。

（何　林）

---

① 《列宁全集》第2卷，人民出版社，1974，第709页。
② 《列宁全集》第3卷，人民出版社，1974，第19页。
③ 《列宁全集》第30卷，人民出版社，1957，第238页。
④ 《列宁全集》第23卷，人民出版社，1958，第64页。

参考文献

1. 列宁:《帝国主义是资本主义最高阶段》,《列宁全集》第 22 卷,人民出版社,1963。
2. 鲁友章、李宗正:《经济学说史》下册,人民出版社,1983。

约瑟夫·维萨里昂维奇·斯大林

作者简介

〔苏〕约瑟夫·维萨里昂维奇·斯大林（иосифвиссрионвиц сгални，1879～1953 年）出生于格鲁吉亚梯比里斯州的一个鞋匠家庭。1894 年他在中学读书时就参加了马克思主义小组，1898 年加入俄国社会民主工党，从事宣传工作，1899 年被学校开除。1901 年创办《战斗报》，当年 11 月当选为俄国社会民主工党梯比里斯委员会委员。1902～1913 年间，他曾七次被捕，六次流放。1912 年被选为布尔什维克党中央委员会委员，1917 年 10 月参加领导武装起义的革命军事总部。"十月革命"胜利后当选为全俄中央执行委员会委员，1922 年 4 月在列宁病重时，根据列宁的提议选举斯大林为党中央总书记，直至 1953 年去世，终年 74 岁。

《苏联社会主义经济问题》

∽ 本书精要 ∽

本书是作者晚年代表作，它总结了苏联建国近30年进行社会主义经济建设的经验和教训，从理论上论证了社会主义经济规律的客观性质、社会主义基本经济规律、社会主义商品生产和价值规律、国民经济有计划按比例发展规律、社会主义工业化和农业集体化、生产关系一定要适合生产力性质的规律等问题。这些论证后来被写入苏联《政治经济学教科书》中，在当时社会主义阵营各国广为传播，因此影响很大。

∽ 作品内容 ∽

本书是斯大林《对于和1951年11月讨论有关的经济问题的意见》与三封信构成的，于1952年2月正式出版，中国在当年即翻译为中文出版，影响了中国经济学界两代人。

一 关于社会主义经济规律的客观性质

针对当时有人认为苏维埃国家及其领导人能废除、制定、创造和改造规律的观点，斯大林明确指出，经济发展的规律是反映不以人们的意志为转移的经济发展过程的客观规律。人们能够发现这些规律，认识它们，依靠它们，利用它们以利于社会，把某些规律的破坏作用引导到另一方向，限制它们发生作用的范围，给予其他正在为自己开辟道路的规律以及发生作用的广阔场所，但是人们不能消灭这些规律或创造新的经济规律。①

经济规律有自身的特点：一是与自然科学的规律不同，经济中大多数规律是在一定历史时期中发生作用，以后就让位给新的经济规律；二是在自然科学领域中，发现和应用新的规律或多或少会比较顺利，与此不同，在政治经济领域，发现和应用那些触犯社会衰朽力量的利益的规律，会遭到这些力量的强烈反抗。所以，在阶级社会，发现和利用经济规律具有阶级背景。

二 关于社会主义的基本经济规律

斯大林指出，"社会主义基本经济规律的主要特点和要求，可以大致表述如下：用在高度技术基础上使社会主义生产不断增长和不断完善的办法，来保证最大限度地满足整个社会经常增长的物质和文化的需要"。② 前者是手段，后者是目的，理论和逻辑一致。这是斯大林的创新。

社会主义基本经济规律，决定着社会主义生产的一切主要方面和主要过程，因而是决定社会主义生产实质的规律。社会主义基本经济规律在社会主义经济规律体系中起主导作用，其他经济规律都要受它制约。

三 社会主义国民经济有计划按比例发展规律

斯大林指出，国民经济有计划发展的规律，是作为资本主义制度下竞争和生产无政府状态的规律的对立物而产生的。它是当竞争和生产无政府状态的规律失去效力以后，在生产资料公有化的基础上产生的。③

这一规律是依据社会主义基本经济规律而发挥作用，这种作用就是使国家的计划机关有可能去正确地计划社会生产，即实现国民经济计划化。

斯大林揭示了国民经济有计划按比例发展的规律，把计划规律与国家

---

① 《斯大林文选》下册，人民出版社，1962，第573页。
② 《斯大林文选》下册，人民出版社，1962，第602页。
③ 《斯大林文选》下册，人民出版社，1962，第576页。

计划区别开来，要求国家计划符合客观规律，批判了苏联理论界长期把国家计划作为规律的错误传统观点，因而具有重要的理论意义和现实意义。

四 社会主义的商品生产和价值规律的作用

斯大林认为，在社会主义社会，由于存在着全民所有制和集体所有制两种公有制形式，在这两种不同所有制之间必然会存在商品交换，因而就一定会存在商品生产。

斯大林指出，苏联的商品生产并不是通常的商品生产，而是特种的商品生产，是没有资本家参加的商品生产，它所涉及的基本上都是联合起来的社会主义生产者（国家、集体农庄、合作社）所生产的商品。它的活动范围只限于个人消费品。显然，它决不能发展为资本主义生产，而且它注定了要和它的"货币经济"一起共同为发展和巩固社会主义生产的事务服务。[1]

斯大林认为，不可以把社会主义制度下的生产资料当做商品，因为在这里没有发生商品所有权的转换。生产资料并不"出售"给任何买主，也不"出售"给集体农庄，而只是由国家分配给全民所有制企业。但是，斯大林又指出，经济活动又必须讲生产资料的价值，计算它的成本，讲它们的价格等，因而又保持着商品的形式，或者说保持商品的"外壳"。关于社会主义制度下价值规律及其作用，斯大林指出，在社会主义制度下，由于还存在着商品生产和商品交换，所以价值规律就必然会发生作用。但是，在不同领域价值规律的作用是不同的，它可以起调节作用，也可以起影响作用。他说："在我国，价值规律发生作用的范围，首先是包括商品流通，包括通过买卖的商品交换，包括主要是个人消费的商品的交换。在这个领域中。价值规律保持着商品调节者的作用，当然，是在一定的范围内保持着调节者的作用。"[2] 而在生产领域则只起影响作用。正是由于以上作用，所以他强调经济核算和赢利、成本和价格等的重大意义。

---

[1] 《斯大林文选》下册，人民出版社，1962，第583页。
[2] 《斯大林文选》下册，人民出版社，1962，第585页。

最后，斯大林强调指出，价值规律对于经济工作的管理具有重大意义。它教导我们的经济工作人员合理地进行生产，精确地计算成本和收益，而不奢谈凭空想出来的大概数字；它教导人们发现和利用生产内部潜在后备力量，而不去糟蹋它们。

斯大林认为，价值规律是促进经济工作干部迅速成长的"很好的实践的学校"。

简要评述

本书的基本理论观点是对马克思主义经济学的继承和发展，其影响之大也是不可否认的，当然也有些问题需要进一步讨论，特别是关于社会主义制度下的商品市场经济和价值规律的作用问题，应当结合我国社会主义市场经济体制的建立和实践，加以总结和发展，以利于我国经济的持续、健康、协调发展。

（何　林）

参考文献

1. 斯大林：《苏联社会主义经济问题》，人民出版社，1951。
2. 毛泽东：《论十大关系》，《毛泽东选集》第5卷，人民出版社，1955。

阿尔弗雷德·马歇尔

作者简介

〔英〕阿尔弗雷德·马歇尔（Alfred Marshall，1842~1924年），19世纪末20世纪初英国乃至世界最著名的经济学家、新古典学派和剑桥学派的创始人，当代经济学的创立者，现代微观经济学体系的奠基人。

马歇尔1842年出生于伦敦郊区的伯蒙齐。1861年入剑桥大学攻读数学。1865年毕业于剑桥圣约翰学院，后又被选为特别研究生专攻物理学。1868年去德国研究康德哲学，与德国经济学家广泛接触以后，兴趣转向经济学。1875年为研究保护主义政策去美国。1877~1884年先后任布里斯托尔大学校长，兼任经济学教授。1885~1908年任剑桥大学经济学教授。曾参加英国政府组织的政策咨询活动，担任过皇家劳工委员会委员。马歇尔在剑桥大学担任经济学教授长达23年，他在就职演说会上提出要给经济学以新的地位。因他这一宣言与数十年的努力，经济学开始获得了像今天这样的独立的地位，这一点确实具有历史意义。马歇尔1924年逝世，享年82岁。

马歇尔学说包括需求理论、生产及长期竞争性供给、价格决定与时期分析、正常价值和正常利润、福利经济学、分配理论、垄断与联合、货币理论以及国际贸易等很多方面。其中，均衡价格理论是马歇尔经济学说的核心。他力图使用消费者剩余、生产者剩余以及租金的概念来建立正式的福利经济学理论。马歇尔把均衡价格理论应用于要素市场来分析收入分配问题，并对货币理论和国际贸易理论也有所研究。1923年出版的《货币、信用与商业》，代表了马歇尔在货币方面的系统研究成果。

马歇尔的主要著作有：《经济学原理》（1890）、《工业经济学原理》（1892）、《经济学中的新剑桥课程和相关的政治科学》（1903）、《工业与贸易》（1919）和《货币、信用与商业》（1923）。

《经济学原理》

✿ 本书精要 ✿

本书是马歇尔最重要的代表作，被西方学者视为继亚当·斯密《国富论》之后最伟大的经济学著作，占据经济学的支配地位长达 40 余年，该书综合了以往的各种理论，创建了均衡价格理论和建立其上的分配理论，构成现代微观经济学的基础。

✿ 作品内容 ✿

《经济学原理》（*Principles of Economics*）是马歇尔 20 多年研究的成果，于 1890 年出版。在这部著作中，马歇尔吸取了 19 世纪中叶以后西方经济学发展的新成果，又在形式和内容上继承了英国古典经济学的传统，其理论被看做对古典经济学的拯救和振兴，被称为新古典经济学。

全书分为 6 篇 55 章，另有 12 个附录和 1 个数学附录，其基本内容概括如下。

一　经济学的研究对象及方法

马歇尔对经济学研究对象的规定，既坚持古典学派以财富研究为中心的传统思想，又采纳了后来一些反对派所强调的研究"人"及其行为的观点。马歇尔认为经济学就是研究财富和人的学问，研究财富的生产和人的欲望的满足。

《经济学原理》的研究方法也融合了各经济学派热衷的抽象演绎法、历史归纳法、边际分析法、局部均衡分析法、心理分析法和数理方法。其中最主要的特征有三点：连续原理、局部均衡分析和边际分析。

马歇尔从生物学和数学中得到启示，即"自然界不能飞跃"这句格言，对于研究经济学的基础之书尤为适合。他强调自己的学说的特点是"注重对连续原理的各种应用。"该原理的含义是说在经济现象中难以划出非此即彼的界限，任何不同的经济现象之间都存在连续的关系。例如，他认为在正常价值和市场价值之间没有显著的区别，对一定时间而言的正常价值，对更长时间来说不过是市场价值。地租和利息的区别，同样应视时间长短而定，没有绝对分明的界限。流动资本和固定资本，新投资与旧投资，也是一样。他还把连续原理运用到经济学说的发展上，认为新的学说补充了旧的学说，并扩大和发展了、有时还修正了旧的学说，而且因着重点的不同往往使旧的学说具有新的解释；但却很少推翻旧的学说。

连续原理造就了马歇尔的三个主要研究成果：（1）使他看到经济学各领域中分析方法的统一性，从而把边际分析方法贯穿到各领域的分析中。（2）使他把交换理论和分配理论统一在供求均衡论的基础上。（3）使他的体系具有综合的特征。他把边际主义与古典学派在价值论、分配论方面的观点进行了综合，从而使古典经济学好像变成了边际主义的一个组成部分，这便使古典经济学失去了独立存在的地位。

除连续原理外，局部均衡分析是马歇尔的研究方法的第二大特征。均衡概念是从力学中吸收而来的，表明各种方向相反的力互相抵消时的一种状态。马歇尔对于均衡分析方法所增加的新东西，主要不在于提出"均衡"这一名词（当然这也是他的贡献之一），而在于提出了局部均衡的分析方法。他之所以要提出局部均衡的分析方法以及这一方法的特征所在，最好是以他本人的话来阐明之："我们要研究的力量为数是如此之多，以致最好一次研究几种力量。做出若干局部的解答，以辅助我们主要的研究。……我们用'其他情况不变'这句话，把其他一切力量当做是不起作用的；我们并非认为这些力量是无用的，不过是对它们的活动暂不过问而已。"由此可知，局部均衡分析方法是分析复杂的经济现象的一种近似方法。这一方法实际上一直为古典学派甚至除洛桑学派之外的边际主义者所不自觉地使用着，只是马歇尔明确指出这一方法的局限性和合理性，正因为如此，他才能非常熟练地运用这一方法，同时又不至于掉入这一方法所造成的陷阱中。能够指出自己分析方法的局部性质，正说明他已经意识到一般均衡方法的存在，正如熊彼特所指出的，《经济学原理》的正文可以说明，它的附录更足以证明马歇尔完全掌握了一般均衡观念。只是他没有把一般均衡方法作为自己的分析方法。

边际分析是马歇尔的研究方法的第三大特征。这一特征对西方经济学以后的发展影响极大，影响到经济学的方法甚至内容。边际分析在本质上是微分学在经济学中的表现，而微分学又与数学中的古典优化理论联系密切，所以边际分析便在以后的发展中演化成优化分析，许多经济问题最终被归结为寻求不同场合下的极值问题。而边际—优化分析方法所取得的成功，又使得经济学中那部分可以运用此种方法的内容扩展起来，使经济学从一门涉及制度变动、资源增减、交换价值、收入分配等诸多方面内容的学科演变为既定制度、既定资源条件下合理配置资源的学科。

二　均衡价格理论

1. 对需求的分析

马歇尔的需求分析是建立在边际效用论的基础上的。他认为人的欲望是无止境且多种多样的，但每一特别的欲望都是有限度的。因此，当时间足够短以至消费者在性格和爱好上不发生变化，则"一物对任何人的边际效用，是随着他已有此物数量的每一次增加而递减的。"马歇尔进一步把上述结论推广到货币身上，他的结论是"一个人越是富有，货币的边际效用对他就越小"。

以边际效用递减规律为基础，马歇尔展开了对需求的分析。他分析了个别消费者的需求，提出了需求价格的概念。它是消费者在货币购买力和拥有的货币量既定时，购买一定数量的商品所愿支付的最高价格。它由这一定量商品的边际效用所决定。相对于古典学派的理论，马歇尔的新贡献不在于提出需求规律，而在于以边际需求价格递减规律为中介，把市场需求规律建立在无数个人的边际效用递减规律的基础上。这就把古典学派的市场需求理论与边际效用论结合了起来。

2. 对供给的分析

马歇尔首先对决定产品供给的生产要素进行了分类,并研究了各类要素的变化对产品供给的影响。他认为生产要素共有四类,除了以往人们提到的土地、劳动和资本外,还有一类,他称之为工业组织。工业组织的内容相当丰富,包括分工、机器的改良、有关产业的相对集中、大规模生产以及企业管理。

马歇尔把四种生产要素的变化对产品供给的影响概括为报酬递增和报酬递减这两种基本情况。他指出,概括地说,自然在生产上所起的作用表现出报酬递减的倾向,而人类所起的作用则表现出报酬递增的倾向。土地的数量固定不变,其报酬必然递减,产品的边际生产费用递增;劳动和资本的增加,一般会引起工业组织的改进,从而提高劳动和资本的使用效率,这将导致报酬递增倾向,产品的边际生产费用将下降。

马歇尔指出,报酬递增和报酬递减这两种倾向,是不断地互相压制的。当二者的作用相互抵消时,便出现报酬不变的情况。他认为,农业部门是报酬递减倾向占上风,非农业部门则往往出现报酬不变和报酬递增,而在大多数原料费用无足轻重的工业部门中,报酬递增倾向占主导地位。

3. 对均衡价格的分析

这是马歇尔对经济学的最大贡献。他把杰文斯的效用说和李嘉图的成本说综合为一体。他认为,价值由需求和生产成本共同决定。他说,我们讨论价值是由效用所决定还是由生产成本所决定,和讨论一张纸是由剪刀的上边裁还是由剪刀的下边裁是同样合理的。但对应于所考虑的时间的长短不同,需求和生产成本在价值决定中所起的作用是不同的。他的结论是,就一般而论,我们所考虑的时间愈短,我们就愈需要注意需求对价值的影响;时间愈长,生产成本对价值的影响将愈加重要。因为生产成本变动对于价值的影响与需求变动的影响比较起来,一般需要更长的时间才能表现出来。因此,在暂时均衡中,价值就可以看成是单独由需求决定,而"商品的价值在长时期内有等于它的生产成本的趋势"。另外,在报酬不变的场合,只要在时间允许产量相应于需求做出调整的范围中,价值也都可以看成是单独由生产成本所决定。

马歇尔认为，当需求价格等于供给价格时，产量没有增加或减少的趋势，处于均衡状态中。这时，一个单位时间内所生产的商品量叫做均衡产量，它的售价叫做均衡价格。他还用几何图形分别按照报酬递减、报酬不变和报酬递增三种情况来说明均衡价格的确定。可以说他是用图表分析经济学的创始者，对数理经济学也作出了贡献。

三　国民收入分配理论

马歇尔认为，国民收入是由各种生产要素共同创造的，因此收入分配问题，就是如何把国民收入分解为各生产要素的贡献份额的问题；各生产要素收入的总和正好等于纯产品的总价值。那么纯产品的总价值按什么原则分解为各生产要素的收入呢？对此，他的观点是，一般说来，劳动、资本和土地对国民收益的分配，是和人们对它们所提供的各种服务的需要成比例的。但这种需要不是总需求，而是边际需要。所谓边际需要，是在一点上的需要，在该点，不论人们购买某种要素的服务（或服务成果），或用他们的额外资金购买其他要素的服务（或服务成果），对他们都毫无区别。这就是说，对各种要素的服务的边际需要决定了他们的收入份额。要更深入地了解这一命题，就需要了解他的替代原理。

马歇尔的替代原理是指企业家们将不断地用相对于一定纯产品来说较便宜的生产要素来代替较昂贵的生产要素，从而使得生产要素不断从该要素服务价值较小的使用方向移向服务价值较大的使用方向，最后达到两点结果：一是一种要素在它的各种用途上的价值趋于一致，二是同一种用途上任何两种要素的边际纯产品之比等于它们各自的价格之比。由此可知，他的替代原理实际上就是追求收益最大化的企业家们选择最佳要素组合的行为的结果。由于这种行为，便决定了各种要素在整个经济中的边际需要，并进而决定了收入在各种要素之间的分配比例。

由上述替代原理可知，决定要素收入份额的边际需要，是由要素的边际生产力（边际纯产品）和要素的成本（要素的价格）共同决定的。边际生产力决定了企业家们对要素的需求价格，而要素的成本取决于要素的供给价格。于是要素收入的份额问题便归结为要素的均衡价格问题，归结为要素的供求问题。于是，分配的决定便与价值的决定一样，同样取决于供求均衡。任何生产要素的需求，取决于它在替代原理作用下的边际生产力；而供给"不论什么时候都首先取决于它的现有存量，其次取决于它的所有者把它运用到生产上的意向。"因此，虽然工资、利息、地租和利润互不相同，但它们从根本上讲都服从供求规律。

也就是说，马歇尔在研究国民收入的分配问题时，引入了他的均衡价格分析方法，即把分配问题看做四种生产要素的均衡价格的决定：工资是劳动的均衡价格，利息是利用资本的均衡价格，利润是企业家才能的均衡价格，地租是利用土地的均衡价格。马歇尔的均衡价格和分配理论构成了现代微观经济学的基础。

准租概念是马歇尔富有独创性的一个收入范畴。准租是指在短期中，因为对各种在长期中数量可变但短期中数量固定的生产要素的需求所引起的报酬。如生产设备、工业组织、管理技能、个人的特殊才能等，短期内都不会适应需求的变化而变化，像土地一样。它们在短期中的报酬完全由对其服务的需求所决定，往往高于其供给价格，类似于地租。但长期中它们数量可变，故其长期报酬又由对其服务的供求双方决定，趋于其供给价格，因此又不具有地租的性质。

在分配论的基础上，马歇尔提出了他的劳资调和论，其结论是：一般资本和一般劳动，在创造国民收益上是相互合作的，并按照它们各自的（边际）效率从国民收益中抽取报酬。它们的相互依存是极其密切的；没有劳动的资本，是僵死的资本；不借助于他自己或别人的资本，则劳动者势必不能久存。哪里的劳动奋发有力，则哪里的资本的报酬就高，资本的增殖也很快。由于资本和知识，西方国家的普通工人在许多方面都比以前的王公吃得好、穿得好，甚至住得也好。资本和劳动的合作，如同纺工和织工的合作一样重要。……一方的发展是同他方的力量和活动分不开的；不过一方用牺牲他方的办法可以暂时（如果不是永久的）取得较大的国民收益份额。

四 弹性理论与消费者剩余理论

马歇尔用需求弹性这个概念表明需求量对市场价格的变动作出反应的程度。需求变动的百分比除以价格变动的百分比，表明了弹性的强度。并说明了富有弹性、缺乏弹性与单元弹性的区别。马歇尔进一步列举了影响需求弹性的诸因素，主要有：（1）消费品的性质。一般说来，用途单一的绝对必需品（如食盐）的弹性很小，而有多种用途的商品（如水）的弹性往往很大。（2）价格水平。同一种商品在不同的价格水平上有不同的弹性，随着价格的低落，需求弹性将逐步下降。（3）消费者的收入水平。工人、中等阶级以及富人，他们对同一种商品的需求弹性往往是不一样的。

马歇尔用供给弹性这个概念表明供给对市场价格的变动作出反应的程度，它的强度由供给变动百分比除以价格变动百分比的值确定。他指出，在使用供给弹性这一概念时，必须注意它与需求弹性的差别。需求对价格变动作出反应的速度一般说来比较快，同时需求弹性一般不会因时间的长短而有不同。但供给就有所不同，因为供给的变动要涉及生产规模的变化，所以供给对价格变动作出反应所需要的时间间隔，取决于生产规模作出变动所需要的时间。

弹性这一概念，后来成为马歇尔体系中最富有活力的一个概念。由此引申出各种各样的弹性，成为经济分析的有力工具。需求弹性的初步概念，在约·斯·穆勒的《政治经济学原理》一书中已经出现。但从传记材料来看，马歇尔显然是独立发现这一概念的。并且也正是他把这一概念放在重要的地位，并进行了仔细的研究，把因变量变动百分比除以自变量变动百分比作为弹性大小的衡量测度（区别于早期用斜率近似表示弹性大小），从而使这一概念成为重要的分析工具。

消费者剩余的概念是马歇尔的一个独创理论。马歇尔说，我们已经知道，一个人对一物所付的价格，绝不会超过、而且也很少达到他宁愿支付而不愿得不到此物的价格；因此，他从购买此物所得到的满足，通常超过他因付出此物的代价而放弃的满足；这样，他就从这购买中得到一种满足的剩余。[①] 马歇尔称之为消费者剩余。他进而说明个人需求与消费者剩余、市场需求与消费者剩余，还用代数与几何的形式表示了消费者剩余。

简要评述

《经济学原理》一经出版即赢得了人们的交口称赞，从该书出版之日起到20世纪30年代凯恩斯的《就业、利息与货币通论》问世止，在英国经济学领域一直占据领导的地位，从而牢固地确立了马歇尔作为世界最主要经济学家之一的地位。《经济学原理》在作者生前出版过8版，其中1907年的第5版可以说是该书的最终版，以后各版只是在词条上有些修正。

1. 马歇尔理论体系的综合性及其意义

马歇尔经济理论体系的主要特征是它的综合性。这一综合体系的主要思想渊源，当属约·斯·穆勒。只要比较一下马歇尔的《经济学原理》和约·斯·穆勒的《政治经济学原理》，便可清楚地看到二者之间的继承关系。在对穆勒体系进行的改造中，马歇尔加进了边际分析方法，相互作用的观念，对于欲望、效用和需求的分析以及图解表达方法。关于边际分析方法，他受惠于古尔诺和杜能。关于相互作用的观念，他是从古尔诺那里获得的。关于欲望、效用和需求的分析，则是他自己独立发现的，虽然它们迟至1890年才发表。但是，马歇尔由于深信连续原理，所以他并不是把他发现的边际效用论作为反对古典学派的利器，如杰文斯所做的那样，而是把这一发现与古典学派的体系进行了综合，把边际效用和生产费用作为决定价值的两股力量。至于他的图解表达方法，则得益于他良好的数学基础。

马歇尔均衡价格理论的提出，结束了经济学说史上长达几百年关于价值是由效用还是由成本决定的争论。马歇尔的理论体系不单在当时具有相当巨大的凝聚力，占据英国经济学的霸主地位，而且在一个世纪里一直保持着深远影响，被奉为现代微观经济学的基石。马歇尔的学说为大多数西

[①] 〔英〕马歇尔：《经济学原理》上卷，朱志泰译，商务印书馆，1964，第142页。

方经济学者所信奉。马歇尔的《经济学原理》是圣经……马歇尔就是经济学。

对于这一新的综合性体系，可以从马歇尔以后西方经济学界大师凯恩斯的下述评价中，了解马歇尔对西方经济学的重大影响。凯恩斯认为马歇尔的《经济学原理》对西方经济学作出了七点贡献：（1）最终解决了经济学发展史上关于需求和生产费用哪个决定价值的争论。（2）一般均衡理论作为一种分析方法，由于马歇尔导入两个有影响的辅助概念，即边际和替代，而更有力更灵验了；边际这个概念被他引申出效用的范围之外，以说明任何一种经济因素在一定条件下的均衡点；而替代这个概念则用以描述恢复或趋向均衡的过程。运用这种方法，工资和利润等收入范畴，也像商品的价值一样，由供求均衡的机制所决定。（3）通过短期和长期这一对概念，把时间因素引入经济分析，从而进一步引出了外部经济和内部经济这一对概念，以及主要成本与辅助成本这一概念。借助于长期和短期的区分给出了正常价值的确切含义。借助于准租和代表性企业这两个概念，形成了正常利润学说。（4）提出了消费者剩余这一概念，为分析自由放任条件下的福利问题提供了工具。通过这一工具，马歇尔证明在某些条件下，自由放任并不能导致社会的最大福利。这一思路为日后庇古建立福利经济学开辟了通道。（5）以外部经济和报酬递增为基本分析工具建立了对垄断的分析。（6）引进弹性概念。（7）重视对经济史的研究，虽然这一点在《经济学原理》一书的正文中并不明显。

可以说，经济学说史上久负盛名的各种学说，诸如亚当·斯密的分工理论、李嘉图的地租学说、马尔萨斯的人口论、萨伊的销售法则、西尼尔的节欲说、约·斯·穆勒的生产费用论、杰文斯的负效用论以及当时颇为时髦的边际效用论和边际生产力论等，在马歇尔的体系中无一不被巧妙地吸收利用。此外，其他社会科学（如哲学、社会学、伦理学等）和自然科学（如数学、生物学、物理学等）的研究成果也被融入他的体系。

2. 一代宗师的地位

马歇尔在西方经济学史上一代宗师的特殊地位，是由三个因素造就的。第一个原因是他创立了剑桥学派和剑桥大学的经济系，培养了一大批学生，这些学生以后都在他的旗帜下对西方经济学的各个方面进行了广泛的研究探索。正如凯恩斯所说，马歇尔成为当代英国经济学之父，主要是由于造就了众多的学生；有宏丰的著述倒在其次。马歇尔有一大群门人弟子，而瓦尔拉斯只有一个帕累托。

第二个原因是马歇尔的体系在结构上具有可分解的特征，即其中的任何一部分理论都可以相对独立地存在。这就使他的后继者们可以各自以它的某部分理论为基点，深入研究某个局部领域，如福利理论、厂商理论、消费理论，等等。

第三个原因是马歇尔的表述方法符合当时经济学界的知识素质，这是他优于瓦尔拉斯的地方，也是他不及瓦尔拉斯的地方。与瓦尔拉斯的体系相比较，马歇尔的体系以简洁雅致见长，具有雅俗共赏的特征，而瓦尔拉斯的体系更严谨更全面更富有逻辑上的美感，但也更深奥更难懂。所以在短时间里，马歇尔比瓦尔拉斯赢得了更多的追随者，但随着时间的延长，随着经济学界整体知识素质（尤其是数学水平）的提高，瓦尔拉斯所获得的声誉相对于马歇尔来说则日渐升高。

（据〔英〕马歇尔：《经济学原理》，朱志泰译，商务印书馆，1964年。杨小卿撰）

参考文献

1. 蒋自强、张旭昆主编《三次革命和三次综合》，上海人民出版社，1996。
2. 姚开建：《马歇尔的〈经济学原理〉》，载于姚开建、梁小民主编《西方经济学名著导读》，中国经济出版社，2005。
3. 杨瑞龙、宋利芳主编《西方经济学经典名著选读》（第二版），中国人民大学出版社，2007。

阿瑟·塞西尔·庇古

作者简介

〔英〕阿瑟·塞西尔·庇古（Arthur Cecil Pigou，1877～1959年）是英国著名经济学家，剑桥学派主要代表之一，福利经济学的创始人。

庇古1877年出生于英格兰怀特易福赖德的一个军人家庭，1900年毕业于剑桥大学，1908～1943年接替马歇尔担任剑桥大学经济学教授，被认为是剑桥学派领袖马歇尔的继承人、剑桥学派的正统人物及主要代表。1959年去世，终年82岁。庇古生前曾任英国皇家科学院院士、英国通货与外汇委员会委员、皇家所得税委员会委员及国际经济学会名誉会长等职。他由于《福利经济学》一书而被西方经济学界奉为"福利经济学之父"，成为福利经济学的创始人。

庇古的主要著作有：《工业和平原理和方法》（1905）、《财富与福利》（1912）、《论失业问题》（1914）、《福利经济学》（1920）、《工业波动》（1927）、《公共财政研究》（1928，1956）、《失业理论》（1933）、《社会主义与资本主义的比较》（1937）、《静态经济学》（1935）、《就业与均衡》（1945）、《收入理论》（1946）、《凯恩斯"通论"的回顾》（1956）。

《福利经济学》

☙ 本书精要 ☙

本书是英国经济学家庇古的代表作,是第一部系统论述福利经济学问题的专著和旧福利经济学的经典之作。在这本书中,庇古从国民收入量的增加和国民收入分配出发,推导出决定社会经济福利的一些重要因素,并提出增进社会经济福利的政策主张。

☙ 作品内容 ☙

《福利经济学》是"研究在现代社会实际生活中影响经济福利的重要因素"。该书共4篇66章。第1篇"福利与国民收入"共11章,讨论福利与国民收入的关系;第2篇"国民收入的规模与资源在不同用途间的分配"共22章,讨论国民收入大小与资源配置的关系;第3篇"国民收入与劳动"共20章,讨论怎样处理好劳资关系以增加国民收入;第4篇"国民收入的分配"共13章,讨论国民收入分配问题。

一 经济福利与国民收入的关系

第1篇论述经济福利的有关概念以及经济福利与国民收入之间的关系。

庇古的福利经济学是建立在边际效用价值理论的基础之上的。庇古对福利这一概念提出了两个命题:第一,福利的要素是一些意识,或者说是意识之间的关系;第二,福利可以置于较大或较小的范围之下。这就是说,福利表示人的心理状态,寓于人的满足之中,福利的大小是可以衡量的。但庇古强调,福利包括的范围很广,在经济学中并不讨论一般福利,而只讨论与经济生活相关的福利,即能够直接或间接地用货币尺度衡量的经济福利。这种经济福利与一般福利是相关的,对一般福利有决定性的影响。庇古把福利作为满足,用效用来表示满足。而效用可以用个人为避免失去某种满足而愿支付的货币量来衡量,即可以用单位商品的价格来衡量。

在这种经济福利的概念之上,庇古论述了经济福利与国民收入的关系。他指出,正是由于经济福利是可以直接或间接地与货币量相联系的那部分总福利,国民收入是可以用货币衡量的那部分社会客观收入……所以,这两个概念(经济福利和国民收入)是对等的,对其中之一的内容作任何表述,就意味着对另一个内容的相应表述。这样,就把对经济福利的研究变为对国民收入的研究。

庇古从经济福利转到国民收入问题,这样就接着讨论了两个问题:第一,国民收入量的变动,这种变动的衡量及其与经济福利的关系。他说明了在消费者嗜好与购买力分配不变的情况下,国民收入的增加使经济福利增加。但由于国民收入量的变化又会引起产品结构的变化,所以国民收入量变动与经济福利的关系也相当复杂。只有在社会成员对新增加的产品比对所消失的产品愿意支付更多的货币时,这种增加才真正代表经济福利的增加。第二,国民收入分配及其对经济福利的影响。他说明了如果在国民收入并未减少的情况下,国民收入由富人转向穷人,即国民收入分配的平等化,有利于增加经济福利。这是因为边际效用是递减的,穷人收入增加所带来效用要大于富人等量收入减少所减少的效用。

由此可见,庇古提出了福利经济学的两个基本命题:第一,国民收入总量越大,社会经济福利越大;第二,国民收入分配越是均等化,社会福利越大。也就是说,社会经济福利取决于国民收入总量和国民收入的分配状况。

二 社会资源的最优配置与政府干预的关系

第2篇着重论述社会资源的最优配置问题。因为国民收入总量增加是经济福利增加的主要源泉，所以，如何增加国民收入就是福利经济学的中心问题之一。庇古强调，要使国民收入增加就必须使生产资源在各个生产部门中的配置达到最优状态。如何才能实现这种最优配置就是这一篇的中心。

庇古用边际私人纯产值和边际社会纯产值的关系来说明社会资源最优配置的标准。边际私人纯产值指私人增加一个单位的投资后，投资者收入所增加的值，等于边际私人纯产品乘以价格，或者说是生产者支出的边际私人生产成本与增加投资带来的边际私人收益的差额。边际社会纯产值指社会增加一个单位的投资后收入所增加的值，等于边际社会纯产品乘以价格，或者说是社会支出的边际社会生产成本与增加投资带来的边际社会收益的差额。如果把个人投资作为社会投资的一份，边际社会纯产值就是在边际私人纯产值之外再加上由于这种生产给社会上其他人带来的利益或损失。换句话来说，个人的生产活动给社会带来的有利影响是边际社会收益，个人的生产活动给社会带来的不利影响是边际社会成本，两者之差即为边际社会纯产值。如果在边际私人纯产值之外，社会还得到了好处，则边际社会纯产值大于边际私人纯产值；反之，如果在边际私人纯产值之外，社会受了损失，则边际社会纯产值小于边际私人纯产值。如果边际私人纯产值与边际社会纯产值相等，则社会资源配置达到了最优状态。

庇古认为，在完全竞争的条件下通过竞争与资源自动流动最终会使边际私人纯产值等于边际社会纯产值。但是，在现实中由于种种原因，边际私人纯产值与边际社会纯产值往往并不相等。原因主要有以下几点：第一，市场信息的不完全引起对投资收益估计错误，影响资源流动。第二，某些耐久性生产要素（如土地、设备）的所有权与使用权不一致，使这些生产要素得不到应有的维护而损害社会收益。第三，外部经济或外部不经济的存在。例如，工厂不治理流出的污水，其代价由社会承受，对工厂而言是外部经济，而对社会则是损失。第四，收益或成本变动而引起的背离。这就是说由于各行业的规模经济不同，在成本递减的行业，规模扩大使边际社会纯产值大于边际私人纯产值；而成本递增的行业规模扩大则情况相反。第五，垄断的存在使边际社会纯产值与边际私人纯产值的差异扩大。

根据以上原因，庇古主张由政府对资源配置进行干预。其干预办法包括：对事关全局的产业，如铁路、电力、自来水等实行国有化，由政府经营；对不适于国有化的产业实行特殊鼓励和特殊限制的政策，例如，对引起污染的产业征以重税，而对农业这样收益大的行业进行补贴；限制垄断；保护竞争，等等。也就是说，政府应该鼓励边际社会纯产值大于边际私人纯产值的生产，限制边际社会纯产值小于边际私人纯产值的生产，以提高资源配置的效率、增进社会福利。政府干预是实现资源最优配置必不可少的手段。

三 国民收入与劳动的关系

决定国民收入大小的主要是劳动，所以，第 3 篇讨论国民收入与劳动的关系。所涉及的问题相当广泛，诸如，一般的劳动纠纷、工作时数、工资的支付方式、影响劳动在不同地区及职业间分配的因素、提高工资的可能性、减少失业的办法以及公平工资和最低工资等问题。对这些问题的探讨既有理论分析，又有政策建议。

庇古论述了劳动在各地区与职业间的配置问题。他认为，即使各类劳动的需求价格及工资在不同地区与职业间均能相等，劳动在不同地区与职业间的配置也达不到理想状态。这主要是由于工人的无知、流动所需要的费用（包括交通费用与离乡背井的心理代价）以及传统与习惯对流动的人为限制。劳动配置中的失误会引起失业，减少国民收入与经济福利。解决这种失业的办法则是政府采用干预手段。例如，由政府提供必要的费用，或使工人终身受雇等等。

四 国民收入分配与经济福利的关系

庇古认为，影响经济福利的主要因素：一是国民收入总额的大小，二是国民收入在社会成员中的分配情况。第 2、3 篇所论述的是与国民收入大小相关的问题，而第 4 篇则要论述国民收入的分配问题，他详细讨论了国民收入分配与经济福利的关系，并提出了收入均等化的政策建议。

庇古假设货币的边际效用也是递减的，即一个人的货币收入愈多，其边际效用愈小；而货币收入愈少，其边际效用愈大。因此，穷人的货币收入的边际效用大于富人，把货币收入由富人转移给穷人就可以增加社会的总效用，即增加经济福利。庇古认为，在"经济萧条、工会力量强大和舆论坚持要求等情形存在时"，把富人的收入转移给穷人以增加经济福利就是十分必要的，而为了实现这一点，就要求国家采取收入均等化的政策。

庇古提出，实现收入的转移可以有自愿转移与强制转移。自愿转移就是富人自动出钱举办教育、娱乐、保健、科学、文化等事业。但他也感到仅靠自愿转移是不够的。这样就需要国家实行强制转移。强制转移就是征收累进的所得税与遗产税，并把这种收入向穷人转移。转移的方法分为直接的与间接的。直接转移就是举办社会保险与社会服务，诸如养老、失业补助、免费教育、医疗保险等。间接转移就是对穷人最需要的产品的生产进行补助。例如，对农业生产、交通、住房建筑进行补贴，以便这些行业的产品可以低价卖给穷人，使穷人间接受益。

庇古强调，这些收入均等化的措施不能有损于资本积累和经济效率，否则会引起国民收入减少。尽管收入分配的平等化会增加经济福利，但与国民收入减少的经济福利是否相抵，并不能确定，这样就要使投资于福利事业的收益大于投资于机器的收益。例如，对失业的工人以技术教育等支出就是有利的，对那些有能力而不工作的人则不应给予补助。

除了上述促进资源最优配置的干预措施之外，庇古还主张政府以收入分配均等化为目标对自发形成的收入分配进行干预。政府干预是提高资源配置效率、实现收入均等化分配、增进社会福利必不可少的手段。

总结庇古的福利经济学思想包括以下几个要点：（1）理论基础：基数效用；（2）三大社会目标：最大的选择自由、最高的经济效率、最公平的收入分配；（3）两大命题：国民收入总量越大，社会经济福利越大（国家干预）；国民收入分配越均等化，社会经济福利越大（福利政策）。

简要评述

  《福利经济学》是庇古的代表作，是西方经济学发展中第一部系统论述福利经济学问题的经典专著。庇古的主要学术贡献也正是体现在他在福利经济学领域的成就上。他在《福利经济学》一书中，率先建立了比较完整的福利经济学体系，他也由此成为旧福利经济学的代表人物，被誉为"福利经济学之父"。其学说不仅成为后来20世纪30年代兴起的新福利经济学的理论基础，而且也成为第二次世界大战后西方国家纷纷建立"福利国家"这一实践的理论基础之一。

  庇古的《福利经济学》的学术贡献突出表现在以下几个方面：第一，《福利经济学》的出版，标志着福利经济学的诞生，并使得福利经济学逐渐发展成为一个新兴的经济学流派。第二，庇古所建立的福利经济学把"社会福利"作为经济学研究的中心，这被西方经济学家认为是开阔了经济学研究的"新方向"。这不仅具有一定的独创性，而且他所提出的许多新的经济概念更加丰富了经济学理论。第三，庇古提出了引入国家干预的问题，这对于马歇尔以前的市场经济理论是一个补充、发展和完善，并为国家干预的市场经济理论的提出，提供了某些依据。庇古提出资源最优配置的条件，外部影响对资源最优配置的干扰，从而论证了由政府干预资源配置以及收入分配对于提高全社会经济福利的重要性。第四，庇古在分析边际社会净产值时，将外在的不利影响计算为社会成本，这个观点在以后成为现代经济学家极为关心的新的研究课题，并成为环境保护和可持续发展一个重要理论基础，成为外部性理论的思想渊源。

  当然，庇古的福利经济学也存在着一些缺陷和一定的局限性。例如，他的经济福利是建立在基数效用基础上，认为效用是可以计量的，这是其理论的一个缺陷。这也就是新福利经济学能够代替旧福利经济学的重要原因。

（据《福利经济学》1952年英文版。杨小卿撰）

参考文献

1. Arthur Cecil Pigou, *The Economics of Welfare*, 4th ed., London: Macmillan and Co., Limited, 1952.
2. 梁小民:《庇古〈福利经济学〉》,姚开建、梁小民主编《西方经济学名著导读》,中国经济出版社,2005。
3. 杨瑞龙、宋利芳主编《西方经济学经典名著选读》(第二版),中国人民大学出版社,2007。
4. 蒋自强、张旭昆主编《三次革命和三次综合》,上海人民出版社,1996。

爱德华·黑斯廷斯·张伯伦

作者简介

〔美〕爱德华·黑斯廷斯·张伯伦（Edward Hastings Chamberlin, 1899~1967年）是美国著名经济学家，垄断竞争理论的创立者。

张伯伦1899年5月15日出生于华盛顿，1920年毕业于依阿华大学，1922年获密执安大学硕士学位，1924年又获哈佛大学硕士学位，1927年在哈佛大学完成博士论文，并获哲学博士学位。他曾先后任密执安大学讲师，哈佛大学副教授和教授、系主任，并曾任哈佛大学著名经济刊物《经济学季刊》主编，1951年荣获波士顿学院法学博士，1927年起任哈佛大学教授直到1967年病逝，享年68岁。

其主要论著为：《垄断竞争理论》（1933），《关于更加一般的价值理论》（1957）。《垄断竞争理论》这部著作，使他跻身于20世纪最有影响的六位经济学家之列，该著作是以他1927年的博士论文为基础写成的。他的这部著作与琼·罗宾逊的《不完全竞争经济学》同于1933年出版，并被列为西方厂商理论的两部开山之作。不同的是，罗宾逊夫人是在斯拉法1926年12月发表的论文的启发下建立自己的理论的，而张伯伦则最迟在1927年4月便已经独立完成了自己的博士论文，他并未受惠于斯拉法，主要是从陶西格1891年发表的论文《论铁路运费理论》及马歇尔《经济学原理》的一个脚注中受到启发①，经过努力，建立了垄断竞争理论体系。陶西格的论文使他认识到产品差别在价值理论中的重要意义，马歇尔的脚注使他认识到分析厂商的供求曲线的重要性。

---

① 参阅晏智杰《经济学中的边际主义》，北京大学出版社，1987，第360~361页；杨德明：《当代西方经济学基础理论的演变》，商务印书馆，1988，第274页。

《垄断竞争理论》

本书精要

本书是张伯伦的代表作。该书探讨了处于纯粹竞争和垄断中间状态下的价格决定理论，在完全竞争市场理论和完全垄断市场理论的基础上提出了垄断竞争理论，丰富了市场结构理论。

作品内容

张伯伦的《垄断竞争理论》（*The Theory of Monopolistic Competition*，1933），无论从其思想渊源来说，还是从其内容来看，与其说是对马歇尔价值理论的革命，不如说是一种补充。它并不是在马歇尔所考虑的问题中提出与马歇尔相对立的意见，而是涉及马歇尔所未涉及的现象，提出了可以补充马歇尔体系的理论观点。所以我们并不把它以及琼·罗宾逊的不完全竞争理论看做对马歇尔综合体系的革命或突破，而是把它看做对马歇尔综合体系的深化和拓展。

一　垄断竞争市场的含义及条件

1. 垄断竞争市场的含义

垄断竞争是指这样一种市场：在这种市场上，大量企业通过生产相似但又不能互相替代的产品进行竞争。同时，由于产品存在差别，所以每个提供差别产品的厂商对其产品的价格能够施加一定的影响。这是一种既包含垄断因素，又包含竞争因素的市场结构。它是处于完全竞争和完全垄断之间的一种市场结构。

2. 垄断竞争市场的条件

第一，产品差异性。垄断竞争市场上最重要的条件是出售的产品具有差别。张伯伦指出，实际生活中许多产品之间存在着一定的差异性，同时又都存在着程度不同的替代性。产品差别的存在使得售卖者能在一定程度上控制价格，即具有一定的垄断性；替代性又使得不同产品的卖者之间存在着竞争性。这就造成了垄断竞争的局面。他指出，产品之间的差别可以是产品本身之间存在差别，也可以是产品的售卖条件方面的差别。前一种差别包括独有的专利权、商标、商店名称、包装特点、品质、设计、颜色、式样等。后一种差别包括售卖者地址的便利程度、商店的一般风格和特点、做生意方法、公平交易的信誉、待人接物的方式、工作效率高低等。

第二，厂商数量比较多。有差别的产品通常是由不同的厂商生产，所以垄断竞争市场上的第二个条件是厂商数目很多。垄断竞争市场中的每个厂商努力创造自己产品的差异，并通过这种差异来形成垄断和竞争的优势，因此对自己产品价格有一定的控制力量。但是因为存在竞争，所以垄断厂商又不能通过互相勾结完全控制市场价格。例如，一个厂商如果认为自己产品价格过高，他可以并只能降低自己产品的价格，但不能决定竞争对手的市场行为。从这个意义上说，这些厂商既彼此独立行动，又互相依存。

第三，厂商进出比较容易。与垄断竞争市场上厂商数量众多相关的条件是垄断竞争市场的进入和退出的障碍不大，厂商在市场上进出比较容易；大多数厂商资本不多，规模不大。当垄断竞争市场上存在超额利润就会吸引新厂商进入，反之就会导致原有厂商退出。

二 垄断竞争市场的需求曲线

1. 厂商需求曲线向右下方倾斜

与完全竞争市场条件下的水平的需求曲线不同，在垄断竞争条件下，由于厂商有可能通过产品差异在一定程度上控制自己产品的价格，所以垄断竞争市场上单个厂商的需求曲线是一条从左上方向右下方倾斜的曲线。它表明垄断竞争厂商有可能通过降低自己产品的价格来增加产品的销售量。

与完全垄断市场相同的是，垄断竞争市场上的需求曲线和边际收益曲线不是同一条曲线，后者位于需求曲线的下方。与完全垄断市场不同的是，由于垄断竞争市场中存在竞争，垄断竞争市场上价格对于需求的变化更加敏感，因此垄断竞争市场上的需求曲线表现为比完全垄断市场上的需求曲线更为平坦，即需求弹性更大。

2. 厂商需求曲线与行业需求曲线

由于存在厂商与行业的区别，所以在垄断竞争市场上还需要区别单个厂商的需求曲线与行业的需求曲线。单个厂商的需求曲线比行业的需求曲线更富有弹性或者更平缓，也就是说降价对行业来讲难以扩大市场容量，但对于单个厂商来讲容易扩大其市场份额。

三　垄断竞争市场的短期均衡与长期均衡

与完全垄断市场一样，垄断竞争市场上实现短期均衡时仍然可能出现超额利润、收支相抵或亏损的情况。这就决定了短期均衡只能是暂时的。就长期而言，对于进入障碍和退出障碍都比较小的垄断竞争市场来说，超额利润必然引起新厂商的进入，而亏损也必然引起原有厂商的退出。只有当垄断竞争市场的超额利润为零时，厂商的进入和退出才会停止。因此，垄断竞争市场上长期均衡与短期均衡的区别就在于长期均衡比短期均衡多了一个条件，即厂商的需求曲线不仅与行业需求曲线相交，而且与长期平均成本曲线相切。这表明超额利润不复存在，此时实现了垄断竞争市场的长期均衡。

四　垄断竞争市场的供给曲线

垄断竞争市场与完全垄断市场一样，不存在具有规律性的供给曲线。其原因是由于在厂商面临需求曲线向右下方倾斜的情况下，厂商的产量与价格之间并不存在——对应的关系，从而使垄断竞争厂商没有明确的供给曲线。

五 垄断竞争市场的特点及优势

比较垄断竞争市场与完全竞争市场的长期均衡，可以发现二者的重大区别。

第一，收益不同。在垄断竞争市场上，需求曲线与平均收益曲线重合，但向右下方倾斜，边际收益曲线则是位于平均收益曲线下方并向右下方倾斜的一条线。这反映了不同的收益变动情况。在完全竞争市场上，平均收益等于边际收益，这是平均收益的最高上限；在垄断竞争市场上，平均收益大于边际收益，而且平均收益和边际收益都是递减的。

第二，平均成本不同。在完全竞争市场上实现了长期均衡时，均衡产量决定的长期平均成本处于长期平均成本的最低点；而在垄断竞争市场上实现了长期均衡时，均衡产量决定的长期平均成本并不是长期平均成本的最低点。这说明在垄断竞争下成本消耗更多，即存在资源浪费。

第三，价格不同。在完全竞争市场上均衡价格低于垄断竞争市场上的价格。

第四，产量不同。在完全竞争市场上产量大于垄断竞争市场上的产量。

但并不能由以上的对比得出完全竞争市场优于垄断竞争市场的结论。因为尽管垄断竞争市场上平均成本与价格较高，存在资源浪费，但是垄断竞争可以为消费者带来丰富多彩的有差别的产品，从而能够满足消费者不同的需求。而且，垄断竞争市场上的产量要高于完全垄断市场，价格却比后者更低。

在分析垄断竞争市场的优缺点时，还要注意两点。

第一，垄断竞争有利于鼓励创新。因为竞争的存在，短期超额利润的存在激发了厂商进行创新的内在动力。通过生产出与众不同的产品可以在短期内获得垄断地位及超额利润，这就使各个厂商有进行创新的愿望。而长期中的竞争又使这种创新的动力持久不衰。因此垄断竞争市场上的厂商一直努力寻求能给他们带来哪怕是暂时竞争优势的新产品。甚至为了获得更多的创新而牺牲部分资源配置的效率也在所不惜。这正是垄断竞争普遍存在的重要原因之一。

第二，垄断竞争会使销售成本增加，主要是广告成本增加。竞争性的厂商要使自己的产品成为有特色的差别产品，除了不断进行创新，还必须利用消费者的感觉来创造产品差别。为此必须进行广告宣传。这种广告对生产和消费有促进作用，但同时也增加了销售成本，增加了总成本和平均成本。

简要评述

包括马歇尔在内的以往的价格理论大多只是研究了两种极端情况下的价格决定：纯粹竞争和纯粹垄断，没有发现介于这两者之间的中间状态，没有探讨中间状态下的价格决定理论。而张伯伦的《垄断竞争理论》恰好填补了这一空白，探讨了马歇尔所未涉及的现象，因而深化和拓展了马歇尔的综合体系，创建了垄断竞争理论，丰富和发展了市场结构理论。

（据〔美〕张伯伦《垄断竞争理论》，北京三联书店，1958年中文版。杨小卿撰）

参考文献

1. 陈荣耀、方胜春、徐莉萍：《微观经济学》，东华大学出版社，2002。
2. 蒋自强、张旭昆主编《三次革命和三次综合》，上海人民出版社，1996。

琼·罗宾逊

作者简介

〔英〕琼·罗宾逊（Joan Robinson，1903～1983年）是在经济理论方面取得杰出成就的一位英国女经济学家，新剑桥学派最有影响的代表人物。

1903年琼·罗宾逊出生于英格兰坎伯利一个中产阶级的书香之家，其曾祖父是19世纪基督教社会主义者。罗宾逊1922年入英国剑桥大学读经济学，1925年获经济学学士学位，1927年获文学硕士学位。之后又获伦敦大学和比利时烈日大学荣誉法学博士学位。1929年任剑桥大学助理讲师，1937年任讲师，1949年任高级讲师，1965～1971年为剑桥大学教授。1971年退休，1973年为该大学名誉教授，1983年逝世。罗宾逊早年属于以马歇尔为首的剑桥学派，后来成为凯恩斯经济学的积极拥护者。她最突出的贡献是她的不完全竞争理论。她的资本理论、经济增长理论和收入分配理论把经济增长同国民收入分配问题紧密联系在一起。此外她在国际贸易理论、通货膨胀理论研究方面也都有一定的建树。

罗宾逊的主要著作有《不完全竞争经济学》（1933）、《就业理论引论》（1937）、《论马克思主义经济学》（1942）、《利息率及其他》（1953）、《资本积累论》（1956）、《经济增长理论》（1962）、《经济哲学》（1962）、《经济学的异端邪说》（1971）、《现代经济学导论》（1973）、《发展与不发展》（1979）和《经济论文集》（1979）。

《不完全竞争经济学》

本书精要

本书是英国著名经济学家琼·罗宾逊夫人的代表作。罗宾逊最突出的贡献是她的不完全竞争理论。她一反传统方法，从垄断竞争着手分析更一般的现实，使整个价值理论构成一套逻辑严密、首尾贯通的体系。她与张伯伦一道创建的垄断竞争理论使现代微观经济学进入一个新阶段。

作品内容

罗宾逊的广为传诵的著作《不完全竞争经济学》，(*The Economics of Imperfect Competition*, London, Macmillan, 1933, 中译本见《不完全竞争经济学》，陈良璧译，商务印书馆1961年出版)，在她青年时期就将她推至当时经济理论研究的最前沿。在书中，马歇尔理论所立足的完全竞争的限制性条件被舍弃了，而把完全竞争视为一般垄断状态中非常特殊的情况。她从更普遍的假设出发，运用了一种新的分析市场行为的方法，虽然整个研究方法仍是传统的马歇尔方法，但消除了马歇尔著作中的含糊之处，并且严格规定了各种市场条件，建立了一套研究一般市场状况的专门技术方法。因此，从某种意义上说，《不完全竞争经济学》可以看做对马歇尔分析理论的延伸和完善。

罗宾逊夫人在该书绪论的开头就指出，本书是作为一箱工具献给分析经济学家，该书是讨论经济分析方法的著作。在不完全竞争经济学中，必然要涉及垄断问题。罗宾逊在绪论中指出，这首先是对垄断下定义的问题。她认为，在旧体系下，纯垄断是一个极端，而纯竞争是另一个极端。如某一市场上，某商品的需求是由许多生产者供应的，就有竞争，如它是由唯一的生产者供应的，就有垄断。问题出在商品上，一种商品必然有某些竞争品，不可能把满足一种需求的所有竞争品总合成一个产品，因此不必为垄断下定义。罗宾逊强调，各个生产者拥有对自己的产品的垄断权，如果有很多这样的生产者销售商品于一个完全市场，那么，就存在着通常所称的完全竞争状态。根据罗宾逊以上的观点，商品生产者既是产品的垄断者又是竞争者。

在由 10 篇构成的《不完全竞争经济学》一书中，罗宾逊对马歇尔综合体系的发展主要体现在以下 7 个方面。

一 广泛运用边际分析方法

罗宾逊夫人把原先主要用于分析效用的边际分析方法广泛用于分析成本、收入、要素生产力诸方面，从而使厂商（无论是垄断的、竞争的，还是介于二者之间的）的行为分析由边际分析方法统一了起来。这对于马歇尔体系来说是一个推进。马歇尔在分析垄断厂商时，主要通过总量（总收益、总成本）概念，这与他在分析其他问题时主要运用边际方法是不一致的。罗宾逊则主要运用边际概念说明了各类厂商的行为。她的分析工具现在是当代西方厂商理论的标准工具。

二 确定了边际曲线与平均曲线的关系

运用图示法和公式法给出了边际函数与平均函数之间的关系，边际曲线与平均曲线之间的关系，以及一定产量下的平均值、边际值和平均曲线弹性值三者之间的关系。罗宾逊指出了边际函数与平均函数之间关系：若边际曲线位于平均曲线之下，则平均曲线必下降；若边际曲线位于平均曲线之上，则平均曲线必上升；若边际曲线与平均曲线相交，则交点必为平均曲线的最大值或最小值。

三　区分了厂商均衡与行业均衡

用边际曲线与平均曲线，给出了垄断厂商均衡，不完全竞争条件下的厂商和行业的均衡，以及完全竞争条件下的厂商和行业均衡。从而用统一的方法说明了各类厂商的产量和价格行为。罗宾逊假定厂商追求利润最大化，而利润最大化的产量恰好是边际收入等于边际成本的产量，这无论对于垄断厂商还是竞争厂商都无例外。边际收入和边际成本分别是总产量增加一单位时总收入和总成本的增量。

罗宾逊提出，在不完全竞争条件下，厂商的均衡与整个行业的均衡是不同的，后者不仅要求行业中各厂商处于均衡状态，而且要求厂商的数目固定不变，即不再有新厂商加入也没有老厂商退出。这就要求厂商只能获得正常利润而无超额利润。她把行业的均衡称作完全均衡，它需要两个条件：边际收入等于边际成本，平均收入（或价格）等于平均成本。

罗宾逊在分析了垄断均衡和竞争均衡之后，比较了成本曲线和需求曲线都不变时，垄断产量和竞争产量谁低谁高。她的结论是：只要存在稀缺要素，且垄断者不必为使用稀缺要素支付全部租金，同时又有大规模生产的经济，则垄断产量方可能大于竞争产量。此外各种情况下，垄断产量总是小于或等于竞争产量。

四　分析了价格歧视及其功能

运用图示法分析了垄断厂商的价格歧视现象，指出了价格歧视所必需的条件，价格歧视下的厂商均衡，以及价格歧视对产量的影响。罗宾逊把价格歧视称为同一个厂商"生产出来的同种商品按照不同价格售于不同买主的行为"[1]。她指出，实行价格歧视需具备几个条件：（1）该厂商要具有一定的垄断地位，而在完全竞争条件下，即使市场分成各自分离的几个部分，任一厂商也无法实行价格歧视。（2）该厂商要能够为自己的同一种商

---

[1]　〔英〕罗宾逊：《不完全竞争经济学》，陈良璧译，商务印书馆，1961，第154页。

品找到或人为创造出两个或更多的市场，且各市场的买者之间不可能转手倒卖。（3）不同市场的需求弹性必须有所不同。

罗宾逊进一步比较了价格歧视下的产量与单一价格下的垄断产量，得出的结论是，价格歧视下的均衡产量大于、等于或小于单一垄断价格下的均衡产量。

价格歧视与单一垄断价格相比，哪一个更好，要取决于两种情况下的产量比较，不能一概而论。在罗宾逊之前，庇古曾认为价格歧视下的产量等于单一垄断价格下的产量，且价格歧视意味着消费者剩余有所减少，故价格歧视比单一垄断价格更坏。罗宾逊通过分析确定两种情况下的产量未必是一致的，因此从增加产量这一点来看，价格歧视在一定条件下要优于单一垄断价格。指出这一点，被认为是罗宾逊对西方垄断理论作出的贡献之一。

五 分析了买方独占及完全竞争下的行为及其均衡

运用图示法分析了买方独占，指出了买方独占条件下的均衡。罗宾逊运用边际分析方法分析了买主的行为。她首先假定买主追求满足最大化，因此，任何买主必须按照边际效用等于边际支出的原则来决定自己对任何一种商品的购买量。然后她区分两种情况来分析买主的行为：一是有许多买主情况下的行为，即买主之间存在完全竞争时的行为；二是只有一个买主即买方独占时的行为。

买主之间的完全竞争有赖于三个条件：（1）买主人数众多。（2）每个买主面临的是水平的（或完全弹性的）供给曲线，即他在既定价格下可以买进他所需要的任何数量的商品，或他的购买行为不影响价格。（3）卖主们对任何买主一视同仁地供给商品。

罗宾逊认为，在上述完全竞争条件下，买主的边际支出便等于价格，因此使买主满足最大化或边际效用等于边际支出的需求量便是边际效用等于价格的需求量。于是个别买主的边际效用曲线便是他的需求曲线，而整个市场的需求曲线便是所有买主边际效用曲线的总和。

罗宾逊认为，在独占条件下，买主面临的供给曲线便是整个市场的供给曲线。若供给曲线是水平的，则该买主的需求将和竞争条件下的需求一致。

由此可知，假定独占买主的需求与完全竞争下的买主全体的总和需求相等，若供给价格递增，前者的均衡需求量和均衡价格都将低于后者；若供给价格递减，前者的均衡需求量大于后者，均衡价格低于后者；若供给价格不变，则两者的均衡需求量和均衡价格相同。

六 分析了竞争厂商和垄断厂商对生产要素的需求行为

运用图示法分析了竞争厂商和垄断厂商对生产要素的需求行为。罗宾逊以劳动要素为代表，分析厂商对一种生产要素的需求。为此，她提出了四个概念：（1）平均总生产力：每人平均产值；（2）边际总生产力：增加一个人而增加的产值；（3）平均纯生产力：每人平均产值减每人所用的其他要素的平均成本；（4）边际纯生产力：边际总生产力减其他要素的成本增量。

罗宾逊首先分析了个别厂商对劳动的需求。她假定厂商追求利润最大化，因此按照劳动的边际成本等于劳动的边际纯生产力的原则确定其需求。其劳动的需求曲线可由劳动的边际纯生产力曲线表示。个别厂商对劳动的均衡需求取决于两个条件：劳动的边际成本等于边际纯生产力，工资（平均成本）等于平均纯生产力。

罗宾逊进而分析了整个行业在完全竞争条件下对劳动的需求，分析了整个行业对劳动的需求弹性，比较了垄断和竞争下的劳动需求。

七 评价不完全竞争下的剥削

把剥削定义为劳动者的工资低于其边际物质产品的售价。在此定义下，用图示法分析了三种类型的剥削：（1）劳动供给完全弹性时由商品垄断造成的剥削；（2）商品市场完全竞争时由劳动供给的不完全弹性造成的剥削；（3）在劳动供给不完全弹性的条件下厂商购买劳动时的价格歧视造成的剥削。第一种剥削与商品垄断有关，第二、三种与买方独占有关。

罗宾逊认为，要消除垄断造成的剥削不能用提高工资的办法，那只能增加失业。唯一正确的做法是把价格控制得能从垄断者那儿取得竞争产量。对于买方独占造成的剥削，可以通过规定最低工资或消除市场的不完全，但前一种方法可能导致失业。

简要评述

罗宾逊的《不完全竞争经济学》与张伯伦同年出版的《垄断竞争理论》是垄断竞争理论的两本经典著作，两书中的有关理论与几何的分析方法成为微观经济学的重要组成部分，也是今天西方中级微观经济学教科书中的标准内容之一。两人提出的垄断竞争理论，极大地丰富和发展了市场结构理论。

（据商务印书馆1961年中文版。杨小卿撰）

参考文献

1. 〔英〕琼·罗宾逊：《不完全竞争经济学》，陈良璧译，商务印书馆，1961。
2. 张杰：《罗宾逊的〈不完全竞争经济学〉》，范家骧、刘文忻主编《西方经济学名著提要——微观经济学卷》，江西人民出版社，2007。
3. 蒋自强、张旭昆主编《三次革命和三次综合》，上海人民出版社，1996。
4. 蒋自强、张旭昆、袁亚春、曹旭华、罗卫东著《经济思想通史》第3卷，浙江大学出版社，2003。

约翰·罗杰斯·康芒斯

作者简介

〔美〕约翰·罗杰斯·康芒斯（John Rogers Commons，1862～1944年），美国著名经济学家，制度经济学派的早期代表人物之一。

康芒斯1862年出生于美国的俄亥俄州的荷兰斯堡，其父母都是黑奴运动的热情支持者，也是进化论思想的热情宣传者。受他们的影响，康芒斯也常常以进化的观点来看待人类行为。由于家境较为贫寒，康芒斯体尝了下层社会人民的困苦，这使他一生都同情劳动阶级。

1882年康芒斯进入当时以开明、进步著称的奥伯林（Oberlin）学院，师从当时著名的经济学家凯里学习经济学，并深受凯里阶级利益调和论的影响。从奥伯林学院毕业后，康芒斯又进入约翰斯·霍普金斯大学，受到著名经济学家伊利的指导。伊利曾留学德国，受教于历史学派，不仅具有改良主义思想，还具有历史主义观点和制度主义倾向，这些都极大地影响了康芒斯。康芒斯1890年从霍普金斯大学毕业后，先后执教于威斯里安、印第安纳、锡拉丘兹等大学，讲授经济学和社会学。在讲课过程中，康芒斯发表了许多具有"激进色彩"的观点，尖锐地批判社会现实，主张对现存社会进行"改革"，多次因其进步言论而被视为社会主义的同情者而被迫转校，1904年进入威斯康星大学才获得一长期而稳定的教席。

进入威斯康星大学之后，康芒斯一面讲学，一面参加许多社会活

165

动。他积极参加了威斯康星产业委员会、美国劳工立法协会、美国产业关系委员会、美国消费者联合会等公共机构和社会团体的活动。1905年起，他主要从事立法实践及相关的调查研究。其社会活动的中心，是从事劳资关系问题的调查与调停，参与制定了一系列的劳工立法。当时他以劳工问题专家而闻名美国，曾担任美国货币学会会长、美国经济调查协会会长、美国经济学会会长。人们普遍认为，康芒斯的实际工作比他在《制度经济学》一书中所达到的理论境界更受称赞。

康芒斯的主要著作有：《财富的分配》（1893）、《美国工业社会的历史纪实》（10卷，1910~1911）、《美国劳工史》（4卷，1919~1935）、《资本主义的法律基础》（1924）、《制度经济学》（1934）、《集体行动经济学》（1950）。其中，《财富的分配》一书是他早年受德国历史学派和边际主义的影响写的，制度主义的特点还不明显。他后来的作品，特别是《资本主义的法律基础》、《制度经济学》和《集体行动经济学》深入地分析了各种形式的集体行动及其经济影响，开创了制度经济学的社会法律学派，也奠定了他作为制度经济学派早期代表人物的重要地位。

《制度经济学》

❀ 本书精要 ❀

本书是康芒斯的代表作,也是制度经济学派的代表性著作,论证了"制度"因素是经济发展的根本动力,强调国家的作用,尤其是法律制度对经济活动的影响。

❀ 作品内容 ❀

《制度经济学》(*Institutional Economics*,1934,中译本见《制度经济学》上下册,寿免成等译,商务印书馆1981年出版)一书具有强烈的经济学说史的色彩,作者是在经济学说史的研究中阐述自己的制度经济理论的。全书共有11章,其基本思想及理论贡献如下。

一 "制度"是社会进化的动力

康芒斯对制度的理解,是与他对人类经济活动的三种划分分不开的。他认为,经济活动可以分为三种交易,即买卖的交易、管理的交易和限额的交易。其中买卖的交易是发生在法律上、经济上地位平等的人之间的所有权转移关系,而管理的和限额的交易则无论在法律上还是在经济上都是一种上级对下级的关系。在管理的交易中,上级是一个个人或是一种少数个人的组织,他们发号施令,下级必须服从,如工头对个人、州长对市民等；而在限额的交易中，上级是一个集体的上级或它的正式代表人，如立法机关、法院、公司董事会、工会、专制政府等等，限额的交易的作用是分派财富创造和生产的利益和负担，依靠"强制或暴力"作为其"谈判"手段；管理的交易作用在于财富的生产，其"谈判"手段是"命令或服从"；买卖的交易作用在于财富的分配，其手段是"劝诱或强迫"，取决于机会、竞争和讨价还价的能力。康芒斯认为，这三种类型的交易合在一起构成经济研究中的"运行中的机构"或"较大的单位"。他说："这种运行中的机构，有业务规则使得它们运转不停；这种组织，从家庭、公司、工会、同业协会、直到国家本身，我们称之为'制度'。"①

康芒斯进一步指出，如果我们要找出一种普遍的原则，适用一些所谓属于制度的行为，我们可以把制度解释为"集体行动控制个体行动"。②制度的最简单的定义就是"集体行动抑制、解放和扩张个体行动"③。

集体行动的种类和范围非常广，从无组织的习俗到许多有组织的所谓"运行中的机构"，康芒斯认为集体行动在习俗中的表现更为普遍，从某种意义上说，甚至一个运行中的机构只是一种习俗，法律就是习俗"精确化"、"命令化"的表现。"业务规则"是表示一切集体行动所共有的一种普遍原则，它的直接结果是形成一种秩序，"指出个人能或不能做，必须这样做或必须不这样做，可以或不可以做的事"，由此可见，集体行动又不仅仅是对个体行动的控制，它通过控制的行为，首先是一种个体行动的解放，使其免受强迫、威胁、歧视或不公平的竞争；其次它还是一种对个体意志的扩张。一个大公司的首脑发出命令，"在天涯海角执行他的意志"。因而，可以说"业务规则"又是被集体行动所控制、解放和扩张的个人行动。

康芒斯认为，在社会的三种"交易关系"中，人们之间不仅存在着"利益冲突"，而且又互相依存，在冲突与依存的相互作用中还必须建立一种对未来的"可靠的预期"机制，康芒斯把这叫做"秩序"，"冲突、依存和秩序"构成人类所有活动的三项基本原则，能够同时体现这三项原则

---

① 〔美〕康芒斯：《制度经济学》上册，寿勉成等译，商务印书馆，1981，第86页。
② 〔美〕康芒斯：《制度经济学》上册，寿勉成等译，商务印书馆，1981，第87页。
③ 〔美〕康芒斯：《制度经济学》上册，寿勉成等译，商务印书馆，1981，第92页。

的人与人之间的关系只有"交易关系"。"交易"构成制度经济学研究的"最小单位",是制度分析的基本点。

应该说,康芒斯在社会制度的理论分析方面的主要贡献,并不在于他对制度的理解,而在于他对从个人习惯、习俗、惯例、先例到制度化这一逻辑演进行程的精确分析。而这一社会制度内在的逻辑行程,对理解和把握制度的本质与构成至关重要。因为,只有较清晰地把握了社会制度内部的逻辑演进行程,才能进而对社会制度的本质和构成有较为准确的理解。

康芒斯进一步认为,制度和制度创新是推动社会进化与发展的根本动力。资本主义的产生与发展应归功于资本主义制度替代了封建制度。

二 强调政府作用,尤其是法律制度对经济活动的影响

康芒斯目睹了西方资本主义国家市场经济的种种弊端,认为要实现"合理的资本主义",就需要对私人企业的制度框架作出大调整。康芒斯呼吁在政府支持下通过经济制裁限制个人自由,主张采取诸如新管制机构、失业保险和老年抚恤计划、产业委员会等制度创新形式的集体行动,来协调、仲裁和解决经济发展中面临的问题。在他看来,扫清经济发展的障碍的关键是制度创新。

康芒斯力主通过集体行动在个人利益冲突中找到依存性,并从中产生秩序,但他也认识到有许多因素,比如社会各阶级的矛盾、政治关系、缺乏有力的领导以及个人习惯、惰性和传统等,都可能影响或限制集体行动。为此,他强调政府的经济作用,尤为强调法律主权,即由法律结构赋予个人经济活动以法律权力,界定和维护财产权利,仲裁经济冲突以促进经济稳定与发展。在充斥着萧条、稀少和苦难的大危机时代,他进一步把法律主权发展到管理主权,认为在市场体系无法确保合理的价值和经济活动时,政府必须充分认识到自身作为指导国民经济的主体的责任,介入市场体系,向公众保证经济稳定合理,而法律结构则充当秩序的维护者。

康芒斯从对社会经济发展的法学解释出发,得出"法律居先于经济"的论断,也就是作为所有权的转移的"交易关系"先于作为"物质的移交"的交换关系而存在(康芒斯指出了"交易"与"交换"的区别)。他

认为资本主义制度的产生应首先归功于法院,是法院保证了资本主义法制的胜利,破坏了封建社会制度,为资本主义的长足发展扫清了道路。康芒斯指出,资本主义制度从产生到现在,共经历了"自由竞争资本主义"、"金融资本主义"和"管理的资本主义"(合理的资本主义)三个发展阶段,其中任何一个发展阶段都离不开法制的作用,是国家法律制度加强了对于私人企业活动的干预的结果。他还指出,现代资本主义制度同它的过去有很大的差异,它能够更好地免除自身的缺点和矛盾;资本主义制度的进一步完善和发展,有赖于法律的完善和发展。他说美国的法律制度已使资本的所有权趋于分散,"这种所有权的扩大,可以称为投资者的好感的扩大,它使千百万美国人对于保存资本感兴趣……美国已由'个人主义'变成公司主义,私人财产变成法人财产"。

康芒斯把经济制度作为自己的研究对象,把制度定义为"集体行动控制个体行动",就是由集体去抑制、解放和扩张个体行动;他认为,制度的基本功能便是利益协调;现代社会中有三种协调利益的方式:"道德的、经济的和法律的制裁"。法律的制裁就是暴力或可能施用的暴力,其执行机构是国家,首先是法院。道德的制裁由宗教等机构执行。经济的制裁由工会、公司、卡特尔执行。康芒斯认为法律方式具有决定性作用。他认为资本主义制度的产生和发展都应当归功于法制,资本主义的弊端也可以通过法律制度的调整而得以克服。

三 康芒斯开创了法律经济学的跨学科研究

与另一位制度经济学派代表凡勃伦不同,康芒斯特别重视从法律观点研究制度问题,成为制度经济学中社会法律学派的创始人和主要代表。康芒斯第一个区分了"分析的"与"机能的"[①] 法学与经济学。分析的法学唯一关心的是权力,也即一种授权,使被授权者可以发动统治权的暴力;分析的经济学唯一关心是稀少性,是一种以个人完全自由、无限聪明和绝对平等为前提而构造的纯粹经济学。这种研究的局限性是明显的,因为统

---

① 〔美〕康芒斯:《制度经济学》上册,寿勉成等译,商务印书馆,1981,第358页。

治权威的经济活动不可能在分析的真空中进行，法律赋予个人的主要权力正是公民在经济上权利与义务的主体，法律还通过剥夺能力和特免造成经济上的暴露或自由，从而形成公平的竞争，这种法律对经济学的关系即"机能的"法学；同样的，经济学对法学的关系即"机能的"经济学。

简要评述

康芒斯的《制度经济学》在经济理论上的主要贡献在于，强调了制度因素在经济发展和社会进步方面的动力作用，特别是法律制度对资本主义产生和发展的作用，从而提出了"法制居先于经济"的重要论断。该书开创了制度经济学的社会法律学派，奠定了康芒斯作为制度经济学派早期代表人物的重要地位。

制度经济学与新古典微观经济理论最主要的差异就在于它不承认经济活动中制度是外生给定或外生存在的，它认为制度在经济活动中的作用值得研究。在方法论上，制度经济学派倾向于消除方法论上的个人主义，是一种整体论。他们认为把现代经济生活当做一个整体观察，才能更清楚地了解它。他们强调"集体行为"的重要性，认为制度作用是社会经济发展的决定因素。制度经济学派思想的主要特点是它的整体主义和进化主义，他们把经济现象看成是进化的和动态的，而不是新古典经济学所谓均衡的。康芒斯则代表了制度经济学中的法律学派，他在一切制度因素中特别重视法律制度的作用，认为法律制度是决定社会经济发展的主要力量。他承认资本主义社会普遍存在着"利益冲突"[①]，但他认为，通过国家，首先是法院的"公正调节"，就可以"从冲突中建立秩序"，实现一种"合理的资本主义"[②]。

制度经济学的三位早期代表是凡勃伦、康芒斯和米契尔，三人在研究方向和方法及观点上各有特点，形成三个流派：凡勃伦代表制度经济学中的社会学派，重视分析社会制度的稳定与演化；康芒斯代表制度经济学中

---

① 〔美〕康芒斯：《制度经济学》上册，寿免成等译，商务印书馆，1981，第133页。
② 〔美〕康芒斯：《制度经济学》上册，寿免成等译，商务印书馆，1981，第134页。

的法律学派，重视法律制度对经济生活的决定作用；米契尔代表经验统计学派，主张通过统计资料来研究经济现象。

制度经济学是一个主要流行于美国、对现实资本主义持一定的批判态度并主张改良的经济学流派。它与人们今天经常谈到的以科斯、诺斯等人为代表的新制度主义经济学有一定的渊源关系，对新制度主义经济学产生了一定的影响。

（据商务印书馆1981年中译本。杨小卿撰）

参考文献

1. 杨瑞龙、宋利芳主编《西方经济学经典名著选读》第二版，中国人民大学出版社，2007。
2. 于会江：《康芒斯的〈制度经济学〉》，姚开建、梁小民主编《西方经济学名著导读》，中国经济出版社，2005。

约翰·梅纳德·凯恩斯

作者简介

〔英〕约翰·梅纳德·凯恩斯（John Maynard Keynes, 1883~1946年）是20世纪上半叶才华横溢、影响历史进程的经济学家，宏观经济学的奠基人，布雷顿森林体系的缔造者之一。

凯恩斯1883生于英国剑桥。在这一年，伟大的马克思去世了，凯恩斯诞生了。凯恩斯的父亲约翰·尼维尔·凯恩斯是剑桥大学班伯路克学院的院士，在剑桥大学任教达27年之久。母亲是剑桥大学女子学院的毕业生，热心社会事务，曾担任过市参议员和剑桥市长。可以说，凯恩斯从小就生活在一种兼有学术和政务活动气氛的家庭环境中。1905年，凯恩斯从剑桥大学毕业。不久即在该校讲授经济学，并创立政治经济学俱乐部，继续跟随马歇尔和庇古攻读经济学，以应付英国文官考试。马歇尔曾在凯恩斯的一份试卷上留下如下批语："……深信你今后的发展前途，决不会仅止于一个经济学家而已。"[1]

1911年起凯恩斯长期担任皇家经济学会《经济学杂志》的主编。1914~1919年担任英国财政部高级官员，1919年作为该部首席代表参加巴黎和会。1929~1933年任英国内阁经济顾问委员会主席。第二次世界大战期间，任英格兰银行董事。1944年率英国代表团出席在布雷顿森林召开的联合国货币金融会议，同年获"勋爵"爵位。1945

---

[1] 〔英〕奥斯汀·罗宾逊：《凯恩斯传》，腾茂桐译，商务印书馆，1980，第17页。

年作为英国首席代表参加向美国借款的谈判。1946 年 3 月，他出席了在美国佐治亚州召开的国际货币基金组织和世界银行的第一次会议，因疲劳过度，心力交瘁，在返回英国后不久，即于 1946 年 4 月 21 日因心脏病突发而在家中逝世。

1929～1933 年包括英国在内的资本主义世界爆发了有史以来最严重的大危机。与以往的历次经济危机相比，这次危机有以下三个新特点：第一，持续时间长达 5 年，实际上造成了长期萧条的局面。如何解释长期萧条的形成，便成为经济学面临的一大课题。第二，这次危机所造成的生产下降，失业增加，都是以往的危机所难以相比的。第三，这次危机不仅仅是一场生产危机，同时也是一场金融危机。美国的股票价格平均下跌 79%。整个资本主义世界有许多银行由于猛烈而持续地爆发挤提存款、抢购黄金的风潮而破产。西方国家一片混乱，百业萧条，物价猛跌，工厂倒闭，人心恐慌，局势动荡。

这次大危机，与以往危机的最大区别在于它实际上宣告了一个时代的终结，即自由放任的私人企业制度的历史使命在世界范围内的终结，西方社会处在一个何去何从的十字路口。这样一个十字路口，便是以《就业、利息和货币通论》为标志的凯恩斯经济学得以产生的基本历史背景。只有把握了这一时代脉搏，才能深刻理解这部著作的意义及它为何立刻得到迅速广泛的传播。

凯恩斯一生中著作颇丰，主要有《印度的通货和财政》（1913）、《货币改革论》（1923）、《货币论》（1930）、《劝说集》（1932）、《就业、利息和货币通论》（1936）等。凯恩斯早年注重于货币理论及货币政策的研究，主张放弃金本位制，实行管理通货制。20 世纪 20 年代末，世界经济大危机的爆发，使他的经济理论和政策主张由传统的自由放任主义转向国家干预经济。

1936 年他发表了最有影响的《就业、利息和货币通论》。在书中，凯恩斯摒弃了"供给自行创造需求"的萨伊定律和传统的关于资本主义制度可以通过自身调节实现充分就业的教义，提出了"有效需求原理"，明确承认经济危机和严重失业的经济现实，并把发生的原因归结为消费倾向、资本边际效率、流动偏好三大"心理规律"和货币数量所决定的有效需求不足，主张扩大政府对经济的干预和膨胀性的财政政策，建立了宏观经济理论体系，在西方经济学界引起强烈震动，成为"二战"后主要资本主义国家"主流"经济学说和政策制定的依据。

《就业、利息和货币通论》

✤ 本书精要 ✤

《就业、利息和货币通论》(简称《通论》),是英国著名经济学家凯恩斯最重要的代表作,解释了 20 世纪 30 年代大危机发生的根源,提出了反对经济自由主义和实行国家干预的政策主张。《通论》建立了现代宏观经济学的理论体系,引发了一次经济思想革命,史称"凯恩斯革命",是一部划时代的经济学巨著。

✤ 作品内容 ✤

《就业、利息和货币通论》(*The General Theory of Employment, Interest and Money*, 1936) 共 6 篇 24 章。第 1 篇有 3 章,介绍《通论》的写作意图和作者对古典经济学的批判,并引出核心理论——有效需求原理;第 2 篇共 4 章,介绍该书的定义和概念,为下文的论述做铺垫;第 3 篇的 3 章内容介绍作者的消费倾向学说;对投资理论的分析集中于第 4 篇共 8 章篇幅;关于货币工资与价格的论述是第 5 篇共 3 章内容的主题;在最后一篇,凯恩斯用 3 章的篇幅论述了《通论》引发的思考。《通论》的基本内容可概括如下。

一 有效需求决定就业水平与收入水平

在新古典学派看来,就业取决于劳动市场的供求力量,取决于劳动市场的结构性质是否完全竞争。凯恩斯则认为,就业和收入都是有效需求的函数,有效需求才是决定就业水平的决定性因素。

凯恩斯批驳了以往的"经典学派"根据萨伊定律对于充分就业均衡所做的错误假设,指出现实经济生活中不仅存在着"自愿失业"、"摩擦失业",而且还存在着"非自愿失业"。这种小于充分就业的均衡是通常存在的,造成这一情况的原因在于"有效需求不足"。

所谓"有效需求",按凯恩斯的解释,就是商品的总供给和总需求达到均衡状态时的总需求,即"总需求函数与总供给函数相交点时之值"。有效需求包括消费需求和投资需求。总就业决定于有效需求,失业是因有效需求不足造成的。

最早提出有效需求对收入水平的决定作用的是马尔萨斯。马尔萨斯在与李嘉图、萨伊等人的论战中,反对萨伊定律,指出有效需求不足会造成暂时性的普遍过剩和长期萧条,造成失业,降低收入水平。凯恩斯的《通论》可以说是重新发掘了有效需求概念,给流传一个多世纪的萨伊定律以有力的批驳。

二 三大心理规律决定有效需求

凯恩斯认为,消费需求取决于"边际消费倾向",投资需求取决于"资本的边际效率"和"货币利息率",由此提出了"三大基本心理规律":边际消费倾向递减规律;资本边际效率递减规律;灵活偏好规律。这是凯恩斯整个就业理论的支柱。

1. 边际消费倾向递减规律

凯恩斯把消费倾向看做收入和消费之间的比例关系,那么边际消费倾向则是指增加的收入量和增加的消费量之间的比例关系。边际消费倾向递减规律就是,随着就业和收入的增加,在每一收入的增量中,个人用来增加消费的部分越来越少,用来储蓄部分的比例却越来越大,造成这一现象的原因,在于人性的一些基本动机,如谨慎、远虑、计算、改善、独立与贪婪。

2. 资本边际效率递减规律

凯恩斯指出，所谓资本之边际效率，乃等于一贴现率，用此贴现率将该资本资产之未来收益折为现值，则该现值恰等于该资本资产之供给价格。实际上，这就是资本家预期的利润率，即预期收益和供给价格的比率。资本边际效率递减规律是指，在其他条件不变的情况下，随着资本生产物的增加，资本边际效率呈现递减趋势，这必然导致投资的下降，因为资本边际效率是刺激资本家增加投资的动力，加之不确定性、风险、期望、投资者的态度和信心等因素的影响，更扩大了聚集需求量与现实消费量之间的裂痕。在此，按"经典学派"的主张，唯一的方法便是降低利息率，可是这又遇到了灵活偏好规律的阻碍。

3. 灵活偏好规律

凯恩斯认为，利息率取决于个人和企业持有货币的愿望和数量，也就是说，货币供应数量影响利息率。那么灵活偏好，则是不同利息率水平上，人们对持有货币的不同需求，原因在于人们有货币在手比较灵活。

人们之所以偏好货币的动机来自以下三点：出于交易的目的，满足日常生活需要；出于预防的目的，以备应付意外的开支；出于投机的目的，"即相信自己对未来之看法，较市场上一般人高明，想由此从中取利"。正因为这样，利息率就不可能太低，如果太低，人们就不会放弃这种灵活偏好，而宁愿把货币放在手头随时支用。灵活偏好规律的影响，又使投资不足更为严重。

三 资本主义的常态是非充分就业均衡

上述三大心理规律造成了消费需求不足与投资需求不足，这就使生产不能扩大到充分就业的程度，失业必然出现。因此，凯恩斯认为，传统经济学的充分就业均衡只是一种特例，资本主义的正常情况是非充分就业均衡或者叫小于充分就业的均衡。凯恩斯把他的书名定为"通论"，即"通常情况下的论述"。

四 乘数原理与消费函数

乘数原理的经济含义可以归结为：投资变动给国民收入总量带来的影响要比投资变动本身更大，这种变动，往往是投资变动的倍数。投资乘数的大小取决于边际消费倾向的高低，与边际消费倾向成正比，与边际储蓄倾向成反比。

在新古典学派那里，消费是利率的递减函数，利率通过决定储蓄而影响消费。凯恩斯在《通论》中把收入水平作为决定消费的主要自变量，建立了消费函数，并提出边际消费倾向大于0小于1，提出边际消费倾向递减规律。这样，消费不足的原因便得到了新的说明。消费函数的提出，对建立乘数理论有重要影响，因为没有消费函数，就没有边际消费倾向，那么只能臆测乘数的数值。所以说，虽然乘数概念并非凯恩斯所首创，但乘数理论的建立，却与凯恩斯有极大关系，凯恩斯使"乘数"成为宏观经济学的重要概念。

五 工资、物价与利息理论

庇古的传统就业理论认为，工资率的变动可以自动调节就业量，使之实现充分就业。凯恩斯则认为，从长期看，较大的生产量和就业量只有在总需求增加时才能维持，因此，用削减工资的办法换取就业的增加并非良策。

在新古典学派那里，物价水平取决于货币数量。在凯恩斯看来物价水平与货币供给量之间的直接因果关系，只是发生在充分就业之后。在非充分就业的情况下，货币数量与物价水平只是间接关系。因为，此时货币数量的增加，降低了利息率，利率的降低一方面刺激了总需求的增加和产出与就业的增加，另一方面使物价轻微上涨。这种物价上涨叫适度的通货膨胀或叫半通货膨胀。因此，凯恩斯主张在非充分就业的情况下，通过增加货币的发行刺激经济增长。而在充分就业实现以后，实施扩张性的货币政策并非凯恩斯的原意。凯恩斯主张的是适度通货膨胀，反对的是真正的通货膨胀。

在新古典学派那里，利息被看做节欲、延迟消费的报酬，利率被看做借贷资本的价格，由借贷资本的供求所决定。凯恩斯则认为，利息不是节欲、延迟消费的报酬，而是放弃流动性即暂时放弃货币的报酬，而人们之所以要在有报酬的情况下才肯暂时放弃货币，是因为货币不仅具有新古典学派所承认的价值尺度和交易媒介的职能，还具有价值储存的职能，而人们之所以要通过不赢利的货币来储存一部分财富，是因为人们对未来的预期具有不确定性，正是这种不确定性，使人们认为用货币形式来保持一部分财富要胜过以其他形式来保存财富，因为它能够使人们非常灵活地随时变动自己的财富结构，既避免风险又获得收益。未来的不确定性使持有货币成为必要。暂时让渡货币要收取报酬，而利率就决定了这个报酬的大小，利率的大小取决于货币的供求。

把不确定性引进经济分析，是从根本上摧毁了萨伊定律。强调不确定性对人们经济行为的影响，就能立即发现货币具有在确定性世界中未曾有的功能：价值储存的功能。依此而建立起来的货币的利息理论，就成为沟通经济的实物理论和货币理论的渠道。

六 商业循环理论

对于资本主义的商业循环，即危机的原因，凯恩斯认为"主要是从资本边际效率之变动上产生的"。经济危机发生在繁荣后期，按凯恩斯的解释，是由于人们对资本物的未来收益的估计过分乐观，甚至资本物逐渐增加，生产成本逐步提高，利息率上升，也不能阻止投资的增加。当失望来临时，人们对未来收益骤然失去信心，灵活偏好大增，利息率上涨。资本边际效率崩溃加上利息率上涨，会使投资量大幅减退。投资下降的结果，必然会导致总收入和总就业大幅度降低。

对于危机的周期性，凯恩斯依然用投资、消费和乘数的关系作依据进行分析。他认为危机爆发后，生产收缩，由萧条到复苏的恢复一般需要3~5年。

七 对国际贸易的看法

凯恩斯指出，贸易顺差意味着对外投资，因此具有扩大有效需求，从而增加就业和收入的作用，而贸易顺差所造成的货币金银的输入，又意味着国内货币增加，有助于降低利率，刺激国内投资。虽然贸易顺差对于提高国内的就业和收入水平有上述好处，但各国应当尽量通过扩大国内需求来提高收入和就业水平，不应该过分依靠贸易顺差。因为一国的顺差便是别国的逆差，用顺差来消灭失业也就意味着将失业输出，并且各国追逐出口顺差的结果，势必引起贸易限制，结果大家都未必能实现预期目的，甚至还会遭受损失。

八 对自由放任的私人企业制度的批判和对节俭的质疑

凯恩斯认为，自由放任的私人企业制度的最大弊端有两条：一是不能实现充分就业，二是财富与收入的分配太不公平。同时，后一个弊端通过降低消费倾向而加重第一个弊端。虽然凯恩斯正视了自由放任资本主义的弊端，但他并不主张消灭私有制。相反，他认为私有财产制度对于保持经济的效率和个人的自由是必不可少的。他只是主张，必须抛弃自由放任，实行国家干预。国家一方面干预收入分配，促进收入均等化以提高消费倾向，另一方面对投资进行社会控制，以保证足够的投资需求。资本主义的各种弊端将由于国家干预经济生活而逐渐消除，但资本主义的优点将持续保存。

从亚当·斯密一直到马歇尔，西方经济学的主流一直把消费当做与储蓄从而与资本积累相对立的因素，其隐含的前提就是充分就业。因此，消费是不利于家庭和国家财富增加的因素，而节俭是美德。然而凯恩斯指出了非充分就业状态的存在。在这种状态下，由于消费需求会增加国民收入，因此只要边际消费倾向小于1，则消费的增加便同时会引起储蓄的增加，从而引起资本积累的增加。因此凯恩斯认为对一个国家来说，如果处于非充分就业状态，则节俭并非美德，相反会导致贫困。可以说，凯恩斯对消费和节俭的经济功能有了全新的认识，即它们在充分就业和非充分就业状态下，其功能是不一样的。在非充分就业状态下，消费增加可以增加国民收入，可以增加资本积累，消费可以致富，节俭反而致贫。因此，能增加储蓄的收入分配不均等便不再有存在的合理性。

凯恩斯的思想要点可诠释为：节俭是短缺经济的美德、过剩经济的罪恶；短缺经济倡导的是供给自行创造需求的"萨伊定律"，过剩经济流行的却是需求自动创造供给的"凯恩斯定律"。

九　国家干预经济的政策主张

凯恩斯在政策主张上的革命，在于不仅提出国家干预的政策主张，而且在于提出了干预的手段不应当以货币政策为主，而应当以财政政策为主，提出在萧条时期要革除传统的健全财政政策，破除财政收支平衡的限制，采用膨胀性的财政政策：扩大政府开支、实行赤字预算和发行公债。把国家干预的手段由货币政策转向财政政策，这一转变对西方经济生活以至政治生活，对西方经济理论的影响都是极为深远的。

凯恩斯的结论是：通过政府财政政策与货币政策的实施，增加消费、引导投资、提高资本的边际效率、降低利息率，以克服经济衰退、实现充分就业。

十　创立了宏观经济学新学科

凯恩斯《通论》发表以前，新古典学派关于宏观经济的论点是蕴涵在他们的微观分析之中，并没有形成一个独立的、与微观分析相并行的研究课题。凯恩斯在《通论》中提出了宏观与微观的差别，他明确意识到宏观经济学与微观经济学的区别，提出经济理论应当分为两部分："一方面是关于一厂或一业之理论，研究如何把一特定量资源分配于各种用途，其报酬为如何等；另一方面是适用于社会全体的产量论及就业论"。[①] 可以说，

---

① 参见凯恩斯《就业、利息和货币通论》，徐毓枬译，商务印书馆，1977，第249~250页。

《通论》是建立当代宏观经济理论的最重要的尝试，它的发表标志着宏观经济学的诞生。

需要说明的是，凯恩斯在《通论》中并没有使用"宏观经济学"、"微观经济学"这些术语。是谁最先使用了这些术语至今尚存争议。一种观点认为，1933年挪威的弗瑞希使用"微观动态"、"宏观动态"；《简明帕氏新经济学辞典》则认为，最早明确使用"微观经济学"与"宏观经济学"这些术语的是德·沃尔夫（20世纪30年代）。事实上，直到20世纪50年代，学术刊物才广泛使用这些术语。与此相反，古希腊思想家色诺芬最早使用了"经济"，法国重商主义学者蒙克莱田最早使用了"政治经济"，英国经济学家马歇尔最早使用了"经济学"，这些结论却是公认、无争议的。

简要评述

综合以上10个方面，可见，《通论》在诸多方面实现了经济理论的巨大革命，表达了作者的全新见解：创立了宏观经济学新学科，提出有效需求决定收入水平、就业水平的见解，建立了消费函数，指出非充分就业均衡的存在，提出节俭有害论、新的就业理论、新的利息理论与新的物价理论，提出国家干预经济的政策主张，等等。

20世纪30年代的严酷现实，使新古典经济学遭受灭顶之灾。一时间各种异端经济思想纷至沓来。然而随着时间的推移，其他经济思想都在舞台上消失了，而凯恩斯经济学却成为西方经济学的正统。这是因为它指出了西方社会向国家干预型制度发展的历史趋势，而该趋势又深为统治阶级所赏识。因此，可以说《通论》是20世纪30年代大危机的产物，是时势造就了凯恩斯这样的"英雄"。

凯恩斯的建议在当时得到了美国当局的支持。罗斯福总统通过实行干预主义的"新政"使美国摆脱经济萧条的做法取得了成效。凯恩斯主义经济学成为此后40年占主导地位的经济理论。

凯恩斯既是伟大的经济学家，又是政府官员和政府顾问。他既不像一些学院派经济学家那样往返于象牙塔中，也不像一些政客那样醉心于仕途。可以说他是一个同时活跃于书斋和办公桌的"两栖"经济学家，围绕实际经济问题展开理论研究，根据研究的结果指导实际经济工作。他使学术活动和政务活动相得益彰、交相辉映。务实是他作为一个经济学家最重要的素质之一。[①] 行政官员的经历使他富有行政感，即不会提出学院派经济学家时常提出的那种缺乏操作性政策建议。不了解这一点，便不能明白为什么《通论》会出自他而非别人之手。

（据〔英〕凯恩斯：《就业、利息和货币通论》，
徐毓枬译，商务印书馆，1977。杨小卿撰）

参考文献

1. 谢岩：《凯恩斯的〈就业、利息和货币通论〉》，姚开建、梁小民主编《西方经济学名著导读》，中国经济出版社，2005。
2. 蒋自强、张旭昆主编《三次革命和三次综合》，上海人民出版社，1996。
3. 蒋自强、张旭昆、袁亚春、曹旭华、罗卫东著《经济思想通史》第 4 卷，浙江大学出版社，2003。
4. 杨瑞龙、宋利芳主编《西方经济学经典名著选读》（第二版），中国人民大学出版社，2007。

---

① 参阅〔英〕奥斯汀·罗宾逊《凯恩斯传》，滕茂桐译，商务印书馆，1980，第 35、52 页。

约翰·理查德·希克斯

作者简介

〔英〕约翰·理查德·希克斯（John Richard Hicks，1904~1989年），英国经济学家，1972年诺贝尔经济学奖获得者，牛津大学名誉教授。

1904年，希克斯出生在英格兰中部的埃房河畔。1921年，希克斯跳级考上了大学，来到埃房河的出海口——布里斯特尔湾的布里斯特尔市，在克里夫顿学院攻读经济学。随后转入牛津大学所属的巴利奥勒学院继续专修经济学。1926年获硕士学位，1932年荣获牛津大学经济学博士学位。1935年，希克斯双喜临门，他首先接到英国剑桥大学要他担任政治经济学教授的邀请，接着与世界经济学者和财政问题专家厄修拉·K.韦伯小姐结为伉俪。这位女学者在科研道路上曾多次与希克斯合作，共同的事业构成了他们爱情的坚实基础。1946年，他被牛津大学接回来，出任纳菲尔德学院的院士。"二战"后，各国都想振兴经济，为此，他写了《战后的世界经济复兴》一文，准备在哥本哈根举行的经济学年会上发表。但在会上，他认为自己的见解还欠斟酌，故没上台讲演。回国后，几经修改，才刊登在1947年版的《经济学杂志》上，这是希克斯严肃治学精神的具体体现。

由于他在经济学方面的造诣和社会上的盛誉，他的母校于1953年授予他牛津大学经济学终身教授。题为《长期美元问题》的论文就是他就职演说的讲稿。

希克斯 1948 年为瑞典皇家科学院院士，1952 年为意大利林西科学院院士，1958 年为美国科学院外国院士和牛津纳斐德学院名誉委员，1971 年为剑桥冈维尔和凯恩斯学院名誉委员，曾是英国格拉斯哥大学、曼彻斯特大学、莱塞斯特大学、东英吉利大学、瓦威克大学以及里斯本技术大学名誉博士，1971 年成为维也纳大学名誉委员。

希克斯涉猎于经济学的许多领域，他在工资理论、货币理论、一般均衡理论、福利经济学、社会会计学、经济周期理论、国际贸易理论、消费者理论、经济增长理论、经济学方法论和资本理论等方面均有造诣。

鉴于希克斯在动态的一般均衡论和福利经济学方面开创性的研究，1972 年瑞典皇家科学院授予他诺贝尔经济学奖。

希克斯的主要著作有：《工资理论》（1932）、《货币理论重要文集》（1937）、《价值和资本》（1939）、《新福利经济学基础》（1939）、《资本的纯理论》（1941）、《经济的社会结构》（1942）、《经济周期理论》（1950）、《需求理论的修正》（1956）、《世界经济论文集》（1959）、《资本和成长》（1965）、《货币理论评论文集》（1967）、《经济史理论》（1969）、《资本和时间》（1973）、《凯恩斯经济学的危机》（1974）等。

《价值与资本》

∽ 本书精要 ∽

本书是英国经济学家希克斯的经典之作。在这本书中，希克斯以序数效用论为基础建立了静态条件下的一般均衡体系，分析了动态过程中的运行机制，从数学层次发掘了微观经济学各部分之间的内在联系。

∽ 作品内容 ∽

希克斯的《价值与资本》（*Value and Capital*，1939。中译本见《价值与资本》，商务印书馆1962年版）一书主要包括两方面的内容，一是以序数效用论为基础建立静态条件下的一般均衡体系，特别是分析了一般均衡体系中需求函数的构造，以及均衡的稳定性问题。二是分析动态过程中的运行机制。内容虽然有两大部分，但全书所采用的方法却是统一的，这就是代数学方法，尤其是被称作二次型的那部分代数学。希克斯在广泛的经济学题材中发现统一的数学处理工具的做法，无疑对萨缪尔森的《经济分析基础》产生了重要影响。从数学层次发掘微观经济学各部分之间的内在联系，是他们两人在综合微观经济学时的一大特征和贡献。

一　序数效用论、收入效应与替代效应、静态一般均衡的稳定性及条件

瓦尔拉斯的一般均衡体系，在希克斯看来，有两个待纠正的不足之

处，一是体系的需求函数以基数效用论为基础，二是缺乏对均衡的稳定性的分析。于是他用系统的序数效用论作为一般均衡体系中需求函数的基础，同时进一步展开了对均衡稳定性的分析。

希克斯在《价值与资本》一书中提出的序数效用论，已成为今天西方微观经济学标准教材中消费理论的不可缺少的部分。希克斯结合了无差异曲线与预算线分析消费者均衡，认为在无差异曲线与预算线的切点，消费者实现了均衡。消费者均衡点表明，追求满足最大化的消费者在既定收入约束下所选择的两种商品的最佳组合。均衡的条件是边际替代率等于预算线的斜率。

序数效用论的基本要点还可以通过下述数理模型加以表述：

$$U = U(x_1, x_2, \cdots, x_n) \text{ 效用函数}$$

$$M = \sum_{i=1}^{n} P_i X_i \text{ 预算约束}$$

U 为总效用，x_i ($i=1, 2, \cdots, n$) 为第 i 种商品的购买额。M 为收入水平，P_i ($i=1, 2, \cdots, n$) 为第 i 种商品的价格。

由该模型可得消费者均衡的条件：$U_1/P_1 = U_2/P_2 = \cdots = U_n/P_n$，即花在任何一种商品上的单位货币所换得的边际效用（U_i）相等。无差异曲线与预算约束线的切点就是消费者均衡点。

希克斯进一步利用上述模型分析了收入 M 变动和价格 P_i 变动对消费者均衡的影响，即收入变化和价格变化如何引起最佳商品组合的变化。通过分析，区分了价格变动的收入效应和替代效应，并使得俄国经济学家斯卢斯基 1913 年提出的区分这两种效应的斯卢斯基方程得到普遍的承认和重视。

被希克斯称作"价值理论的基本方程式"[1] 的斯卢斯基方程可表示如下：

$$\partial x_i/\partial P_i = -x_i \cdot \partial x_i/\partial m + \partial x_i/\partial P_i$$

方程右边的第一项为收入效应，第二项为替代效应。

通过序数效用论为需求函数建立基础之后，希克斯进一步分析了一般均衡的稳定性问题。他也像瓦尔拉斯一样区分了交换均衡和生产均衡，从

---

[1] 〔英〕希克斯：《价值与资本》，商务印书馆，1962，第 298 页。

交换均衡入手进行分析。他指出，只要一定价格下商品的需求减去供给的差额（他称之为超额需求）是价格的递减函数，则均衡便具有稳定性。而超额需求函数的这一特征的经济含义之一便是商品之间的替代性应当占主导地位，而互补性应当占次要地位；经济含义之二便是价格变化造成的替代效应在绝对值上必须大于收入效应，这就是说，一种商品价格的上涨必须导致卖者增加供给，而不能使卖者因销售收入的提高而减少供给。

关于生产均衡，希克斯分析了完全竞争企业达到稳定均衡状态的三类条件：（1）均衡条件，包括三个方面：a. 任何两种产品之间的价格比率等于它们之间的边际转换率；b. 任何两种生产要素之间的价格比率等于它们的边际技术替代率；c. 任何生产要素与任何产品之间的价格比率等于生产要素与产品间的边际转换率。其中第一方面均衡条件是指最佳产品组合，第二方面均衡条件是指最佳要素组合。（2）稳定条件，也包括三个方面：a. 两种产品之间的边际转换率递增，即边际机会成本递增；b. 两种要素之间的边际技术替代率递减；c. 要素与产品之间的边际转换率递减，即边际报酬递减。（3）生产每一种产品的平均成本必定上升，生产每一群产品的平均成本也必定上升。

希克斯认为在生产均衡中，均衡稳定性的条件与交换均衡时一样，仍然是价格变化的收入效应要小于替代效应。由于企业之间的行为不存在收入效应，所以一般情况下生产均衡将是稳定的。

二 生产均衡与交换均衡动态过程的运行机制

希克斯的动态经济学，主要是分析动态过程中消费者个人和厂商的行为，他们的均衡状态及均衡状态的稳定条件。其次是分析动态过程中由各微观经济主体的行为所导致的暂时一般均衡及其稳定条件。

为了分析动态过程中的价格决定，希克斯在马歇尔区分暂时、短期和长期三种均衡这一方法基础上，提出了四点假设：（1）假定价格不是连续变化，而是在经历一段间歇时间后才变化的。他把这一价格不变的间歇时间称作"星期"，它可能长于、短于或等于日历意义上的星期。在"星期"之内，价格不变，而供求的数量则依据既定价格进行调整。（2）假定各经济主体对于市场价格都有完全的知识。(3) 假定各经济主体都根据当前的价格情况和预期的价格情况每星期调整一次计划。(4) 假定各主体的预期都是确定性的。星期、计划和确定性预期这三个概念，构成了希克斯分析动态过程的基本方法，该方法的关键便是把对动态过程的分析转化为对一系列暂时均衡的分析，把实际上同时存在的价格调整和供求量调整从时间上分离开来：在星期之内只有供求量适应期内既定的价格的调整，调整后的供求在下星期的市场亮相，决定新的均衡价格。价格只是在不同星期之间才出现适应上期已定供求量的调整。从这一点来看，希克斯的上述分析方法意味着把市场看做一种不存在不确定性和信息成本为零的乡村集市贸易性质的市场，或具有同样性质的定期举行的拍卖市场。与瓦尔拉斯静态一般均衡体系中隐含着的拍卖市场概念的区别在于，它用定期不断举行的拍卖市场代替瓦尔拉斯的一次性拍卖市场。瓦尔拉斯假定一切调整（价格和供求量）都在这一次性拍卖市场的交易过程中完成，而希克斯则假定价格调整和供求量调整是分开进行的。

简要评述

凯恩斯革命以后，西方经济学面临着两方面的综合任务，一是如何把上一次综合之后近30年中微观经济学的发展成果加以综合；二是如何将凯恩斯的宏观经济理论与微观经济理论加以综合。在一定程度上完成了第一项综合任务的是希克斯和萨缪尔森。希克斯于1939年出版的《价值与资本》及萨缪尔森1947年出版的《经济分析基础》，可以称作是完成第一项综合任务的两部杰作。

希克斯在《价值与资本》一书中对西方微观经济学发展的贡献主要有三点：(1) 系统整理了序数效用论，为静态一般均衡分析重建了基础。(2) 指出了静态一般均衡的稳定性问题，分析了稳定性条件。(3) 通过建立暂时均衡概念，使得对于动态过程的分析可以运用静态分析中比较成熟的方法，从而在静态分析与动态分析之间建立了桥梁。

希克斯序数效用论对消费理论的贡献可概括为如下几点：(1) 使消费理论不再需要以基数效用论作为基础，由于基数效用论假定效用可计量、不同人效用可比较及不同商品的效用相互独立而备受非议，已不适应作为消费理论的基础。（2）由于无差异曲线的凸性不依赖于边际效用递减规律，这就使消费理论可以不再依赖这一规律。（3）区分收入效应和替代效应为解释吉芬商品或劣质商品的反常现象奠定了基础，使各种商品（包括正常商品、吉芬商品和劣质商品）的消费需求行为可以用统一的理论来说明，而以往是把吉芬商品或劣质商品的消费需求作为一般理论的例外。（4）为萨缪尔森提出显示性偏好理论奠定了基础。

希克斯摒弃了基数效用论，在序数效用论基础上建立起新的均衡理论。他着重于各因素之间相互关系的研究，采用数学联立方程组，用数学模型分析整个经济体系的均衡。这一研究为以后的一般均衡论制定了精确的数学公式，后来又被美国经济学家阿罗所发展。

鉴于希克斯在动态的一般均衡论和福利经济学方面开创性的研究，1972年瑞典皇家科学院授予他诺贝尔经济学奖。瑞典皇家科学院教授拉格纳·本策尔如此评价希克斯："当约翰·希克斯在1939年发表他的《价值和资本》一书时，他给全部均衡理论注入新的生命。他设计了一个完整的均衡模型，比以前这个领域内的努力在大得多的程度上系统地建筑在关于消费者和生产者行为的假设上。"①

（据商务印书馆1962年中文本。杨小卿撰）

参考文献

1. 蒋自强、张旭昆主编《三次革命和三次综合》，上海人民出版社，1996。
2. 侯书森、孙竹、熬铁编著《诺贝尔经济学奖获得者学术传记全书》，改革出版社，1998。
3. 肖生：《希克斯〈资本与增长〉》，姚开建、梁小民主编《西方经济学名著导读》，中国经济出版社，2005。

---

① 转引自侯书森《诺贝尔经济学奖获得者学术传记全书》，改革出版社，1998。

约瑟夫·阿洛伊斯·熊彼特

作者简介

〔美〕约瑟夫·阿洛伊斯·熊彼特（Joseph Schumpeter，1883~1950年）是奥地利籍美国经济学家和社会学家。

熊彼特生于奥匈帝国摩拉维亚省（今捷克境内）特利希镇，幼年随家庭迁居维也纳，1901~1906年就读于维也纳大学法律系，并于1906年获法学博士学位。当时的法律系要求学生学习政治和经济，熊彼特师从奥地利学派主要代表维塞尔和庞巴维克，深受奥国学派经济理论的影响。奥国学派边际效用价值论的基本观点，特别是以瓦尔拉斯和帕累托为代表的洛桑学派的一般均衡论，对他产生了很大的影响。在大学期间，他又结识了德国社会民主党人希法亭和奥托·鲍威尔等人，并由此接触了马克思主义理论。奥国学派和马克思的经济思想，对他以后思想的发展都有深远影响。

1906年熊彼特来到英国伦敦进修经济学，师从剑桥学派著名代表马歇尔，并竭力推崇瓦尔拉斯。1908年25岁时，因著《理论经济学的本质与内容》而一举成名，并于次年即1909年回到维也纳，由庞巴维克推荐，任奥地利布科文纳省捷尔诺维茨大学教授。1911年改任葛拉兹大学教授。1913~1914年作为奥地利的交换学者去纽约哥伦比亚大学访问，并被授予博士学位。1918年，熊彼特曾以党外经济专家的身份担任德国社会民主党的"社会化委员会"顾问。不久又以经济学家身份出任奥地利共和国的财政部部长，1920年被迫辞职。1921年担任维也纳私营比德曼银行总经理，1924年在该银行破产后重回学术界。1925年应德国政府教育部的邀请赴波恩大学任教，期间,他两次到哈佛大学讲学。由于受到国籍歧视,1932年他离开德国移居美国,加入美国籍,并任哈佛大学教授,直到1950年1月去世。在美期间,熊彼特曾先后担任过1937~1941年全美经济计量学会会长、1948年美国经济学会会长等职。他是以非美国人的身份被选为美国经济学会会长的第一位经济学者。1949年西方经济学者筹建"国际经济学会",曾一致推荐他担任第一届会长,但因他逝世未果。

熊彼特在西方经济学界享有很高声誉。他的研究领域广泛,谙熟政治学、历史学、社会学,其经济理论也是复杂和广泛的。他常把经济现象与非经济现象联系起来分析,创立了把经济理论、经济史、经济统计相结合的研究方法。熊彼特的经济理论的核心是创新理论及经济发展理论。从创新论出发,他证明了,资本主义制度由于自身内在逻辑的发展,迟早要被社会主义制度所取代。他的经济发展理论被归结为处理经济周期中的自发性和间断性的变化。熊彼特的经济理论对后世产生了重要影响。

熊彼特一生著有15本书和200多篇文章。其主要著作有:《经济发展理论》(1912)、《经济思想和方法》(1914)、《帝国主义和社会阶级》(1927)、《经济周期》(2卷,1939)、《资本主义、社会主义和民主》(1942)、《10位伟大的经济学家》(1951)、《熊彼特论文集》(1951)、《经济分析史》(1954)等。后3本书是他去世后,由其夫人、经济学家伊丽莎白·布迪·熊彼特整理后出版的。

《资本主义、社会主义和民主》

∞ 本书精要 ∞

本书是美国经济学家 J. 熊彼特论资本主义与社会主义问题的一部具有广泛影响的著作。他以创新理论为基础，认为资本主义可过渡到社会主义。

∞ 作品内容 ∞

《资本主义、社会主义和民主》（*Capitalism Socialism and Democracy*）英文版于1942年由哈珀兄弟出版公司出版后，1947年和1950年两次再版，后被译成德、西班牙、法、意、日等国文字出版。中文版由绛枫根据其第3版翻译，商务印书馆1979年出版。

本书除2版序言外，共有5篇28章，讨论了马克思的学说、资本主义能否存在下去、社会主义能否行得通、社会主义和民主的关系、各社会主义政党的历史变化，中心内容是对"资本主义能存在下去吗？"、"社会主义能行得通吗？"两个命题的论述。

一 对马克思学说的评论

熊彼特认为，马克思是一位先知，马克思主义是一种宗教，它为信徒提供了一整套的最终目标及达到目标的方法。

马克思也是一位社会主义学家。马克思的经济史观或"唯物史观"是社会学方面伟大的个人成就之一,其真正意义为:生产方式或生产条件是社会结构的基本决定因素,生产方式有其自身的逻辑。以经济史观为基础,马克思提出了社会阶级理论,以生产手段及消费的占有为依据,将资本主义社会的阶级划分为无产阶级和资产阶级两个对立的基本阶级。

马克思也是一位经济学家。其经济理论的基石是李嘉图式的劳动价值理论,这种理论是不能令人满意的。马克思的不变资本和可变资本理论、资本有机构成理论等是对资本理论的重要贡献,但其剩余价值学说及剥削理论是站不住脚的。马克思的积累理论、贫困化理论、经济周期理论等都是不合理的。

二 资本主义能存在下去吗

资本主义在本质上是经济变动的一种形式和方法,是一种进化过程。开动资本主义发动机并使它运转的基本动力来自新消费品、新生产方法或运输方法、新市场、资本主义企业所创造的产业组织的新形式。产业突变过程不断从内部使经济结构革命化,不断毁灭老的结构,又不断创造新的结构。这个创造性的毁灭过程就是关于资本主义的本质性的事实。新方法、新商品等经济进步大部分是与完全竞争不相容的,经济进步会产生垄断。垄断企业的生产结构已成为资本主义经济进步的最有力的发动机,完全竞争并不能带来高效率。

资本主义的运行动力是新企业、新投资所能提供的机会。但现在投资机会正在减少乃至消失。资本主义进化还倾向于损伤以前同它联合的阶级的社会威望和社会权势,同时打击资产阶级产业的较低阶层,打击财产和自由契约制度,从而毁灭资本主义社会体制。资本主义进化还产生了一种敌视自己的政治权力的社会心理状态。资本主义创造一种思想批判气氛,在毁灭了其他制度的道德威信后,回过头来反对自己的道德威信,打击私有财产和资产阶级的整个价值体系。这样,资产阶级的堡垒在政治上就变得没有防御了,这种无防御与对于资本主义秩序的敌意之间存在着高度的相互依存关系。同时,资本主义创造、资助了一个对社会骚动很感兴趣的既得利益集团——知识分子，他们刺激、组织、表达了人民对资本主义秩序的敌意。总之，资本主义过程不仅毁灭了自己的体制，而且为另一个体制——社会主义体制创造了条件。

三 社会主义能行得通吗

社会主义当然行得通。但这需要满足两个前提条件：一是所要求的产业发展阶级已形成；二是过渡问题能成功地得到解决。

社会主义是指这样一种制度模式：对生产手段和生产本身的控制权由中央当局掌握，经济事务原则上属于公众而不属于私人方面。也就是说，这种集权式的社会主义不是由私有或者私人经营的企业，而是由公共权力机关控制生产资料，决定怎样生产，生产什么，谁该得到什么东西的一种社会组织。

社会主义经济与资本主义经济相比具有一些优越性。社会主义计划能有效地消除周期性波动的成因，而在资本主义秩序下只能缓和它们，而不能消除它们。社会主义经济部门能够以较少的混乱和损失实现经济目标，而且不一定会蒙受在资本主义制度内企图实现计划进步时可能发生的各种损害。社会主义经营管理将证明自己优于大企业资本主义。社会主义还可能消除失业，较容易实现技术进步，实现较公平分配。但是，上述优越性仅是以社会主义蓝图的逻辑而言。可能的优越性，在实践中也可能变成实际的低劣性。

在社会主义所必需的技术、组织、商业、管理和心理上的各项先决条件都得到满足时，资本主义就会向社会主义过渡。这种过渡有三种形式：成熟状态下的社会主义化，不成熟状态下的社会主义化，变法前的社会主义政策。

在第一种情况下，成熟意味着抵抗将是微弱的，合作将来自一切阶级的大部分，即可以通过某种无须破坏法统、只要采用宪法修正案的和平途径而实现过渡，即使大多数人不赞成它但也会容忍它，革命的危险不太大。

在不成熟的社会化即社会主义者取得资本主义国家中央机构控制权的

情况下，物质和精神上尚未准备好，支持是微弱的，抵抗却很强烈，必须用暴力来反对各集团和各阶级，而不是反对孤立的个人，也不可能通过修改宪法的途径来采用社会主义原则。社会主义秩序必须通过血腥的、使法统中断的革命和社会化来建立。这种过渡会在企业精神、生产效率、群众的未来福利等方面造成很大的损失。

第三种过渡就是设想这样一种社会化政策：借助于实行一个广泛的国有化纲领，一方面可以在社会主义道路上迈出一大步，另一方面也使得有可能在一定时期内凡是不包括在这个纲领内的一切利益和活动保留下去，而不受触动和干扰。

四　社会主义和民主

社会主义可能是民主的真正的设想，但许多的社会主义者赞成用革命和专政、暴力和恐怖这样非民主的手段打开社会主义之门，这是违背民主本意的。民主是一种政治方法，是为了达到政治（立法和行政）的决定而作出的某种形式的制度安排。民主本身不是目的。根据竞争领导权理论，社会主义与民主之间并不存在必然的联系，两者之中任何一个都能没有另一个而单独存在，且两者也不是互不相容的。这与资本主义不同，现代民主在历史上是和资本主义一起兴起的，是资本主义的产物，且和资本主义是因果关联的，资本主义在其鼎盛时期也十分重视民主。

在一定的社会环境下，社会主义发动机可以按照民主原则发动。实行社会主义民主必须具备的条件是：满足"成熟的"的必需条件，特别是要具有按民主方式建立社会秩序的能力；具有充分的能力和经验的官僚机构体系的存在等。尽管社会主义与民主可以相容，但社会主义经济的有效的经营管理意味着在工厂内对无产阶级实行专政，而不是在工厂外实行无产阶级专政。虽然在工厂内受到严格训练的人在选举中是主权者，但政策可以利用纪律来限制这种主权。社会主义民主是比资本主义民主更虚伪的东西。

五　各社会主义政党史略

社会主义政党经历了一个长期的发展过程。未成熟的社会主义者提出了一些合理的梦想，拟出了社会主义计划的细节或计划的某些变体，对纯粹经济分析也作出了贡献。空想社会主义与"科学"社会主义的区别，与其说是性质上的，不如说是程度上的：空想社会主义者们与阶级运动间的关系是偶然的，不是一个根本原则问题，而对于马克思及其以后的社会主义者来说，这种关系就成为根本的原则性问题了。空想社会主义思想中有比人们所承认的更多的现实主义，而马克思思想中具有更多的非现实主义梦想。马克思要创造出超国家的社会主义宗教，要设想一个国际无产阶级，要制造出社会主义民主，这些都是不现实的概念。马克思的政治方法是以错误的诊断为基础的。

简要评述

《资本主义、社会主义和民主》作为熊彼特生前最后一部著作，标志着他的理论体系的完成。他在本书中利用瓦尔拉斯、马歇尔等的均衡理论和自己提出的创新理论，将经济学和社会学结合起来研究社会制度形态问题。这种分析是在批判马克思的劳动价值论和剩余价值论基础上进行的。熊彼特理论体系的方法论特征，可以用三句话来概括，即以一般均衡为出发点，以创新概念为中心，以历史的、统计的、理论的分析相融合为特点。熊彼特创立了把经济理论、经济史、经济统计相结合的研究方法，用生产技术和生产方法的变革与创新解释资本主义的基本特征和经济发展过程，以求把历史的发展和理论的分析两者结合起来。熊彼特以其创新理论确立了他在经济学说史上独树一帜的地位，并对后世产生了重要影响。

（据〔美〕熊彼特：《资本主义、社会主义和民主》，绛枫译，商务印书馆，1979。杨小卿撰）

参考文献

1. 邹正方：《熊彼特的〈资本主义、社会主义和民主〉》，姚开建、梁小民主编《西方经济学名著导读》，中国经济出版社，2005。
2. 杨瑞龙、宋利芳主编《西方经济学经典名著选读》第二版，中国人民大学出版社，2007。

弗里德里希·A. 冯·哈耶克

作者简介

〔奥地利〕弗里德里希·A. 冯·哈耶克（Hayek, Friedrich August Von，1899~1992年），奥地利经济学家和哲学家，新自由主义经济学的重要代表，1974年诺贝尔经济学奖获得者。

弗里德里希·A. 冯·哈耶克1899年5月8日出生于奥地利维也纳。父亲是一位有威望的市政官员，也是维也纳大学的生物学教授。哈耶克家庭环境优裕，从小就受到良好的教育，18岁那年，他应征入伍，在第一次世界大战时，成为意大利前线的一名年轻炮兵指挥官。一年半以后，他退伍到维也纳大学学习法律。哈耶克勤奋好学，早在中学时代就对经济学产生了兴趣。在意大利前线时，不论是在营房中还是在战壕里，一有空他就掏出随身携带的经济学教科书读起来。在大学里，他是奥地利学派代表人物维塞尔的得意门生。1921年，年仅22岁的哈耶克就获得了维也纳大学的法学博士学位。1923年又获得该校的政治学博士学位，1927年获经济学博士学位。1921~1926年在米塞斯为主任的国际联盟奥地利赔偿委员会中任职。1927年受聘为新成立的奥地利经济研究所所长。1929年兼任维也纳大学经济学讲师。1931年移居英国任伦敦经济学院教授。1938年，他加入英国籍。1940年获伦敦经济学院经济学博士学位。1950年他又移居美国，任芝加哥大学教授，直至1962年。此间，他同美国芝加哥学派的领袖人物弗里德曼等人来往密切。1962~1969年受聘任联邦德国弗赖堡大学政治经济学终身教授。1969年退休返回奥地利，仍任萨尔茨堡大学教授。

为了表彰他在货币理论和经济周期理论方面的首创性研究工作，瑞典皇家科学院1974年授予他诺贝尔经济学奖。

哈耶克的人生道路并不是一帆风顺的，他经受多次挫折和失败，他的家庭生活也很不美满，但是他没有退缩。1926年，在外来的强大压力下，27岁的哈耶克不得不忍痛中断与表妹海伦的真挚爱情，而同另一个女子结婚。多年来，他忍受着极大的精神创伤，埋头研究。直到1950年，当这位国际知名的经济学家已经年过半百、双鬓斑白时，才得以同他的妻子离婚而与自己年轻时的情人海伦结婚。60年代后，哈耶克又疾病缠身，著名的三卷集《法律、立法和自由》就是他抱病完成的。

哈耶克喜欢争论，他几次在国际上挑起大论战，其好斗精神久已闻名。他的自由放任的主张与凯恩斯的国家干预理论针锋相对。1931~1936年间，哈耶克与凯恩斯分别发表多篇文章唇枪舌剑展开论战，其他经济学家也纷纷卷入。直到1936年凯恩斯发表了《就业、利息和货币通论》，大多数经济学家倒向凯恩斯一边。他们认为凯恩斯的扩张经济理论较之哈耶克的货币节制论，更适用于通货紧缩和大规模失业时期。这样，他和凯恩斯之间持续了五六年之久的"这场戏"暂时告一段落，他败在凯恩斯手下。

哈耶克并未认输。1944年，哈耶克发表《通向奴役的道路》，在国际上又挑起了一场争论。这一次，他的剑不仅刺向凯恩斯主义，而且还对准了社会主义计划经济，他极力鼓吹自由主义，猛烈攻击国家干预和计划经济。他说，"中央计划经济不仅是潜在的危险武器，而且也是一个没有什么效率和难以应用的工具"，甚至会导致"专制"、"独裁"。

哈耶克著述颇丰，主要论著有：《货币理论与经济周期》（1929）、《物价与生产》（1931）、《货币的国家主义与国际稳定》（1937）、《利润、利息与投资》（1939）、《资本的纯理论》（1941）、《通向奴役的道路》（1944）、《个人主义与经济秩序》（1948）、《自由的宪章》（1960）、《哲学、政治学与经济学研究》（1967）、《法律、立法与自由》（三卷，1973~1978）、《货币的非国有化》（1976）、《哲学、政治学、经济学与思想史新研究》（1978）等。

《通向奴役的道路》

本书精要

本书是新自由主义经济学家哈耶克的代表作,集中反映了哈耶克的政治倾向和经济思想。作者认为自由市场经济是维护个人自由和提高经济效率的根本保证,集权主义和社会主义是违背"人的本性"的一种制度,社会主义计划经济是一条通向奴役的道路。

作品内容

《通向奴役的道路》(*The Road to Serfdom*,1944。中文版《通向奴役的道路》,滕维藻译,商务印书馆1962年出版)除前言和引论外全书共有16章,其主要思想观点大体上可归纳为以下几个方面。

一 对以个人主义为基础的自由资本主义的推崇

哈耶克首先指出,个人主义并非是利己主义和自私,而是尊重个人,承认个人在一定的范围内其观点和偏好的神圣不可侵犯性,不应受到其他个体的命令与约束。哈耶克认为,以个人自由为基础的私人企业制度和自由市场制度是迄今为止所能选择的最好制度。只有在这一制度下,才能充分地保证每个人的自由选择,只有生产资料掌握在许多独立行动的人的手里,人们才能以个人的身份来决定他们要做的事情。竞争的市场机制之所以优越,不仅因为它在大多数情况下是最有效的方法,而且更由于它是使人们的活动得以相互调节适应,而用不着政府的强制、专断干涉的唯一方法。在这一制度下所保证的自由主义,正是西方文明的基础。这种由于经济自由所带来的政治自由,以及个人的活力的解放,乃是资本主义创造出比以往任何时代都更加辉煌灿烂的物质文明的根源所在。

只有在这种制度下,经济运行的效率才能有切实的保证。因为人作为"经济人",首先要追求自身的经济利益,那么金钱——这一人们所发明的最伟大的自由工具之一,为每个人享受努力的成果提供了最广泛的选择机会。每个人都可以凭其聪明才干在竞争的市场上进行公正的角逐,这是经济发展的内在动力,而市场竞争机制,以及由此而产生的物价自动平衡体系,除了可以实现包括人力资源在内的资源配置以外,还是最经济的信息载体和处理器。它引导人们把利己的动机转变为社会的整体功能,从而保证了经济的高效率。

哈耶克认为,在一个社会中,各个成员的利益不可能用一个统一的具有先后次序的目标序列来表示,而且任何人都没有能力去了解所有人的互相竞争有限资源的各种需要并给它们排出先后次序。目标序列的不一致,以及个别人视野的有限性,这两条便构成了全部个人主义哲学所根据的基本事实。任何人都不可能获得关于所有其他人的需求的完备知识,这是哈耶克证明市场机制优越于计划机制的基本观点。他写道:市场秩序之所以优越,这个秩序之所以照例要取代其他类型的秩序(只要不受到政府权力的压制),确实就在于它在资源配置方面,运用着许多特定事实的知识,这些知识分散地存在于无数的人们中间,而任何一个人是掌握不了的。[①]他认为市场是一种整理分散信息的机制,它比人们精心设计的任何机制都更为有效。由于经济知识是分散的,不可能集中起来,因此就需要经济决策的分散化,需要有为分散的决策导向、纠偏的市场。

在哈耶克的经济自由主义中,国家不再扮演一个被要求束缚手脚只能袖手旁观的角色,而是创立和维护一种有效的竞争制度的积极参与者,国

---

① 〔奥〕哈耶克:《知识的虚伪》,《现代国外经济学论文选》第二辑,商务印书馆,1982,第73页。

家创造条件，使竞争尽可能有效；在不能使其有效的场合则加以补充；提供那些对社会有益，但由私人经营却得不偿失的服务。这就是哈耶克所提出的政府行为原则。

二 对高度集权的计划经济制度的批判

这是本书的核心，在这一部分哈耶克通过严密的逻辑分析，指出计划经济是如何导致一条"通向奴役的道路"的。由于"社会主义"有不同的含义，哈耶克在书中使用"集体主义"代替"社会主义"；他从实现各种最终目标的手段的一致性角度着眼，把社会主义和法西斯主义都归于集体主义，并用集体主义来表示所有类型的计划经济。

1. 批驳了所谓"计划经济的不可避免性"

哈耶克反驳了三种认为技术进步必然导致计划化的论点。第一种论点强调技术进步使垄断取代了竞争，于是人们只能在私人垄断控制和国家计划管理这两者之间进行选择，显然计划管理更可取。这种论点实际上把垄断取代竞争的不可避免性作为计划的不可避免性的基础。对于这个论点，哈耶克反驳道，英、德、美等国的实际历史证明，垄断的发展并非技术进步带来的规模报酬增加的必然结果，而是保护主义政策的结果。

第二种论点强调技术进步和分工发展所造成的现代经济的复杂性，认为要避免这种复杂性所引起的混乱，就必须有计划。对此，哈耶克的反驳是，正是这种复杂性使集中计划成为不可能，使权力分散不可避免。集中计划只能适用于比较简单的经济分工情况，而对于复杂的情况，由于没有哪个个人和机构能够了解全部经济情况，因此必须要有权力的分散。权力分散条件下避免混乱所需要的只是各决策者都能得到他所必需的信息。而竞争条件下的价格体系，就是这样一种信息，它使分散的决策者能够像工程师只需注视少数仪表的指针那样来调节自己的行为。

第三种论点强调计划制度对新技术的保护作用和促进产品标准化的作用。对此，哈耶克的反驳是，真正具有技术上的先进性和经济上的可行性的新技术，是用不着惧怕竞争，用不着由计划来提供保护的。至于产品标准化给社会带来的利益，是以消费者失去选择自由，尤其是社会失去了让各种技术、各种产品长期发展、相互竞争和优胜劣汰的可能为代价的。

2. 在经济方面，计划经济必然是低效率

哈耶克认为，在社会主义计划经济中，中央计划当局为了按合理的方式把有限的资源配置在无数个相互竞争的目标上，就要设法迅速求解由上万个方程组成的联立方程组。他强调困难主要不在于这些方程的形式结构，而在于求解所需要的极庞大的资料、数据以及工作量，而实际上中央计划当局不可能具有求解方程组所必需的一切资料和数据，也不可能迅速地作出各种决策。因此，资源的配置将出现不合理的浪费现象，经济效率将低于市场经济。更有甚者，中央计划当局也可能作出严重失误的决策，使经济所受的伤害严重于资本主义的萧条，而且这种伤害将被平均分摊给各社会成员。

哈耶克承认，计划经济制度能比自由竞争制度更好地实现某些特定目标，也能够采用某些技术上非常先进，但在竞争制度下由于不经济而不会被采用的新技术。他认为，这些成就是计划当局不顾其他方面的需要，集中资源于这些特定目标的结果。它并不表明计划经济制度的成功，而是表明资源被错误配置、被浪费了。整个经济将由于这些目标的实现而降低效率。

3. 在政治方面，计划经济与民主政治不相容

哈耶克对于计划经济与民主政治的不相容性，进行了深入详尽的分析。他指出，由于各个社会成员的目标序列的不同，因此"人民可能一致表示愿意让国会拟订一个全面的经济计划，然而人民或其代表们未必就会因此能够同意任何一个具体计划"。[①] 这就好像一群人都主张外出旅游，但却不能对旅游路线达成一致看法。一致同意要有计划，但对任何一个具体计划却不能一致通过，甚至不能多数通过，其结果必然使民主政治表现出无能。但这种无效用并非民主政治本身的缺陷，而在于它所担负的任务中所固有的矛盾。要求全体人民或其代表对全国资源的全盘管理取得一致或多数一致的意见，对于这样一种任务，多数决定的制度是无法胜任的。在少数有限个可能方案中选择具有相同意见的多数是可以找到的，但如果方

---

① 〔奥〕哈耶克：《通向奴役的道路》，商务印书馆，滕维藻译，1962，第62页。

案为数极多时，就很难会有哪一个方案取得决定性的多数同意，最终的结果往往是把极少数人的意志强加于全体人民，因为这个少数是能够对争论的问题取得一致意见的最大的集体。

哈耶克指出，民主政治在制定全面计划上的无能表现，必然使人们要求把制订具体计划的工作交给一个享有专断权力的专家班子，而这个班子又必然把自己的偏好贯彻到计划中，这就导致了专制。哈耶克强调说，如果把制订全面计划的工作委托给少数专家，而由国会投票来决定取舍，也仍然无法保持民主政治的实质。"整个制度将趋于全民投票性质的独裁制，在这种制度中，政府的首领一次又一次地通过人民投票保持他的地位，但是在他的地位上，他有一切支配的权力，使他有把握让投票按他所期望的方向进行。"① 这样的民主将仅仅是形式上的。哈耶克指出，实质上专制的政府在形式上可以是民主的，通过民主程序所授予的权力也可以是专制的。"防止权力成为专断不是它的来源而是对它的限制。"②

哈耶克揭示了民主政治与全面的经济计划之间的矛盾，要保持民主原则，就无法制订协调的全面计划；要制订协调的全面计划，就不能保持民主原则，不能指望用民主程序来通过它。"如果民主制度决定要从事一项任务，而这又必须使用一种不能根据定则加以指导的权力时，这种权力就一定会变成专制。"③ 因此，如果要使全面的经济计划成为可能，独裁制度是必不可少的，因为独裁制度是强迫推行各种理想的最有效的工具。

哈耶克认为，只有在一个以私有财产的自由处为基础的竞争制度中，民主政治才有可能，这是因为这种制度把需要政府进行有意识控制的领域，缩小到人们有可能通过自由讨论而取得一致意见的范围中。"如果这个制度变成由集体主义信条支配的话，民主主义必将不可避免地自行毁灭。"④ 哈耶克认为，经济上的集中必然导致政治上的极权或独裁专制。

4. 在政治方面，计划经济与法治不相容

哈耶克认为，真正的法治必须包含两层意思：一是政府在一切行动中

---

① 〔奥〕哈耶克：《通向奴役的道路》，商务印书馆，滕维藻译，1962，第69页。
② 〔奥〕哈耶克：《通向奴役的道路》，商务印书馆，滕维藻译，1962，第71页。
③ 〔奥〕哈耶克：《通向奴役的道路》，商务印书馆，滕维藻译，1962，第71页。
④ 〔奥〕哈耶克：《通向奴役的道路》，商务印书馆，滕维藻译，1962，第69页。

都受到事前规定并宣布的规章的约束,即政府的行动也像个人那样是受到限制的;二是法律本身必须是对任何人都不偏不倚的。

哈耶克进一步指出,必须把"法治"和"合法"这两个概念加以区别。他认为实际上有两种法律,一种是法治的法律,以及事前宣告的一般原则,"竞技规则"——它使个人能够预见政府的强制工具将如何使用,或预见他和他的国人在某一环境下将被允许做什么或不得做什么。另一种法律实际上给当局以权力,使它能做它所认为合适的事。[①] 显然后一种法律与专制、人治是不冲突的,它将使任何专制行为都成为合法的行为。哈耶克说,如果法律规定某一机关和当局可以为所欲为,那么机关和当局所做的任何事情都是合法的——但它的行动肯定不属于法治的范围。比如说,希特勒可以根据德国宪法而获得无限的权力,为所欲为。从法律本身的意义来说,他的所作所为都是"合法的",但谁能据此而认为希特勒时期的德国还盛行着法治呢?

哈耶克承认法治将产生经济上的不平等,但强调这种不平等并不是政府用特定方法影响特定的人的结果。因此他反对人们把私有财产的占有看做一种特权。他说,地产只能由贵族阶级的成员占有,这自然是一种特权。……如果把某些商品生产和出售的权利,由当局指定给某些人,这也是一种特权。但是私有财产是任何人根据同样的法律都能够获得的,仅仅因为某些人在取得私有财产方面成功了,就把私有财产本身称作一种特权,那就使"特权"这个字失去它的意义了。[②]

哈耶克认为,只有在私有制的竞争制度上,法治才能实现。他引证康德的话说:"如果一个人除了法律之外不需要服从任何人,那么他就是自由的。"为什么法治不可能出现在计划经济社会中呢?他认为这是因为全面的计划必须对如何满足各个人的需求作出大量的规定,"当政府要决定饲养多少头猪,行驶多少公共汽车,经营哪些煤矿或按什么价格出售鞋子时,这些决定不可能从正式的原则中推论出来,或者事先作出长期的规定。"[③] 这就是说,为了制订全面计划并贯彻之就必须给计划当局以摆脱以

---

① 〔奥〕哈耶克:《通向奴役的道路》,商务印书馆,滕维藻译,1962,第81页。
② 〔奥〕哈耶克:《通向奴役的道路》,商务印书馆,滕维藻译,1962,第79页。
③ 〔奥〕哈耶克:《通向奴役的道路》,商务印书馆,滕维藻译,1962,第73页。

往规定随机作出决策的权力,而这种决策又必须具有法律的效力。结果就难以事先给政府行为规定范围,计划当局就可以不受以往宣布的规定的约束,像一个专制者那样按自己的偏好针对具体情况作出他所认为合适的行动来。

计划经济将破坏法治的另一个原因是计划当局将必须为不同的人规定不同的待遇,而不是单纯为他们提供相同的机会。计划当局在作出各种具体决定时,必须对各种人和各个集团的利害予以相互权衡,并决定哪些人或哪个集团的利益更重要,更需优先考虑;而这种决定将成为国家法律的一部分,成为强加于人民的一种新的等级差别。计划必然要涉及对于不同人们的具体需要予以有意识的差别对待,它须通过法律条例来规定各种人应当有什么和做什么,应当有什么样的境遇。这实际上是回到了人治的局面,是法律形式掩盖下的人治。

概括地说,计划经济的全面计划使政府无法按事前规定的法律行事,因为要它做的事太多、太具体,太需要因时、因事、因地、因人而异;同时,全面计划也使法律、法令、政策规定等不可能对所有人保持不偏不倚,因为在竞争制度中由自发力量决定的各种人的不同待遇,现在都必须由计划来规定了,法律将不再是普适的而是特设的了。于是,法治便不可能继续保持,专制和人治将应运而生。

5. 在政治方面,计划经济会造成极权主义和最坏者当政

哈耶克认为,"人治"的弊端在于政府的行动会因人而异,一旦权力落入某些追求个人私利的人手中,就会被滥用。即使权力被思想高尚的、有理想的人所掌握,也会因为被用来为实现少数人的"理想目标",去建设某种"伟大的社会",而给整个社会带来极大的祸患。哈耶克认为,在"思想高尚"或"心地善良"的理想主义者同极权主义的独裁者之间,并没有一条明确的、不可逾越的界线。即使是具有民主主义思想的政治家,一旦大权在握,也会改变民主作风的。

计划经济造成了权力的高度集中,谁拥有了这个权力,谁就能控制一切,而在这种极权主义的情况下,一切经济的、社会的问题,都将变成为政治问题,取决于"谁战胜谁"。哈耶克分析道,在走向极权主义的过程中,为了最终目标的实现,必然有这样一些具有低级道德标准的人——他们或出自一种近乎原始的冲动，或受一定价值观念的不断影响——才能组成一个人数众多的、有力量而又大致志同道合的集团，他们在一个凌驾于一切的目标下，可以破坏道德，不择手段，这就使那些残酷无情、寡廉鲜耻的人特别有机会成为极权主义机构的成员乃至领袖，于是出现最坏者当政。

6. 在思想观念方面，计划经济将导致思想的国有化和真理的末日

哈耶克赞赏英国政治学家卡尔的话："思想的国有化到处都是与工业的国有化并驾齐驱的。"即经济的国有化或计划化必定伴随着思想的国有化。那是因为，在极权主义的制度里，必须使一切都服从于一个最高的目标，为了保持人民思想上的一致性，所有的宣传便只能为这个目标服务，以便使人们全部接受当权者的唯一的价值标准。在这种情况下，对真理的无私的、客观的探求是不可能得到许可的，而为官方意见辩护成了各门科学、特别是社会科学的唯一目标，凡是对政府的怀疑与批判都将被压制和禁止，最终导致了"真理的末日"。

7. 在思想观念方面，计划经济将扭曲社会的价值标准

哈耶克指出，人们总是习惯于以经济福利方面的考虑作为价值判断的标准，把物质福利和生活的富裕程度视为最值得追求的目标。于是那些自称能给人们带来"生活福利"、"就业保障"和"收入均等化"的政治家就受到人们的拥护。哈耶克认为，这种价值标准是错误的，是陈腐落后的。真正值得追求的目标是自由，而不是经济福利。哈耶克声称，绝不相信"福利国家"之类的设想会给社会带来任何利益。他认为，这些思想即使出于好的动机，也未必会有好的结果。按照哈耶克看法，世界上的坏事不一定都是坏人干出来的，一些"好心肠"的"理想主义者"干起蠢事来更有危险性，因为他们"问心无愧"，没有什么道德上的顾忌，不怕别人议论批评。然而从后果来衡量，这些理想主义者给世界带来的往往不是幸福，而是灾难。

基于上述认识，哈耶克提出当代人们的紧迫任务，是从"当代蒙昧主义"之下解放出来。他强调只有通过"信念的解放"和"思想的解放"，才能实现自由的回归和理智的回归。哈耶克解释说，所谓"思想的解放"，就是要摒弃对一切偶像的崇拜，让人们用自己的价值判断标准来支配个人的行为。而唯一正确的价值标准应当是"个人的自由高于一切"。为此，他提出，现在首要的是把我们自己从那种最坏形式的当代蒙昧主义中解放出来，这种蒙昧主义试图使我们相信，不久以前我们所做的一切，不是做得对的，就是非做不可的。在还没有了解到我们过去所做的许多是愚蠢的这一点之前，我们将不会变得更聪明。

8. 在社会生活方面，计划经济将破坏个人的选择自由

哈耶克首先指出自由主义者与社会主义者对自由的不同理解，前者所说的自由是指摆脱他人的专断，后者所说的自由则是指免除贫困。显然第一种自由也就是个人进行选择的自由。哈耶克认为，私有制是自由的最重要保障，这不仅适用于有产者，也适用于无产者，因为任何私人雇主都无法控制无产者个人的全部生活。而在公有制条件下，国家控制了全部生产资料，也就控制了个人的全部活动，因为国家所拥有的权力是任何私人雇主所不曾拥有的。

哈耶克认为，计划经济意味着一切经济问题都将由社会（更确切说是社会的代表者）而不是由个人来解决，意味着由社会的代表来决定各个人不同需要的相对重要性，并且经济计划几乎将涉及个人生活的所有方面，从个人的原始需求到各种人事关系，从工作的性质到空闲时间的利用。总之，一切个人活动都将由计划来安排，个人不再有选择的自由。

哈耶克指出，即使计划经济社会保留了个人在消费方面的选择自由，但由于计划当局控制了全部生产，可以像一个垄断者那样控制价格和产量，从而也就间接决定人们哪些需要可以满足哪些不能满足，消费者的选择自由实际上还是丧失了。

哈耶克指出，由于个人大多数时间是在工作，所以职业选择也许比消费选择更有助于个人幸福。但在计划制度下，为了实现计划，计划当局就必须控制各行各业的人数，或控制报酬条件，或两者都控制，于是个人的择业自由便丧失了。

哈耶克指出，由于计划不可能考虑到个人的好恶，剥夺了个人的选择自由，因此它就使个人变成实现"社会福利"、"社会公益"等抽象目标的工具。

哈耶克也承认，自由社会所保证的选择自由，并不是不需要任何代价

的。选择通常是要付出代价的，有时甚至是高的代价。他指出，人们之所以要反对自由社会，不在于它提供的选择自由，而在于选择时要付出代价这一点。人们希望计划经济能带来财富的大发展，从而免除选择时所不得不作出的牺牲。他断言这只是一种幻想，因为经济学家，即使是具有社会主义观点的人，也只能肯定，有计划的社会最多只能和市场经济保持相同的效率。因此，用计划来免除选择所需付出的代价只能是一种空想。

哈耶克在从经济、政治、思想和社会生活等方面对计划经济进行了深入细致的剖析与批判的基础上，得出自己的结论：计划经济是通向奴役的道路。

9. 在理论研究方面，计划经济将扭曲经济学家的责任与使命

哈耶克认为，对经济学家来说，对价值准则的探讨显然要比具体的经济分析和数学演算重要得多。何况在哈耶克看来，价格机制的奥妙"只有上帝知道"，自发的市场机制"比人们精心设计的任何机制都更为有效"。要使经济健康运行，最好的方法就是顺其自然，把人为的干预减到最小。

哈耶克认为，一个科学家、学者、作家，必须首先是一个具有独立思考能力和善于独立地进行研究的人，而不能是一个不了解自己工作的意义和不了解"自由"含义的人。他认为，有些科学家、学者、作家却不是这样，他们尽管在工作上有所进展，但却没有政治的思想，没有原则，以至于委身于新的统治者。纳粹统治期间的一些德国学者就是明显的例证。哈耶克认为，虽然经济学家可能不像自然科学家那样易于被拉拢和利用，但并非所有的经济学家都能如此。在希特勒的国家社会主义理论和普鲁士"编制经济"的宣传者和鼓吹者中，就有一些著名的德国经济学家。由此可见，对经济学家来说，重要的不仅是不能像那些背叛原则的国社党经济学家那样去为专制、暴政编造谎言，也不能像一个埋头于实验室内只知道数学演算的、易于被纳粹党人所利用的自然科学家。哈耶克一再强调，经济学应该成为一门有理想的科学；经济学家必须对自己的良心负责，必须对自己所作出的决策的后果负责。他认为，经济学研究必须摆脱一切"思想束缚"，认真探讨社会的价值标准，追求私有制、个人自由、机会平等、自由市场机制、法治、货币的非国有化这些理想目标。在他看来，一个美好的社会必须是尊重和维护上述这一切制度、原则或机制的社会。

哈耶克指出，社会主义计划经济下，执政者怕事实真相如同人怕真空一样，因此，科学家、经济学家肩负的使命便是想方设法为专制、暴政和掩盖真相而编造谎言。

三　对极权主义思想演变的历史回顾和对"二战"后经济的展望

哈耶克在书中用了相当大的篇幅来论述极权主义思想的演变历史，他以德国所走的法西斯道路为背景，指出国家社会主义学说是一个长期的思想演变的顶点，那是一个"远在德国境外拥有极大影响的思想家们都曾参加过的过程的顶点"，这种思想的起因是自由主义带来的社会进步所增强了的人们掌握自己命运的信心以及由此而引起的对"组织和管理"我们的经济生活的热情。他还认为在对自由主义、个人主义和对"组织的制度"的崇拜方面，马克思主义、普鲁士主义和国家社会主义之间没有严格的区别，法西斯主义的极权统治不过是民主社会主义——这一伟大的乌托邦——被证明是幻想以后所达到的阶段。而且一旦在这一思想的影响下走上了这样一条道路，那么最终的结局都是不可避免的，斯大林统治下的苏联与法西斯的德国殊途同归的命运，已经部分地证明了这一结论。

对于"二战"后的经济秩序和国际秩序，哈耶克表示深切忧虑，因为当时正值第二次世界大战即将结束的关头，而西方世界中则存在着走向极权主义的危险。他指出，西方面临的危险，是一个伟大的民主运动在支持一种政策，而这种政策，一定会导致民主和自由的毁灭，"要就是由非人为的市场纪律控制的那种秩序，要就是由少数个别人的意志指导的那种秩序，两者之间只能任择其一，除此之外，是没有其他方法的"。

哈耶克把自己的自由主义学说归结为个人主义，由此，他对"二战"后的经济秩序和国际秩序抱以极大的希望，他指出只有重振那些曾给西方世界带来繁荣的个人主义的美德——独立、自己依靠自己、甘愿担当风险、愿意违反多数人的意见而坚持自己的信仰，喜欢同部分人自愿地合作等，并且保持对自由主义传统的信念，才不至于被引向那条"通向奴役的道路"，也只有在此基础上，才能完成经济的调整，度过困难时期，使人们真正成为能够选择自己的生活方式的自由人。

最后，哈耶克郑重声明，如果在创造一个自由人世界的首次尝试中我们失败了，我们必须再来尝试。个人自由政策是唯一真正进步的政策这一指导原则，在今天依然像它在19世纪那样是正确的。

简要评述

《通向奴役的道路》一书出版后，立即在英、美两国引起轰动，得到各种反社会主义右翼势力的喝彩，也受到赞成"社会主义"的左翼人士的痛斥，成了风靡一时的畅销书，不仅在报纸上连载，在电台上广播，甚至还改编成戏剧在无线电节目中播放。哈耶克踌躇满志，沉浸在"胜利"之中。

哈耶克既是知名的经济学家，还是出色的哲学家、心理学家、法学家、教育家和演说家。他先后获得十几个国家的几十个名牌大学和科研机构的名誉教授和名誉会员称号。

为了表彰他在货币理论和经济周期理论等方面的首创性研究工作，1974年授予他诺贝尔经济学奖。瑞典皇家科学院的公告是：冯·哈耶克在经济理论领域内的贡献既深刻又有创造性。他20年代和30年代的科学书籍和文章，引起广泛而活跃的辩论。特别是他的商业循环理论和他对货币和信用政策的效应的概念，吸引了人们的注意，并且引起热烈的讨论……他是在1929年秋天大危机到来之前，警告一次大经济危机的可能性的少数经济学家之一。

哈耶克的自由资本主义观点与新古典学派以至亚当·斯密并无大的区别。但是，哈耶克还用以反对社会主义计划经济和凯恩斯的国家干预主义，却具有显著的时代特点。这正好反映了哈耶克新自由主义的"新"之所在。

如果说科尔内的《短缺经济学》（1980）是对计划经济实践的理性反思，那么，哈耶克的《通向奴役的道路》（1944）更像是对计划经济可行性的逻辑思考。两书的出版相差36年，都是影响历史进程的经济学巨著。直到今天，哈耶克60多年前从经济、政治、思想及社会生活诸方面对于计划经济的批判，对我们进行经济、政治体制改革、观念更新与法制建设还是很有启迪的。

（据商务印书馆1962年版。杨小卿撰）

参考文献

1. 蒋自强、张旭昆、袁亚春、曹旭华、罗卫东：《经济思想通史》第4卷，浙江大学出版社，2003。
2. 谢岩：《哈耶克〈通向奴役的道路〉》，姚开建、梁小民主编《西方经济学名著导读》，中国经济出版社，2005。
3. 侯书森、孙竹、熬铁编著《诺贝尔经济学奖获得者学术传记全书》，改革出版社，1998。
4. 郭志琦、李永宁、李省龙：《市场经济理论史纲》，西北大学出版社，1996。
5. 杨瑞龙、宋利芳主编《西方经济学经典名著选读》第二版，中国人民大学出版社，2007。

保罗·安东尼·萨缪尔森

作者简介

〔美〕保罗·安东尼·萨缪尔森(Paul Anthony Samuelson,1915~2009年)是美国当代著名经济学家,后凯恩斯主流学派的主要代表,1970年诺贝尔经济学奖获得者,也是获此殊荣的第一位美国人。

萨缪尔森1915年出生于美国印第安纳州。童年的萨缪尔森聪明活泼,善于思考,他看问题比同龄的孩子深刻、全面。在小学、初中、高中阶段,他接连跳级,15岁就考上了美国芝加哥大学专修经济学。进入大学后,他高效率地利用时间学习,博览群书。他爱好广泛,课余常把做高等数学习题作为自我消遣。他对物理学也有浓厚的兴趣。1936年获得哈佛大学硕士学位,1941年获得哈佛大学博士学位。1940年,他在麻省理工学院担任经济学助理教授,1944年升为副教授,1947年升为教授,1955年担任该校客座教授,1945年又被聘为弗莱契法律与外交学院国际经济关系教授。

萨缪尔森的社会活动较多,积极参与了许多学术组织的活动。他是美国艺术科学院的成员,美国哲学会和英国科学会的会员。1951年担任经济计量学编辑委员会的会长;1961年担任美国经济学会会长;1965~1968年担任国际经济学会会长。萨缪尔森还担任多方面的顾问:1941~1952年以及1961~2009年任美国财政部顾问;1941~1943年任美国国家资源计划局顾问;1965~2009年担任联邦储备银行的顾问;1949~1975年任兰德公司的顾问。此外,他还当过参议员、总统候选人以及肯尼迪的经济顾问等。

萨缪尔森于 2009 年 12 月 13 日在美国马萨诸塞州的家中逝世，享年 94 岁。

萨缪尔森最重要的理论著作是《经济分析基础》(1947)，最畅销的著作是《经济学》教科书 (1948)，此书多次再版，针对经济理论问题的发展不断进行补充、综合；与他人合作的著作有《线性规划与经济分析》，该书运用数理分析方法，对国际贸易、商业竞争策略等问题加以分析；《经济学文选》；《萨缪尔森科学论文选》包含了他上百篇发表过的论文。

萨缪尔森重要的学术成果有以下几个方面：(1) 建立了"新古典综合"的理论体系。(2) 促进了西方经济学的数学化。(3) 提出显示性偏好理论。(4) 将乘数与加速原理结合起来，分析它们对经济波动所起的联合作用。(5) 证明要素价格均等说。(6) 把菲利普斯曲线加以改造，使该曲线表明通货膨胀与失业之间的交替关系。

《经济分析基础》

本书精要

本书是美国当代著名经济学家萨缪尔森的代表作,是微观经济学的杰作和数理经济学的顶峰之作。该书从数学角度综合了微观经济学的各个领域,为微观经济学建立了统一的数理基础,提出了进行理论研究的数学工具。

作品内容

《经济分析基础》(*Foundations of Economic Analisis*)一书1947年由哈佛大学出版社出版。此书是萨缪尔森在其博士论文"经济理论运算的重要性"一文的基础上改写增补而成的。在《经济分析基础》一书中,萨缪尔森运用古典的数学技巧和物理概念,试图找出以往各种经济理论的共同之处,通过分析归纳,找出其中的规律性的东西,将分散的经济理论加以整合和统一。全书分为12章。前1~8章主要以最大化原理为工具,探讨各种经济原理;第9~12章,主要讨论稳定条件和动态原理。该书的主要思想可以概括为以下几个方面。

一 均衡和优化分析

萨缪尔森在第1章导论一开始就指出,各种不同理论的主要特征之间的相似性的存在，意味着一般性理论的存在。这种一般理论是各种特殊理论的基础，并且能将各种特殊理论的主要特征统一起来。他这本书的目的就在于详细论述这种一般化的基本原理对理论经济学和应用经济学的意义。他把经济理论转化成为在数学上的最大化问题，可以用微积分、线性代数等工具加以处理。

在第2章"均衡体系和比较静态学"中，萨缪尔森认为，一般经济分析方法是从实际抽象出问题的主要影响因素和其间的关系，即通过将经济分析数学化，将经济问题的因素转化为内生变量、外生变量以及各种参数，在适当的假设前提下推导出结论并对经济问题加以解释。萨缪尔森将这种方法应用在均衡分析之上，以偏导式的形式得出比较均衡体系的通解。

第3章"最大化行为的理论"，萨缪尔森研究了许多经济学方法论问题。第一，他给出了严格和弱的局部极大的定义，并给出 N 元变量的严格和弱的全局极大的解；第二，给出了局部极值的一般性的充要条件；第三，对比较静态方面最优化问题加以分析并对参数变化对均衡的影响加以考察；第四，考察了多个参数联动情况下的约束最优化问题；第五，萨缪尔森运用以上所说的数学方法对税收、供给曲线斜率、广告费用以及差别垄断等问题加以分析。

二 成本和生产理论

在第4章"成本和生产理论的综合性再叙述"中，萨缪尔森首先对既定产出下的最小成本问题加以分析，然后论述利润最大化下的产量问题。他认为厂商面临的技术约束可以通过生产函数加以表示，因而可以通过拉格朗日乘数法求出成本最小的均衡条件。萨缪尔森用比较静态分析的方法研究成本函数和生产函数的性质。他在生产函数连续并二阶可导的情况下，给出了均衡的充分和必要条件，随后又给出了生产函数非连续情况下更为一般的均衡条件。萨缪尔森还说明了完全竞争条件下厂商短期均衡的条件，以及长期内市场外部条件对行业和产量供给的影响，以及长期均衡条件。

三　消费者行为理论

在第 5 章至第 7 章，萨缪尔森用数学方法对以往的消费者理论和需求理论加以重新表述，同时提出了显示性偏好理论和可积性问题，从而使得消费者理论更加完善、成熟。

四　福利经济理论

在第 8 章，萨缪尔森首先评述了以往的福利经济学说，并对新旧福利经济学加以比较。萨缪尔森认为，研究福利经济学就应该从社会福利函数的角度入手，在帕累托最优的基础上引入收入分配的价值分析，从而找出社会整体的福利最大化。社会福利函数取决于全社会成员的效用水平，而每个人的效用水平又是其消费的商品和劳务及其所提供的生产要素的函数，所以社会福利函数是社会中每个人提供的生产要素和消费的商品和劳务的函数。在一定的福利价值判断的条件下，通过对社会福利函数极值的考察，就可以考察社会的福利问题。萨缪尔森推出了一般的帕累托均衡条件：对于任何一对商品，所有消费者对要素和商品的替代率等于生产者相应的要素和商品的转换率。然后从所有满足这些要求的解的集合中，根据一定的价值判断原则，找出最优的社会福利最大值的解。

五　动态经济理论

萨缪尔森对动态经济学的贡献主要有以下几点：第一次提出了稳定均衡分析的一般体；第一次实际地注重动态理论的公式化；第一次有效地将静态和动态的模型分析加以整合和统一。

第 9 章，作者主要探讨比较静态和动态分析的关系。

第 10 章，作者解说了对应原理，并说明从动态稳定条件可以得到比较静态的稳定条件；可以把比较静态分析归于平稳的有限动态调整；还可以把动态分析归结为比较静态分析。本章的中心就是通过对动态体系求解出稳定条件，从而了解对应原理及其特征。

第 11 章论述了动态理论的一般基础。作者对以往的经济学家对静态和动态分析的观点加以评述，并提出自己相应的观点。他批判了希克斯对动态的定义，并按照自己的分类讨论了它们的稳定性质。

第 12 章是对该书的一个总结。萨缪尔森指出，比较动态分析是非常重要的经济学分析方法，还有很大的发展前景，与调整动态学相比，比较动态分析注重分析模型内部各种起始条件及各参数变动所导致的对均衡的影响。

简要评述

萨缪尔森的《经济分析基础》是一本很有影响的著作，对经济学的数学化起到了很大的推动作用，萨缪尔森不但运用数学方法推导出了许多重要的经济学命题和结论，更重要的是，他成功地将数学方法和经济学研究加以结合，使数学成为经济分析的重要工具之一，从而使得经济学家们可以更好地运用他们的智慧。

凭借《经济分析基础》，萨缪尔森在 1947 年获得美国经济学协会的克拉克奖章，这项奖励是以 40 岁以下具学术潜力的人士为对象。到 1970 年，《经济分析基础》的水准得到再度肯定，协助他赢得诺贝尔经济学奖，这是诺贝尔经济学奖项开始颁发的第二年，也是美国学者首次获奖。评奖委员会指出：萨缪尔森依靠数学方法的帮助提高了经济理论分析技巧的正规化程度。

本书的意义在于：从数学角度综合了微观经济学的各个领域，为微观经济学建立了统一的数理基础，提出了进行理论研究的数学工具。经过萨缪尔森和希克斯的努力，微观经济学不再是一些理论命题的堆积，而开始形成一个有序的结构。这一结构，为"二战"后西方微观经济学的进一步发展提供了一个新的出发点。

萨缪尔森把经济学区分为静态均衡分析、比较静态分析和动态分析三大块。他认为存在于生产理论、消费理论、国际贸易理论的静态均衡，其数学本质就是极值问题。均衡条件也就是经济函数处于极大值或极小值的条件，或者是经济函数在一定约束条件下的极值条件。于是，静态均衡问题便都可以用数学中的古典优化方法加以处理，用微积分和线性代数加以处理。这样，数学中的极值理论就为微观经济学中的生产理论、消费理论和福利经济学奠定了统一的基础，这些理论都可以运用数学中的极值原理一一推导出来。萨缪尔森认为，经济学中的研究静态均衡的理论，都可以用数学模型表达出来，这种模型通常表现为一组联立方程。萨缪尔森进一步分析了动态过程中一般均衡的稳定条件，指出应当以非线性的微分——差分方程组作为分析动态过程的基本数学工具。在动态分析中，主要涉及三类问题：均衡的稳定性、稳定的条件及均衡的转移过程。

（据〔美〕萨缪尔森：《经济分析基础》，费方域等译，商务印书馆，1992年中文版。杨小卿撰）

《经济学》

本书精要

《经济学》是萨缪尔森发表的最有影响的巨著和当今世界最为畅销的经济学教科书。在这本书中，萨缪尔森阐述和研究了宏观经济学与微观经济学的基本内容，表达了新古典综合派的基本经济观点。

作品内容

1948年，萨缪尔森发表了他的《经济学》(Economics，中译本《经济学》上、中、下册，高鸿业译，商务印书馆1979、1981年出版) 教科书。萨缪尔森对西方经济学的主要贡献，以及他建立的新古典综合理论体系集中体现在这本书中。《经济学》题材广泛，几乎涉及西方经济学的各个领域。

该书对经济学中的三大部分——政治经济学、部门经济学、技术经济学都有专门的论述，读过这本书的人们都能看到，从宏观经济学到微观经济学，从生产到消费，从经济思想史到经济制度，萨缪尔森都有新的创见。这部著作在内容、形式的安排上也可谓匠心独具，他在每一章的开头加上历代名人的警句，言简意赅地概括全章的主题，使读者不像是在啃枯燥的理论书，而是在读一部有文学色彩的史书。

《经济学》中体现着萨缪尔森深邃丰富的经济思想，具体内容如下。

一 经济学的研究对象和研究方法

萨缪尔森指出,政治经济学是最古老的艺术,最新颖的科学。的确,它在社会科学中,居于首要地位。书中列举了经济学的六条简短定义,萨缪尔森将其定义归纳为:经济学研究人和社会如何作出最终抉择,在使用或不使用货币的情况下,使用可以有其他用途的稀缺的生产性资源在现在或未来生产各种商品,并把商品分配给社会的各个成员或集团以供消费之用。它分析改善资源配置形式所需的代价和可能得到的利益。这个定义在萨缪尔森看来,包括个人和社会对经济目标、经济体制的抉择,货币流通或实物交易的不同影响,稀缺资源的配置和使用方向,现在或将来生产的选择,分配和消费问题,最后又强调资源配置的成本与收益分析,以便为个人和社会作出最终抉择提供科学的依据。

萨缪尔森力图将凯恩斯所创立的宏观经济理论与以马歇尔和瓦尔拉斯为代表的新古典微观经济学加以综合,他认为经济学就是研究稀缺资源的配置和利用的科学,其中凯恩斯宏观经济理论研究资源的利用程度问题,新古典微观经济理论研究被利用资源的合理配置问题,他们各自涉及不同问题,因此完全可以同时出现在同一本经济学教科书中,作为并行不悖的两大部分。

萨缪尔森认为,经济学是一门兼文、理二科优点的学科,和其他社会科学如心理学、社会学、历史学有互相重叠之处,经济学的研究方法,有逻辑和几何学的演绎法、统计推断和经验推断的归纳法。

二 基本经济问题

萨缪尔森认为,每个经济社会都必须以某种方式解决三个基本经济问题:在可能生产的物品和劳务中,生产什么和生产多少;如何利用经济资源来生产这些东西;为谁生产这些东西,即收入如何在个人和各阶级之间进行分配。

经济学仍然面临着必须和稀缺相周旋,把稀缺当做生活中的一种常态的基本事实。萨缪尔森试图用生产可能性边界来说明许多基本经济过程，如当经济发展时，如何把日益减少的资源用于必需品的生产；私人的市场与公共的政府之间如何选择；目前消费品和扩大将来生产能力的资本品之间如何选择；阐述技术进步与收益递减等。

三 加速原理

加速原理的源头可追溯到美国经济学家 J. M. 克拉克（1847～1938年）。但今天这一概念之所以成为分析经济周期的重要工具，应归功于萨缪尔森将之与乘数理论结合所作的努力。

萨缪尔森认为，投资与国民收入有相互加强、互为因果的关系。乘数原理注意的是投资变动对国民收入的影响，加速原理则注意到国民收入即消费变动对投资所带来的影响。关于"投资→消费"过程的分析属于乘数理论，而关于"消费→投资"过程的分析则属于加速原理。这样，综合这两个方面，就能够把握住理解经济周期的关键。汉森和哈罗德等人早就尝试着进行这种综合，萨缪尔森则为此建立了严密的理论体系。

四 后凯恩斯主流经济学派的一般经济理论

《经济学》具有"集大成"的特征。萨缪尔森在书中陈述的主要观点，反映了后凯恩斯主流经济学派的一般经济理论，可以归纳为以下四个方面。

1. 主张总支出水平取决于储蓄和投资的货币数额的相互作用，以及市场调节与政府干预的结合

萨缪尔森把古典均衡论与凯恩斯的不均衡论两种不同的见解融为一体，他既赞同宏观调控、国家干预，前提是承认"有效需求不足"；又维护市场竞争和自由企业制度，前提是以影响供给与需求的独立的力量通过市场价格的变动而趋于平衡，进而推导为：储蓄与投资的决策也通过收入与就业水平以及利息的变动而趋于平衡。

2. 各种类型的社会经济制度都具有一定的优势

萨缪尔森分析了资本主义制度难以克服的弊端，强调政府的经济干预职能。他指出：政府在现代混合经济中具有日益扩大的作用。这可以从三个方面反映出来：（1）政府支出的数量增长；（2）国家对收入的再分配；（3）直接调节经济生活。萨缪尔森一再强调政府要通过法令、措施来限制"垄断"的危害因素；用政府经济作用来烫平周期波动，用财政政策、货币政策和收入政策来消除失业和通货膨胀。最后还分析了政府调控下，反对贫穷和不平等、反对城市和环境的病态、反对种族和性别歧视的各种斗争。

3. 主张财政政策与货币政策协调作用

萨缪尔森从第18章起将收入决定的各条曲线和货币分析联系起来，认为"货币分析能够很好地和现代收入决定论配合在一起"，它为"两种稳定性政策（指货币与财政政策）的结合创造了条件"。这两种宏观经济的措施必须协调起来，以便达到成为具有适当的稳定价格和能充分利用生产潜力的进步的经济社会的目的。从而有助于造成一个有利的经济环境，在其中，"人民具有最宽广的机会来取得成就"。

4. 主张宏观经济理论与微观经济理论的照应与配合

在萨缪尔森看来，必须把宏观经济理论与微观经济理论相综合，为微观经济分析提供和开拓一个"充分就业"的宏观经济均衡的依据和方式。混合经济的需求管理的宏观经济学中，古典学派的微观经济原理仍然适用，经济学家可以满怀信心地讲述古典经济学原理，并学以济世，以求达到"帕累托最优状态"的"理想境地"。

五 反对马克思主义经济学的倾向

萨缪尔森说，10亿人，约占全世界人口的1/3，把《资本论》看成经济学的真理。事实上，他（指马克思，引者注）的经济学是最不持久的部分，因为该书（指《资本论》）科学地预见到资本主义必然死亡这一运动规律与事实不符。

萨缪尔森还认为，对利润的仇视，实际上大都来自对货币收入分配的极端不平等的仇视,而收入分配的不平等是由生产要素分配的不平等造成的。而不平等则是由财产所有权、个人能力、教育、训练和机会以及年龄和健康等方面的差别造成的,而与资本家的剥削无关。

萨缪尔森多处分析利润率没有下降或略有上升的事实,认为这与马克思关于资本积累导致利润率有下降趋势,导致产业后备军、工资下降和无产阶级贫困化的观点相抵触。

萨缪尔森宣称"马克思主义是麻醉马克思主义者的鸦片","如果马克思主义者等待资本主义在最后一次危机中崩溃。那么,他们是白等了"。

简要评述

《经济学》教科书一出版就立即脱销,许多国家的出版商不惜重金抢购它的出版权,并迅速翻译成日、德、意、匈、葡、俄等多种文字,据报道此书的销售量已超过 400 万册。也正是他的这本著作,将西方经济理论第一次系统地带进中国,并使这种思考方式和视野在中国落地生根。

在经济学发展的历史上,曾经有三本教科书流行过,并在各自所处的时代一统天下长达几十年,一本是约·斯·穆勒的《政治经济学原理》,一本是马歇尔的《经济学原理》,另一本就是萨缪尔森的《经济学》。

在萨缪尔森获得的各种荣誉中,最使他激动的是,他是获得诺贝尔经济学奖的第一个美国人。他从斯德哥尔摩领奖回到纽约时,成千上万的人用最高的礼仪欢迎他。在为他举行的庆祝会上,他满怀激动地向人们说:"我可以告诉你们,怎样才能获得诺贝尔奖,诀窍之一就是要有名师指点。"他没有忘记精心栽培他的汉森·阿尔文教授。

(据商务印书馆 1981 年中文版。杨小卿撰)

参考文献

1. 〔美〕萨缪尔森:《经济学》上、中、下册,高鸿业译,商务印书馆,1981。

2. 杨瑞龙、宋利芳主编《西方经济学经典名著选读》(第二版),中国人民大学出版社,2007。
3. 吴汉洪:《萨缪尔森的〈经济分析基础〉》,姚开建、梁小民主编《西方经济学名著导读》,中国经济出版社,2005。
4. 侯书森、孙竹、熬铁编著《诺贝尔经济学奖获得者学术传记全书》,改革出版社,1998。
5. 蒋自强、张旭昆主编《三次革命和三次综合》,上海人民出版社,1996。
6. 蒋自强、张旭昆、袁亚春、曹旭华、罗卫东著《经济思想通史》第4卷,浙江大学出版社,2003。

肯尼思·约瑟夫·阿罗

作者简介

〔美〕肯尼思·约瑟夫·阿罗（Arrow, Kenneth Joseph, 1921~　），美国著名经济学家，1972年诺贝尔经济学奖获得者。

肯尼思·约瑟夫·阿罗，1921年出生于美国纽约。1940年在纽约城市学院获学士学位。1941年和1951年先后获哥伦比亚大学数学硕士与博士学位。1942~1946年间在美国空军工作。1947~1949年任芝加哥大学副教授和考尔斯经济委员会副研究员。1949~1968年间执教于斯坦福大学，1953年提升为教授。1968~1979年任哈佛大学教授。1967年和1972年分别获得芝加哥大学和纽约城市学院的荣誉法学博士，1971年获维也纳大学社会和经济学荣誉博士，1973年获哥伦比亚大学荣誉理学博士等学位。此外，他还获得欧洲社会科学研究会（1952）、行为科学高级研究中心（1957~1958）、剑桥大学丘吉尔学院海外研究会（1963~1964、1970、1973）和约翰·西蒙·古根海姆研究会（1972~1973）所属研究机构的博士研究津贴。1956年当选为经济计量学会的会长，1957年荣获约翰·贝茨·克拉克奖，1963年当选为管理科学学会的会长，1973年任美国经济学会会长，1980年任西部经济学会会长。

阿罗的研究范围很广，包括社会选择理论、一般均衡理论、信息经济学等。在社会选择理论方面，阿罗的重要贡献是他提出了"阿罗不可能定理"。在一般均衡理论方面，阿罗用数学工具对一般均衡理论的内容及其发展也作出了重要贡献。阿罗擅长用数学工具研究经济问题。由于他在一般均衡论和社会福利经济学方面的成就，1972年他和英国经济学家约翰·希克斯一同被授予诺贝尔经济学奖。

阿罗的主要论著有：《对福利经济学基本定理的一个推广》（1951）、《社会选择和个人价值》（1951）、《存货和生产的数学理论研究》（合著，1958）、《线性规划和非线性规划研究》（合著，1958）、《公共投资、收益率与最适度财政政策》（1970）、《风险负担理论文集》（1971）、《一般竞争分析》（与哈恩合著，1971）、《资源配置过程研究》（合著，1977年）等。

《社会选择与个人价值》

∽ 本书精要 ∽

阿罗最主要的、最著名的成就集中体现在《社会选择与个人价值》一书，他用数学推理证明：当社会所有成员的偏好为已知时，不可能通过一定的方法从个人偏好次序得出社会偏好次序，这一结论被称为"阿罗不可能定理"。

∽ 作品内容 ∽

《社会选择与个人价值》（*Social Choice and Individual Value*，1951。中译本见陈志武、崔之元译，四川人民出版社 1987 年出版）英文第一版 1951 年由美国威利父子公司出版，第二版于 1963 年出版，第二版比第一版增加了最后一章，全书共 8 章。

在这部书中，阿罗用数学推理得出这样的论断：如果有两个以上偏好不同的人来进行选择，而被选择的政策也是超过两个，那么就不可能作出大多数人都感到满意的决定。因此，在每个社会成员对一切可能的社会经济结构各有其特定的偏好"序列"的情况下，要找出一个在逻辑上不与个人偏好序列相矛盾的全社会的偏好序列是不可能的。简单地说，在通常情况下，当社会所有成员的偏好为已知时，不可能通过一定的方法从个人偏好次序得出社会偏好次序，不可能通过一定的程序准确地表达社会全体成员的个人偏好或者达到合意的公共决策。他提出的"不可能定理"是对新福利经济学的革新,是新福利经济学的一个重要组成部分。

一 社会选择应满足的两个公理和社会福利函数应满足的五个条件

阿罗认为,个人偏好与社会选择的本质是排序,排序应具有完备性和传递性。这两点是理性的体现,也是社会选择应满足的两个公理:(1)完备性是指个人或社会在面对所有备选对象中任意两种 x、y 时,总能作出 x 优于或无差异于 y,y 优于或无差异于 x 的选择。(2)传递性是指个人或社会认为 x 优于或无差异于 y,y 优于或无差异于 z 时,必定认为 x 优于或无差异于 z。完备性和传递性是社会选择应满足的两个公理。

社会福利函数应满足的五个条件是:(1)广泛条件,即民主社会应允许个人有任意的价值观,从而有任意的个人排序,这是自由的体现。(2)社会价值观与个人价值观的正向联系,即社会排序应正向地反映个人排序的变化。对 x、y 两种社会状态,假定社会原来根据个人排序得出 x 优于 y,现在由于个人价值观变化,x 在某些人或所有人排序中的位置都提前了,那么,社会仍应认为 x 优于 y。(3)无关备选对象的独立性,即社会对某些给定社会状态的排序应该与这些社会状态外的某一状态无关。假定社会状态 x、y、z 的排序已定,那么,在社会状态 x、y、z、w 时,x、y、z 的排序仍不变。(4)公民主权条件,又称非强加条件,指民主制度下社会排序与个人排序相关,而不应按习惯法排序。(5)非独裁条件,即民主的社会排序不能是独裁的。阿罗认为,任何用来判断社会状态优劣的方法都应满足这两个公理和五个条件。

二 阿罗不可能定理

阿罗不仅提出了社会福利函数应满足的五个条件,并且证明了作为社会效用之和形式的社会效用函数不能满足所有的条件。

在一个理性社会中,每个人都有自己的价值观。由于价值观不同,不同个人对社会状态的偏好不同,对社会状态的排序也不相同,从而社会排序与个人排序可能不一致。可以用投票悖论来说明这一点。假定有 1、2、3 三个人，x、y、z 三种备选对象，各人的选择如表 1 所示：

表 1 三人三方案的公共选择

	1	2	3
第一选择	x	y	z
第二选择	y	z	x
第三选择	z	x	y

这种形式也被称为拉丁方块，即任何一个字母在每一行或每一列只出现一次。在投票过程中，如果按照每个投票者的偏好顺序来判断，就会出现循环的大多数。即有三分之二的人认为 x 优于 y（1、3），三分之二的人认为 y 优于 z（1、2），三分之二的人认为 z 优于 x（2、3）。这种情况的出现，使得投票过程不能达成公共决策，少数服从多数的原则失灵了。

或者说，大多数人（1、3）认为 x 优于 y，又有大多数人（1、2）认为 y 优于 z，从而推导出大多数人认为 x 优于 z，但实际上又有大多数人（2、3）认为 z 优于 x。可见在这种情况下，民主并不能保证个人排序与社会排序一致。这种矛盾被称为"阿罗悖论"（或称阿罗不可能定理）。同时，社会效用函数和补偿原则都不能作为社会选择的方法。

上述例子说明：投票的结果与投票的顺序相关。也就是说，在这里，少数服从多数的原则并不是绝对有效，它可以受到投票顺序影响。如果人们事先就知道这种影响，他们就会在投票之前选择对自己有利的投票顺序。这或许就是在许多场合中人们为表决程序争执不下的原因之一。

阿罗认为，个人价值观是个人用来评价自己满足程度的根本依据，给效用赋予一定值完全取决于个人价值观，只有在相同的个人价值观时效用值构成的社会效用函数才有意义。但第一个条件使社会效用函数不具有任何意义。因此，运用个人效用不能进行社会选择，即使假设个人效用之和的社会效用函数有意义，这种函数仍不能作出社会选择。假定个人根据自己的价值观对效用赋予一定值，且所有的人对最好、最差社会状态分别赋予 1 和 0。三个人三种社会状态的赋值情况及用个体效用值之和构成的社会效用值情况如表 2 所示：

表 2　个体效用值与社会效用值

	1	2	3	社会效用值
x	1	1	0.5	2.5
y	0.9	0.9	1	2.8
z	0	0	0	0

这时，社会认为 y 优于 x，但在去掉 z 之后，赋值情况变为表 3 所示：

表 3　赋值情况

	1	2	3	社会效用值
x	1	1	0	2
y	0	0	1	1

这时社会认为 x 优于 y，无法满足第三个条件，所以，社会效用函数不能用来进行社会选择。

《社会选择与个人价值》第 4 章论证了补偿原则也不能满足全部条件，从而不能用于进行社会选择。补偿原则认为，在假设补偿下可对任意两种社会状态进行比较。阿罗用数学方法证明了，卡尔多原则不能满足第三个条件，西托夫斯基原则不能满足第二公理，所以，补偿原则不能作为社会选择方法。

更令人惊讶的是，在某些特定情况下，人们有可能投票选择大多数人最不喜欢的方案。导致这种结果的情形现在被称为波德效应（Borad Effect）。波德是 18 世纪的法国人，他对投票的研究（1781）在 20 世纪七八十年代以后又受到了关注。最简单的波德效应模型是一个七人的委员会。在其中有两个左派、两个中派和三个右派。他们就左、中、右三个方案进行投票。如果根据简单多数规则进行投票，结果如表 4 所示：

表 4　七人委员会的公共选择

	左派		中派		右派		
	1	2	3	4	5	6	7
最佳选择	左	左	中	中	右	右	右
次佳选择	中	中	左	左	中	中	中
最次选择	右	右	右	右	左	左	左

可以看出，由于有三个人赞成右方案，并且构成了简单多数，所以右方案成为入选的公共决策。但是，仔细观察就可以发现，右方案是左派和中派最不喜欢的方案，而左派和中派的人数加在一起是四个人，构成了七人委员会中的大多数。也就是说，在被称为波德效应的特定的投票情形中，大多数人最不喜欢的方案被选中了。这种结果甚至违背了少数服从多数原则最初包含的社会福利标准，使大多数人认为他们遭受了损害。

在阿罗这里，对投票悖论的研究达到了高潮。比其他的研究有所深入的地方在于：（1）阿罗将投票效果和经济学对效率的评价标准——效用（或福利）函数严格地联系在一起；（2）通过将研究方法形式化，得出了有关投票悖论的更具有一般性的结论。与布坎南一样，阿罗有关公共物品的价值（即他所谓的社会福利函数）是从个人的价值判断或偏好中引申出来的，投票过程就是实现从个人价值到社会选择的转换的机制。具体的转换就是以少数服从多数为原则，将所有个人对公共选择的不同备选方案的排序变为一个社会的排序。但是由于存在着诸如孔多塞特悖论（孔多塞特，法国人，生活在法国启蒙时代，最早研究了投票中循环的大多数问题，被称孔多塞特悖论）等投票悖论，以少数服从多数为原则的投票过程有可能不能形成一个社会排序，除非采用独裁的或强加的手段。而这样一来就违背了投票的基本前提和阿罗的社会福利函数的基本条件：非独裁（条件5）和非强加（条件4）。由此，阿罗得出了一个更为一般的、对于"民主"更为严厉的结论：如果存在着至少三个可由社会成员以任何方式自由排序的备选方案，那么每一满足条件2（即社会价值与个人价值具有正向关系）和条件3（即不相关的备选方案相独立）并且产生满足公理1（即完备性）和公理2的社会排序必定或是强加的，或是独裁的。他断言，无论是简单多数规则，还是任何比例代表制，也无论多么复杂的设计，都无法消除孔多塞特悖论。这样的结论对于一贯信奉少数服从多数原则的人的打击实在太沉重了。这意味着，在很多的情况下，这一原则会失灵。其结果要么是社会无法获得某种公共物品，或者是以军政府上台或其他独裁形式为代价。

阿罗在第5~7章，用反证法证明，在五个条件和某些改进的条件下都找不到社会福利函数。第 5 章 "社会福利函数的一般可能性定理"，证明了民主制度下社会福利函数存在的不可能性，也就是说民主制下没有一种方法能体现民主。结论是：如果社会中各成员至少能自由地对三个备选对象以任何方式进行排序，那么，满足第二与第三个条件，且能得出满足两个公理的社会排序的任何一种社会福利函数要么是强加的，要么是独裁的。或者说，如果消费者的价值观能由相当广泛的个体排序表现出来，那么，公民主权学说与集体理性学说就是矛盾的，阿罗用集合论方法进行了这种证明。

第 6 章 "个人主义的假设"，证明了在个人主义假设下仍不存在满足两个公理和五个条件的社会福利函数。第 7 章 "作为社会福利判断基础的类似性"论述了只有在个人排序相同时，也就是在个人有相同的价值观时，才能作出社会福利判断，但相同价值观的取得又存在许多困难。在不同的价值观下，社会福利函数不可能存在。

简要评述

《社会选择与个人价值》这部著作的出版，在西方经济学界引起很大反响，被译成了多种文字，成为西方经济学名著。

阿罗用数学推理得出这样的论断：如果有两个以上偏好不同的人来进行选择，而被选择的政策也是超过两个，那么就不可能作出大多数人都感到满意的决定。根本不存在一种能保证效率、尊重个人偏好、并且不依赖程序（agenda）的多数规则的投票方案。简单地说，阿罗的不可能定理意味着，在通常情况下，当社会所有成员的偏好为已知时，不可能通过一定的方法从个人偏好次序得出社会偏好次序，不可能通过一定的程序准确地表达社会全体成员的个人偏好或者达到合意的公共决策。他提出的 "不可能定理"是对新福利经济学的革新，是新福利经济学的一个重要组成部分。

《社会选择与个人价值》对福利经济学和民主制等重大问题进行了独特的研究，他在该书中所提出的观点，尤其是阿罗不可能定理，受到广泛重视，对经济学和政治学等领域都有深远的影响，而且逐渐形成独树一帜的地位。鉴于他在一般均衡论和新福利经济学研究中的成就，1972年瑞典皇家科学院授予他和英国经济学家约翰·希克斯诺贝尔经济学奖。

阿罗不可能定理一经问世便对当时的政治哲学和福利经济学产生了巨大的冲击，甚至招来了上百篇文章对他的定理的驳斥。李特尔、萨缪尔森试图以与福利经济学不相干的论点来驳倒阿罗的不可能定理，但又遭到肯普、黄有光和帕克斯的反驳，他们甚至建立了在给定个人次序情况下的不可能性结果。事实上，阿罗的不可能定理经受住了所有技术上的批评，其基本理论从来没有受到重大挑战，直到阿马蒂亚·森提出了他的理论。

当然，在实际中，孔多塞特悖论——阿罗悖论出现的概率是相当低的。但这并不意味着阿罗以及其他人提出的警告以及他们的研究不重要。不少人有过坐飞机的经历，尽管你早就知道，飞机出事的概率只有百万分之几，你仍然不那么轻松，因为飞机一旦掉下去，对你来讲就是百分之百的灾难。如果一架政治机器出了故障会怎么样呢？譬如在三人三方案的情况下，阿罗悖论出现的概率是5.6%，似乎并不高，但一旦出现这种情况，蒙难的可就不止数百人。因为一旦民主程序失灵，具有不同效用函数的各方就有可能采用非和平的手段来解决他们之间的利益冲突，以至采用武力。这就是20世纪90年代初在南斯拉夫出现的情形。另一方面，如果容忍多数人不喜欢的人上台，就会带来大多数人的福利损失。这或许就是通过投票程序选出希特勒的后果。情况还不仅如此。假如一个航空公司宣布，乘坐该公司的班机出事故的概率是1%，后果将会什么样呢？因为一架飞机可能掉下来，其他99架也不会有什么人敢坐。一种公共选择程序偶然出了一次故障，人们也有理由怀疑其他时间通过这一程序达成的公共决策，从而对这一程序本身产生怀疑。因此对公共选择过程的可靠性的研究显然不是在纸上谈兵。

（据〔美〕阿罗《社会选择与个人价值》，陈志武、崔之元译，四川人民出版社1987年中文版。杨小卿撰）

参考文献

1. 盛洪：《经济学透视下的民主》，汤敏、茅于轼主编《现代经济学前沿专题》第二辑，商务印书馆，1993。
2. 姚开建、梁小民主编《西方经济学名著导读》，中国经济出版社，2005。
3. 侯书森、孙竹、敖铁编著《诺贝尔经济学奖获得者学术传记全书》，改革出版社，1998。

约翰·福布斯·纳什

作者简介

〔美〕约翰·福布斯·纳什（John Forbes Nash, 1928~　），美国著名经济学家、数学家，国际博弈论领域的顶级权威人士，有"数学天才"与"博弈论大师"之称，1994年诺贝尔经济学奖获得者。

纳什1928年出生于美国西弗吉尼亚州布罗弗尔德。1945~1947年就读于匹兹堡的卡内基技术学院，获理科学士学位。1948年9月，年仅20岁的约翰·纳什来到普林斯顿大学就读研究生。他来到数学系，带上卡内基工学院的R. L. 达芬的只有一句话的推荐信。这封信简单地说："此人是一个天才。"作为他的论文导师，图克教授几年后写道："有时我认为这封推荐信未免夸张，但是我认识纳什愈久，愈倾向于同意达芬是对的。"1950年纳什以《非合作博弈》这一论文获该校数学博士学位，1951年该论文发表在《数学年报》上。1950~1951年，纳什执教于普林斯顿大学，1951~1959年，执教于麻省理工学院数学系，1958年纳什出现精神病症状，直到大约在30年后方告平复。1991年以纳什事迹为题材，名为《美丽心灵》的影片在美国上演，并获4项奥斯卡奖，不久又有更贴近纳什事迹的名为 A Brilliant Madness 的影片上映。根据电影改编的同名小说也有中文译本。1994年，纳什、豪尔绍尼（J. C. Hansanyi）和泽尔藤（R. Selten）三人，由于在博弈论方面作出突出贡献共同获得了诺贝尔经济学奖。纳什现任普林斯顿大学高级数学研究员。

博弈论实际上是一种方法论，或者说是数学的一个分支，于 20 世纪初由一些数学家率先提出，涉及用数学公式表达棋、牌类选手下棋和出牌技巧。1944 年，大数学家约翰·冯·诺伊曼与经济学家奥斯卡·摩根斯坦相识于普林斯顿大学，并合作出版了《博弈论与经济行为》一书，该书标志着博弈论取得了重大进展，并且成功地把博弈论与经济分析结合在一起。从此，普林斯顿大学成为世界上博弈论研究的中心。1950 年，该校年仅 22 岁的数学博士约翰·纳什连续发表了两篇划时代的论文：《N 人博弈的均衡点》、《讨价还价问题》。次年，他又发表了《非合作博弈》。这一切为非合作博弈论以及合作博弈的讨价还价理论奠定了坚实的基础，同时为博弈论在 50 年代形成一门成熟的学科作出了创造性的贡献。可以说，纳什的著作并不多，仅凭一篇关于非合作博弈的博士论文和其他两篇相关文章就已确立了他博弈论大师的地位。到 20 世纪 50 年代末，他已是闻名世界的大牌科学家了。

20 岁出头时就提出了著名的纳什均衡论，30 岁后却不幸得了精神分裂症，此后 30 多年在其前妻艾莉西亚的爱心呵护和普林斯顿大学诸多朋友和同事无私的帮助下，又从他的世界中逐渐清醒过来，并获得了诺贝尔经济学奖。约翰·纳什是所有诺贝尔奖得主中最不幸的，但又是不幸中最万幸的人。

《非合作博弈》

本书精要

《非合作博弈》一文,是纳什对非合作博弈研究的总结,也是纳什的代表作,该文区分了合作博弈与非合作博弈,对于两人以上的非合作博弈可能出现什么样的结果,提出了分析方法,这一方法可以用"纳什均衡"来称谓。

作品内容

纳什1951年发表的数学博士学位论文《非合作博弈》(Non-Cooperative Games, *The Annals of Mathematics*, Second Series, Volume 54, 1951)的主要贡献可以概括为两点:第一,明确地区分了合作博弈与非合作博弈,并指出,在合作博弈中可以达成有约束力的协议,而在非合作博弈中则不能达成;第二,对于两人以上的非合作博弈,可能出现什么样的结果,纳什提出了分析方法,这一方法可以用"纳什均衡"来称谓。后来对博弈论的许多讨论,都是建立在纳什均衡这一概念之上的,或修正它,或完善它。

一 纳什均衡

可以这样来理解纳什均衡:如果其他局中人不改变策略,那么任何一个局中人都不能通过改变自己的策略来得到更大的效用或收益。纳什进一步证明,在有限个局中人参加的有限行为博弈中,至少存在一个这样的均衡。

假定在某一博弈中,如果每一局中人都熟知他的对手们所选择的策略,局中人关于对策可能达成一致;但如果局中人倾向于选择一种不一致的策略,则就不会有人考虑这种一致而自我强迫服从这种策略。因此,从这个意义上来讲,自我强迫协议是组成一个纳什均衡的必要条件。但是,并不是每一个纳什均衡都是一个自我强迫协议。

如何达成对策的一致(即纳什均衡)呢?纳什认为,一个可行的方法是所有局中人进行直率的谈判。我们并不能保证局中人会达成一致,也无法说会达成何种一致;但是,若达成的一致是上述自我强迫型的,则一定是一个均衡,而且是纳什均衡中的一个集合。

二 囚徒困境与纳什均衡

"囚徒困境"是由纳什的导师图克提出的博弈论的经典案例。该案例假定,参与一桩犯罪的两个嫌疑人A、B被隔离审讯,每个因犯有交代(并供出他人)与否定参与过犯罪两项选择,检察官给他们的政策是坦白从宽,抗拒从严。如果只有一个局中人交代,该局中人将得到宽大仅被罚1个月监禁,另一个被罚8个月监禁;如果都否定,他们将依法监禁2个月(只能根据已掌握的证据);如果都交代,他们将各被监禁5个月(因为交代了检察官尚不知道的更大的犯罪事实)。结果两人为了各自的利益均将坦白交代——似乎是明智的策略。

假定因徒A与B的选择将使他们得到如表1所示的报酬矩阵。其中左边的数字是组合决策给A带来的利益,右边的数字是组合决策给B带来的利益。由于是被监禁、各自得到的是负利益,所以各个数字前加上负号。因犯A与B有四种决策组合,分别是(坦白,坦白),(坦白,不坦白),(不坦白,坦白),(不坦白,不坦白),括号中前后两种策略分别为因徒A和B所选择的策略。

表 1　囚徒困境

		囚犯 B	
		坦 白	不坦白
囚犯 A	坦 白	-5, -5	-1, -8
	不坦白	-8, -1	-2, -2

仔细观察上述矩阵，可以发现囚徒 A 和 B 都面临一种两难境地。最终的可能结局是双方均坦白即（坦白，坦白），每一方都从利己的目的出发，结果损人不利己，既不利己，也不利人，偏离帕累托最优，表现出个人理性与团体理性的冲突。

为什么会是这一结局呢？原因在于不管对方如何决策，坦白对自己更有利，坦白成为囚犯 A 和 B 各自的上策。上述结局构成了一种博弈均衡状态，当对局者选择的都是上策的时候，这种均衡叫做上策均衡。

在以上的对局中，各个对局者都有一个上策，个人选择自己的上策就达到了均衡。但在实际上可能出现对局的一方没有上策的情况。假定在表 2 中两个厂商的规模不同，他们起初的市场份额和利润结构就会有所差别，降价或不降价策略的选择也就会对双方产生不同的影响。

表 2　不同市场份额厂商的价格战

		厂商 B	
		降 价	不降价
厂商 A	降 价	40, 20	65, 25
	不降价	35, 55	60, 40

从表 2 报酬矩阵我们可以发现，无论厂商 B 如何选择，A 的利润极大化的策略都是降价，也就是说 A 有一个上策。但是，如果厂商 A 选择降价，B 的最优选择是不降价；而如果厂商 A 选择不降价，厂商 B 的利润极大化策略是降价，因此 B 没有上策，也就是说，B 的最佳选择取决于 A 的选择。

上述对局中是否存在着均衡呢？回答是肯定的。既然厂商 A 的上策是降价，在给定厂商 A 降价的选择下，厂商 B 的最优选择是不降价，因此，对局的均衡结局应该是在矩阵的右上角，即（降价，不降价）。这一均衡就是纳什均衡。纳什均衡是指在对手选择既定的情况下，每一个对局者的选择都是最佳选择。上策均衡是指无论对方如何选择，每一个对局者的选择都是最优选择，符合纳什均衡的定义。上策均衡是纳什均衡的一种特殊情况，但纳什均衡却不一定是上策均衡。

在现实生活中还可能出现对局双方都没有上策的情况，"性别之战"是一个很好的例子。一对情侣准备共度周末，男的喜欢听音乐会，女的喜欢看电影。当然，两个人都不愿意分开活动。不同的选择给他们带来的满足如表3所示：

表3　性别之战

		女	
		音乐会	电影
男	音乐会	2，1	0，0
	电影	0，0	1，2

从表3可以看到，只要在一起，不管是听音乐会还是看电影，两人都会得到一定的满足，但听音乐会会使男的更加满意，看电影则使女的得到更大程度的满足。如果分开，双方得不到任何满足，因此效用都为零。

在这样一个对局中，男女双方都没有上策。实际上，他们的最优策略都依赖于对方的选择，一旦对方选定了某一活动，另一个人选择同样的活动就是最好的策略。显然，两个人都去听音乐会即（音乐会，音乐会）是一种均衡状态；两个人都去看电影即（电影，电影）也是一种均衡状态。因此，在这个对局中，同时出现了两个均衡状态，这两个均衡都是纳什均衡。类似性别之战的博弈在博弈论中也称之为"协调博弈"，因为这种博弈出现了多个纳什均衡，需要双方进行协调才能达到一个最后双方都能接受的均衡。

实际上，在类似"性别之战"的博弈中，达到一个现实的、双方都能接受的纳什均衡并不是一件容易的事情。问题的关键在于，纳什均衡给双方带来的利益是不同的，在任何一种均衡状态中，一方总是会比另一方能得到更多的好处。当然，热恋中的情人完全可以为心上人牺牲自己的爱好，纳什均衡有可能成为现实。但如果博弈双方是利润极大化的厂商，情况就不会这么简单。公共技术标准的争夺就是一个典型的例子。当今世界存在着两种高清晰度电视（HDYV）的技术标准，一种是日本厂商使用的日本标准，另一种是欧洲厂商采用的欧洲标准。假定这两类厂商的技术标准的策略选择将使他们得到如表4所示的报酬矩阵：

表4 高清晰度电视技术标准的争夺

		欧洲厂商	
		日本标准	欧洲标准
日本厂商	日本标准	100, 50	30, 20
	欧洲标准	0, 0	60, 90

由表4可见，对日本厂商来说，如果日本厂商和欧洲厂商都采用日本标准，他们将获得最大报酬；类似的，对欧洲厂商来说，他们的最大报酬要求双方都采用欧洲标准。由此可见，协调对双方都非常重要，如果他们各自采用自己的标准，他们的得益都将远远低于采用同一种标准的情况。

在这一对局中，我们也可以找到两个纳什均衡点，即（日本标准，日本标准），或者（欧洲标准，欧洲标准）。也就是说，全球无论统一在哪一种标准上对各自都是有好处的。但实际情况是，日本与欧洲至今并未达成有关高清晰度电视技术标准的协议，他们仍在各自发展自己的标准。而且美国人又开发了美国标准，毕竟厂商之间的竞争不同于恋人之间偏好的差异，纳什均衡不一定是最可能出现的结局。

上面我们用浅显的例子解释了纳什均衡的含义和它对经济学及其他学科的巨大贡献。当然，它也存在一些问题，如纳什均衡假定：每个人将别人的策略视为给定，选择对自己最有利的策略，即如果其他局中人不变换策略，任何单个局中人不能通过单方面变换策略来提高他的效用或收益。这种完全信息的假定并不符合实际情况；同时，纳什均衡并不一定导致帕累托最优，正像囚徒困境那样。

简要评述

《非合作博弈》一文，是纳什对非合作博弈研究的总结。这里，他扩展了冯·诺依曼和摩根斯坦关于博弈的研究。冯·诺依曼和摩根斯坦只研究了二人零和博弈，证明了最小最大定理。纳什的工作是扩展的N人博弈的情形，定义了一般的非合作博弈，并且证明了一般的存在性定理。冯·诺依曼和摩根斯坦的最小最大定理是纳什定理的一个特例。

纳什对博弈论的贡献是基础性的，他证明了均衡点的存在性并说明了博弈论是一个严密的理论分析工具。博弈的均衡就是对行为的预测，他的想法和技巧为经济学研究从传统的价格理论向强调决策主体相互依存、相互影响的现代经济理论的转变架起了一座桥梁。现在，博弈论已经改造了研究经济学理论的许多重要分析方法，得出了许多新的结论，不仅如此，博弈论也成为法学、政治学、社会学分析中重要的方法。任何一个严肃的社会科学家都应当了解和掌握博弈论的分析方法。纳什说，我们进行工作的方法是研究一个问题：什么是对理性讨论博弈行为的理性预测？利用一项理性预测应当是唯一的，局中人应能推导和利用它……

导师图克教授对纳什论文的评价是：这是对博弈论的一项高度创造性和重要的贡献。它发展"非合作博弈"的观念和性质，自身很有趣的有限N人博弈，它可能打开超越零和二人博弈之外的许多以前未接触的问题。这篇论文在思想和写作上完全是作者自己的。另一位经济学家奥曼的评价是：纳什均衡无疑是在经济学中应用最多的唯一博弈理论解概念。经济学应用包括寡头垄断、进和出、市场均衡、搜索、区位、谈判、产品质量、拍卖、保险、业主—代理人问题、高等教育、差别待遇、公共财货，等等。在政治方面的应用包括股票、武器控制和检查，以及大多数国际政治模型。生物学应用则研究策略均衡的形式。它们揭示均衡的一种解释，与通常的明显理性主义很不同。

在1950～1953年的短短几年时间里，纳什对博弈论有三项最根本的贡献。

第一，纳什引入合作和非合作博弈的区别。在前一类博弈中局中人可以缔结强制执行的协定，也可以对其他局中人发出不能改变的威胁。那就是说，他们可以完全忠于特定的策略。与此对比，在非合作博弈中，这种自我效忠是不可能的。

第二，作为非合作博弈的一种自然的解的概念，纳什引入了均衡点的概念，现在通常描述为纳什均衡。他也证明它们在一切有限博弈中的存在性。

第三，作为二人合作博弈的一种解的概念，他提出了纳什谈判解，首先对有固定威胁的博弈，以后也对可变威胁的博弈。他也说明在后者中两个居中人的最优策略将有最大最小和最小最大性质。

纳什这一时期的贡献是鼓励博弈理论家们培植合作和非合作博弈论作为基本独立的两个学科，并集中于合作理论。但在25年后同样还是这些文章却将鼓励转移到非合作博弈论和局中人之间谈判的非合作模型。与纳什同时获奖的豪尔绍尼和泽尔藤在博弈论方面的研究，很大程度上也基于纳什的上述工作。

由于纳什在博弈论方面的重大贡献，瑞典皇家科学院将1994年诺贝尔经济学奖颁发给他。瑞典皇家科学院教授卡尔—高兰·茅勒说："纳什博士的非合作博弈均衡分析，以及对博弈论的所有其他贡献对最近20年中经济理论的发展方式有深刻影响。"

博弈论目前已经成为经济分析的主要工具之一，在现代经济学中占有非常重要的地位。

（据 Non-Cooperative Game，*The Annals of Mathematics*，Second Series，Volume 54，1951。杨小卿撰）

参考文献

1. 聂海峰：《纳什的〈非合作博弈〉》，范家骧、刘文忻主编《西方经济学名著提要——微观经济学卷》，江西人民出版社，2007。
2. 黄亚钧主编《微观经济学》，高等教育出版社，2000、2005。
3. 侯书森、孙竹、熬铁编著《诺贝尔经济学奖获得者学术传记全书》，改革出版社，1998。

约翰·肯尼斯·加尔布雷思

作者简介

〔美〕约翰·肯尼斯·加尔布雷思（Galbraith, John Kenneth, 1908~2006年）是美国当代著名的经济学家和社会批评家，经济学中的新制度主义学派最重要的代表。

加尔布雷思1908年出生于加拿大的一个农场主家庭，是苏格兰移民的后代。1931年毕业于加拿大安大略农学院，在该校主要学习农业经济和畜牧。之后到美国伯克利的加利福尼亚大学继续研究农业经济，1933年获硕士学位，次年又获博士学位。1934年到哈佛大学任讲师，教授农业经济学。在伯克利，加尔布雷思研读了马歇尔的《经济学原理》，学习了凡勃伦的著作。凯恩斯的思想曾对青年加尔布雷思也有一定的影响。

加尔布雷思不仅是一位经济学家、社会批评家、新制度主义代表与哈佛大学教授，同时也是一名哲学家、作家、杂志编辑与外交家。加尔布雷思曾经管理过"二战"时的美国的物价管理局，是从罗斯福到肯尼迪直到约翰逊政府的高级顾问，并在20世纪60年代初出任驻印度大使，他是美国民主党的元老之一，曾担任《财富》杂志编辑，在哈佛、斯坦福、伯克利教授经济学与政治学。

加尔布雷思总共出版了40余部著作，其代表作有四部：《美国的资本主义：抗衡力量概念》（1952）、《丰裕社会》（1958）、《新工业国》（1967）和《经济学与公共目标》（1973），这些著作奠定了他在经济学非主流却又影响深远的位置。他写作的范围宽广得令人难以想象，除了严肃的经济学著作与畅销书外，他还出版了小说与剧本，其中一部被搬上了百老汇，版税收入超过了他多年来从事教学收入的总和。他还具有一种令人难以置信的幽默感与嘲讽精神，这一点使他看待世界的方式永远与众不同，正如他相信的世界中的"抗衡的力量",他是个天生的"非正统"角色。

加尔布雷思的学术著作有一个明显的特征,那就是一经面市,往往都会成为畅销书。这种现象在经济学家中是很少见的。但也正因此,有人认为加尔布雷思不是真正的理论经济学家,只是一名畅销书作者。尽管如此,大多数人还是承认加尔布雷思的学术成就。1972年,加尔布雷思当选为美国经济学会主席。作为非正统经济学家,能获得这一荣誉是非常不容易的。有人认为他的声望"足以使所有在世的经济学家相形见绌"。①

据说加尔布雷思也是有史以来身材最高的经济学家,身高2.04米。1973年,作为美国经济学会代表团的团长,加尔布雷思带领托宾、里昂惕夫等先后担任过美国经济学会主席的著名经济学家访问了中国。回国后出版了《中国之旅》(A China Passage)一书,向西方读者描绘了他在中国的所见所闻。在书中,加尔布雷思认为中国经济将走出一条不同于苏联,也不同于欧美国家的道路。

晚年的加尔布雷思最有影响的一件事是应英国广播公司(BBC)的邀请,拍摄一部电视片。1973年,BBC邀请加尔布雷思拍摄一部关于经济学史的电视系列片,定名为《不确定的年代》。这部电视片对资本主义经济和从古迄今的经济思想进行了非常系统地回顾和评论。这部电视片的基调是激进的,其中一部分还通过凡勃伦式的嘲弄的风格介绍了19世纪资本主义国家的罪恶和资本主义的顽疾,以及贵族阶级强盗般的行为方式和道德标准。

电视片播出之后,立即引起了保守派的恐慌,他们也如法炮制,邀请著名的自由主义经济学家弗里德曼拍摄了一部为资本主义及其个人主义信条辩护的电视片《自由选择:个人声明》。但弗里德曼的电视片的影响远不及《不确定的年代》那么大。

加尔布雷思2006年4月29日在美国马萨诸塞州的剑桥去世,享年97岁。他曾经两次获得美国自由勋章,一次是在1946年由杜鲁门总统授予,另一次是在2000年由克林顿总统颁发。

---

① 〔英〕马克·布劳格:《凯恩斯以后的100位著名经济学家》,冯炳昆、李宝鸿译,商务印书馆,2003,第102页。

《美国的资本主义：抗衡力量概念》

∽ 本书精要 ∾

本书是美国新制度主义经济学家加尔布雷思的代表作，他提出了"抗衡力量"理论来解释垄断资本主义自动调节经济的力量，认为垄断并未造成低效率，甚至有益无害。

∽ 作品内容 ∾

加尔布雷思于 1952 年出版了《美国的资本主义：抗衡力量概念》（*American Capitalism: The Concept of Countervailing Power. Boston: Houghton Mifflin*）一书，提出了用"抗衡力量"理论来解释垄断资本主义。

一 抗衡力量的概念

加尔布雷思认为，大型垄断企业已经取代了自由竞争的市场体系，成为市场结构的主体。按照传统理论解释，垄断将带来无效率。但是这种现象并没有发生。经济现实中之所以没有出现垄断导致的无效率，是因为存在竞争。但这种竞争不是传统经济学意义上的自由放任，而是来自另一种垄断者的对立面的竞争。这是垄断的最大的约束力量，这就是抗衡力量。"对付实力强大的公司的办法实际上不是不准它集中，而是要有另一家与之匹敌的公司来抵消其实力。"①

其实，加尔布雷思的抗衡力量概念已经离开了凯恩斯，也与张伯伦的"垄断竞争"理论不同。他的理论前提是把资本主义经济视为一种对抗性的二元结构。这一理解源自制度主义的奠基人凡勃伦及制度主义的另一位代表人物康芒斯。康芒斯提出的弥补资本主义缺陷的方法是增强交易中处于弱势的一方的权力，使交易双方在权力平等的基础上实现均衡。比如在劳资关系中通过工会增强劳动者的权力，维护劳动者的利益。

二 抗衡力量的形成

加尔布雷思认为在资本的集中过程中会形成对立的、中和的、抗衡的力量——工会、合作社、连锁商店、买方和卖方大公司以及新出现的资本主义联合组织等等。他们为了保持自己不受损害、组织反击性的议价力量，以钳制、抵消、中和寡头的垄断权力并分享这些寡头的一部分垄断权力和垄断利润。加尔布雷思指出，出现了代替竞争的对私人力量的新的限制。他们是由削弱和破坏竞争的同一个集中过程造成的，但是它们不是出现在市场的同一方，而是出现在市场的另一方；不是出现在竞争者当中，而是出现在消费者和卖者当中。如果要适当给这种竞争的对立物起一个名字，那我就称之为抗衡力量。②

加尔布雷思认为，权力巨大的垄断企业的"抗衡力量"主要有工会、合作社组织、买方或卖方的大公司和新出现的资本主义联合组织。在他看来，在劳动力市场上，垄断组织是强大的买主，而工人则是弱小的卖者。由于工人长期受到垄断组织的损害，这就促使他们联合起来组成工会，并发展成为抗衡力量。他还认为，垄断组织的势力越大，工会的力量也越强。这样工人既能保护自己，又能分享利润。特别是在经济高涨的时期，劳动力市场需求旺盛，工会的抗衡力量会超过垄断组织的力量，这时垄断

---

① 〔美〕加尔布雷思：《我们时代的生活：加尔布雷思回忆录》，江苏人民出版社，1999，第305页。

② J. Galbraith, *American Capitalism: The Concept of Countervailing Power.* Boston: Houghton Mifflin, 1952, p118.

组织就不再抵制工会增加工资的要求。加尔布雷思甚至认为，工会作为一种强大的"垄断势力"与大公司一样已经成为"既得利益者"；工会势力过大和"专家组合"对工会的迁就态度，是造成"工资——物价螺旋上升"和非工会会员就业困难的主要原因。

加尔布雷思认为，小商品生产者可以建立合作社组织，形成一种和垄断组织抗衡的力量。在消费品市场上，消费者虽然自己并不组织抗衡力量，但是他们要求零售商为消费者的利益而组织和发展抗衡力量，加尔布雷思把各种合作社组织（包括农民的合作社）看做现代资本主义社会，特别是它的消费品市场上抗衡力量的表现。

此外，加尔布雷思断言，在生产资料销售市场上，厂商数目虽然不多，但是作为买主的大公司钳制了作为卖者的大公司。例如，作为钢铁大买主的美国巨型汽车制造公司的权力，钳制了作为卖主的巨型钢铁公司的垄断权力。这就表明，垄断权力的运用已被抗衡力量抵消了。

现实中的抗衡力量来自与垄断企业相竞争的公司，来自消费者合作社，来自工会。因为它们的存在，垄断企业的行为受到约束，无效现象并未普遍发生。但是，抗衡力量自发形成的可能性并不大，这就需要政府直接的扶持，政府在经济中要承担新的作用。政府的关键功能是在那些必须发展抗衡力量的领域帮助发展抗衡力量。政府在这里发挥的作用已经远远超出了凯恩斯主义的主张。

三 抗衡力量的作用

在加尔布雷思看来，"抗衡力量"的意义不仅在于它不会使经济力量无限集中的巨型企业成为垄断组织，而且在于它取代了竞争成为"市场的调节者"。于是，由于"新的"抗衡力量，现代资本主义既摆脱了垄断统治，又消除了竞争的破坏性作用。

加尔布雷思在阐明"抗衡力量"理论的同时还认为，垄断组织的存在不仅是无害的，而且对社会来说是一种幸福，是值得欢迎和赞美的事情，他甚至指责美国资产阶级对托拉斯和康采恩等垄断组织的"进步"作用估计不足。加尔布雷思千方百计地想证明，垄断组织是技术进步的体现者。

在《美国的资本主义：抗衡力量概念》中，他写道："仁慈的天命大概使现代工业成了推动技术革新的绝妙工具，因为现代工业是由几个大公司构成的。"① 他还进一步说："如果工业要沿着进步的道路前进，那它不可避免地要有某些垄断因素。"②

简要评述

《美国的资本主义：抗衡力量概念》一书的出版，使加尔布雷思在学术界声名鹊起。1953年，美国经济学会还专门组织了一次研讨会来讨论这本书。加尔布雷思作为制度主义者的声誉也是由这本书所确立的。

加尔布雷思的理论是非正统经济学的理论，但他却不折不扣地是一位西方主流社会的精英。作为美国民主党的资深成员，先后供职于四任政府，先后四次作为竞选班子主要成员参与总统选举，与各国政要保持着密切的关系。他的社会地位恐怕是当代任何一位经济学家（无论是正统的还是非正统的）都无法企及的。加尔布雷思的理论与他的社会实践和政治生涯不无联系。正因为广泛地接触现实，他对现实的把握显得更为准确。不像学院经济学家，他的每一个理论都紧扣经济现实。他虽然没有用晦涩高深的数学模型来阐述经济理论，但他的理论却很难反驳，同时也正因为浅显易懂，加尔布雷思恐怕也是读者最多的经济学家。凭借他的社会声誉和威望，加尔布雷思向公众普及了制度主义理论，他也因此成为最具影响力的新制度主义者。

加尔布雷思是西方学术界名气最大的非正统经济学家之一。在西方经济学界，非正统经济学一直受到主流经济学的排斥，因此我们熟知的西方经济学家绝大多数都是主流经济学家。加尔布雷思为什么能够冲破主流经济学的层层阻力，取得不逊色于任何一位正统经济学家的卓越成就？我们从他的成长经历中不难找到答案，那就是——实践。

---

① J. Galbraith, *American Capitalism: The Concept of Countervailing Power*. Boston: Houghton Mifflin, 1952, p91.
② J. Galbraith, *American Capitalism: The Concept of Countervailing Power*. Boston: Houghton Mifflin, 1952, p93.

加尔布雷思的一生从来没有离开现实来分析问题。他不拘泥于书本知识，敢于挑战权威理论，敢于质疑形式主义的"学术规范"，同时他也勇于承认自己的错误，并结合现实发展及时地纠正错误。作为学者，"理论联系实际"是大家常常挂在嘴边的一句话，但真正能做到这一点的又有多少呢？我们看到的往往都是生搬硬套、脱离实际以及玄而又玄的理论模型。从加尔布雷思的经历中，我们可能会得到某些启示。

　　加尔布雷思的理论源于实践，同时又面向大众。他的著作都写得通俗易懂，而且还有不少著作成为畅销书。这一现象对于学术著作来说到底是好是坏，在理论界尽管有争论，但至少能说明经济学本身并不晦涩。

（据〔美〕加尔布雷思《美国的资本主义：抗衡力量概念》，王肖竹译，华夏出版社，2008。杨小卿撰）

参考文献

1. 徐光远、李贤、杨伟等著《当代西方经济学十大理论热点——近年来诺贝尔经济学奖获得者主要理论研究》，中国经济科学出版社，2008。
2. 〔美〕加尔布雷思：《我们时代的生活：加尔布雷思回忆录》，江苏人民出版社，1999。
3. 〔英〕马克·布劳格：《凯恩斯以后的100位著名经济学家》，冯炳昆、李宝鸿译，商务印书馆，2003。

罗纳德·哈里·科斯

作者简介

〔美〕罗纳德·哈里·科斯（Ronald Harry Coase, 1910~ ），1991年诺贝尔经济学奖获得者，新制度经济学的开创者，美国芝加哥大学法学院教授。

罗纳德·哈里·科斯，1910年12月29日出生在伦敦的威尔斯登。他的父亲是邮局的一个电报员，父母都在12岁离开学校，对学术方面没有兴趣，兴趣在于体育运动。科斯也对运动感兴趣，但主要兴趣还是在学术研究。他是独生子。他母亲教育他要诚实守信，他说："我努力遵循她的教诲。"

科斯是个有腿疾的男孩子，常需要在腿上附加铁制的零件。所以他上的是地方委员会办的残疾人学校。11岁时，他错过了地方中学的入学考试，12岁时才被允许参加中学奖学金考试。1929年10月他进入伦敦经济学院学习。在那里，阿诺德·普兰特教授关于亚当·斯密"看不见的手"学说的演讲，深深吸引了科斯。科斯说："普兰特不仅影响他的思想，还改变了他的一生。"1931年，伦敦大学授予科斯一笔欧奈斯特·卡塞尔爵士旅行奖学金，这使他走上了成为一位经济学家的道路。依靠卡塞尔旅行奖学金，科斯在美国度过了1931~1932学年。那时他研究美国工业的结构，目的在于发现工业为什么以不同方式组织起来。他主要靠访问工厂和企业进行这个项目的研究。他在经济分析中引入了"交易费用"这一新概念，并用以解释为什么有企业。这些思想成为1937年科斯发表《企业的性质》文章的基础。1934~1935年，他在利物浦大学任教，1935年以后，在伦敦经济学院任教。1951年科斯获得了伦敦大学理学博士学位，同年移居美国。

刚到美国，科斯就进了布法罗大学，在那里他做了7年教授（1951~1958年）。1959年，在行为科学高等中心工作一年之后，他加入弗吉尼亚大学经济学系。科斯对联邦通讯委员会做了研究，它管制美国广播业，包括配置无线电频率谱。他写了一篇文章，在1959年发表，讨论这个委员会遵循的程序，并且提议如果频率谱的利用由定价系统确定而给予出价最高的人将更好。这一点引起成功的投标人将得到什么权利的疑问，科斯讨论的是一个财产权系统的合理性问题。芝加哥大学的一些经济学家们认为他的论点有一部分是错误的。于是他又写了一篇文章《社会成本问题》，更详细、更精确地阐明了自己的见解，1960年发表了这篇文章。

自1964年以来，科斯任芝加哥大学教授和《法学与经济学杂志》主编。科斯在1978年当选为美国文理研究院研究员，1979年，被授予"美国经济学会杰出会员"称号。现已退休，任芝加哥大学法学院荣誉经济学教授和高级法学与经济学研究员，在研究工作上仍然十分活跃。

科斯是继布坎南之后不用数学方法研究经济学的诺贝尔奖获得者，他是美国经济学家中研究最具特色的一个。1994年5月，他在接受中国记者的采访时说，"我从未学习过经济学类的课程，从没有。那使得我的思维不受任何约束，十分自由。这是一个优势。如果我去接受经济课程的训练，就会学习一些技巧和思维方式，然后透过那些有色眼镜去观察这个世界。我幸好不曾有那种眼镜。这是对我产生影响的主要因素。不是谁对我产生什么影响，而是一些偶然事件对我产生影响。"

按照瑞典皇家科学院的公告，科斯的主要学术贡献在于，揭示了"交易费用"在经济组织结构的产权和功能中的重要性。科斯"因为对经济的体制结构取得突破性的研究成果"，荣获1991年诺贝尔经济学奖。

科斯的主要著作包括：《企业的性质》（1937）、《边际成本争论》（1946）、《美国广播业：垄断研究》（1950）、《联邦通讯委员会》（1959）、《社会成本问题》（1960）、《经济学中的灯塔问题》（1975）、《企业、市场与法律》（1988）。

《企业的性质》与《社会成本问题》

∽ 本书精要 ∽

《企业的性质》与《社会成本问题》是美国经济学家科斯的成名作和代表作,也是新制度经济学的经典著作。在第一篇论文中,科斯用"交易费用"的概念解释了企业的起源、企业的规模及企业的组织形式;第二篇论文批评了庇古关于"外部性"问题的补偿原则,论证了交易成本为零和产权明确的前提下,市场交易即使在出现社会成本的场合也同样有效,被称为"科斯定理"。

∽ 作品内容 ∽

科斯曾出版过《美国广播业:垄断研究》一书,发表过 18 篇文章。不过可以肯定,他的名气仅仅是这两篇文章带来的:《企业的性质》(The Nature of the Firm, *Economics* Vol. 4, 1937)和《社会成本问题》(The Problem of Social Cost, *Journal of Law and Economics* Vol. 3, 1960)。这两篇著名论文不仅是科斯的代表作,而且也是新制度经济学的经典著作。

科斯"因为对经济的体制结构取得突破性的研究成果",荣获 1991 年诺贝尔经济学奖。他的杰出贡献是发现并阐明了交易费用和产权在经济组织和制度结构中的重要性及其在经济活动中的作用。

一 用交易费用解释企业的起源、企业的规模及企业的组织形式

这是科斯《企业的性质》一文的中心思想。在科斯之前,制度经济学

的代表人物之一康芒斯已系统阐述了"交易"这一范畴。他将"交易"与正统经济学的"生产"范畴相对应。"生产"活动是人对自然的活动，"交易"活动是人与人之间的活动，这两类活动共同构成人的全部经济活动。康芒斯进而将"交易"分成三种基本类型：买卖的交易，即平等的人之间的交换关系；管理的交易，即上下级之间的命令和服从关系；限额的交易，主要指政府对个人的关系。[①] 科斯基本接受了康芒斯有关"交易"的理论，但他在此基础上对"交易费用"进行了集中探讨。科斯的贡献与创新表现在如下几个方面。

第一，在正统经济学中，企业被视为生产函数，市场关系由供求函数表达，无论上述何种"交易"实际上都被假定是在瞬间完成的，即"交易"活动不是稀缺的，因此"交易"未被纳入真正以研究稀缺资源如何达到最优配置为目的的经济学之中。

第二，21岁的科斯在准备课程讲稿时，就开始冥思苦想一个令他迷惑的问题，即企业的起源和纵向一体化问题。这一问题可发展为，既然经济个体之间可以通过市场交易实现生产合作，为什么还要存在企业？是什么因素决定了企业规模？在相继生产阶段或相继企业之间，为什么既存在长期合同关系，又存在纵向一体化现象，等等。在科斯看来，"交易"这一范畴的首要含义在于，交易活动是稀缺的，是可以计量和比较的，因而应该而且可能纳入经济学分析轨道。

第三，《企业的性质》一文独辟蹊径地讨论了产业企业存在的原因、企业规模扩展的界限及企业的组织形式，科斯创造了"交易费用"（Transaction Cost）这一重要的范畴来予以解释。所谓交易费用，即"利用价格机制的费用"或"利用市场的交换手段进行交易的费用"，包括提供交易条件（即度量、界定和保证产权）的费用、发现交易对象和交易价格的费用、讨价还价的费用、订立和执行合约的费用等。

自亚当·斯密以来，经济学界一贯将专业化程度的提高等同于效率的提高或资源的节约，这就是所谓"斯密定律"的基本内容。然而，经济生活中出现了与专业化相反的趋势，相继生产阶段或相继产业的专业化的企

---

① 〔美〕康芒斯：《制度经济学》上册，于树生译，商务印书馆，1981，第74~86页。

业之间的合并。这一事实构成正统经济理论无法解释的悖论：如果一体化不能带来利益，人们实行非专业化的动机何在？运用"交易费用"这一范畴，科斯认为，当市场交易成本高于企业内部的管理协调成本时，企业便产生了，企业的存在正是为了节约市场交易费用，即用费用较低的企业内交易代替费用较高的市场交易；企业规模被决定在企业内交易的边际费用等于市场交易的边际费用那一点上；相继生产阶段或相继产业之间是订立长期合同，还是实行纵向一体化，则取决于两种形式的交易费用孰高孰低。

《企业的性质》一文，是科斯在 21 岁时，获得学士学位前，在访美途中构思的，随后于 1937 年发表。在经济学中，"一体化"和"专业化"是两个意义相反的概念。企业存在的原因主要是"纵向一体化"。企业是由许多专业化的个人组成的；纵向一体化就是处于相继生产阶段或相继生产的专业化的企业之间的合并。建立企业和实行纵向一体化，能带来交易费用的节约，即经济节约。

科斯的企业理论可以概括为下面几点：(1) 交易费用就是为了完成交易而发生的费用；(2) 市场和企业为可相互替代而不相同的交易机制，因而企业可以取代市场实现交易；(3) 企业取代市场实现交易有可能减少交易的费用；(4) 因此，市场交易费用的存在决定了企业的存在；(5) 企业在"内化"（internalization）市场交易的同时产生额外管理费用，当管理费用的增加与市场交易费用节省的数量相当时，企业的边界趋于平衡（不再增长或扩大），企业的边界：节省的交易费用 = 增长的管理费用；(6) 企业采取"一体化"或"专业化"的组织形式也是由各自交易费用大小的对比决定的。

二 用交易费用分析了外部侵害问题，创立了"科斯定理"

科斯的另一篇著名论文是《社会成本问题》，该文研究了交易费用为零时合约行为的特征，批评了庇古关于"外部性"（externality）问题的补偿原则（政府干预，赋税—津贴原则），并论证了在产权明确的前提下，市场交易即使在出现社会成本（即外部性）的场合也同样有效。科斯发现，一旦假定交易成本为零，而且对产权（指财产使用权，即运行和操作中的财产权利）界定是清晰的，那么法律规范并不影响合约行为的结果，即最优化结果保持不变。换言之，只要交易成本为零，那么无论产权归谁（如污染权归企业，或不被污染权归居民），都可以通过市场自由交易达到资源的最佳配置，即最有效率的结果就会出现。换言之，在交易成本为零和产权清晰的情况下，初次合法权利的界定与资源配置的有效性无关。斯蒂格勒（1982年诺贝尔经济学奖获得者）将科斯这一思想概括为"在完全竞争条件下，私人成本等于社会成本"，并命名为"科斯定理"。

综上所述，科斯运用"交易费用"范畴既解释了企业的起源、企业的规模及企业的组织形式，又分析了外部侵害问题，或负外部性问题，创立了"科斯定理"。

简要评述

20世纪80年代以来，科斯的上述理论在西方经济学界备受推崇。科斯的这两篇主要论文获得了罕见的殊荣。1987年，美国耶鲁大学专门举行了纪念《企业的性质》一文发表50周年的学术讨论会，该文被誉为新制度经济学的开山之作。《社会成本问题》也被公认为新制度经济学的经典。这两篇论文一经发表，即被广泛援引和热烈讨论，大概是全部现代经济学文献中被引用最多的文章了。近十多年来，它们已被北美许多大学经济学专业列为研究生必读文献。

西方经济学界对科斯理论的认同和运用还表现在下述几个方面。

首先，西方经济学界特别是新制度经济学界认为，"交易费用"这一范畴将前人用以解释同一问题的各种因素，如风险因素、信息因素、垄断因素和政府因素囊括起来。因此，这一范畴具有很强的概括力，因而被用于分析更广泛的领域，如代理关系、寻租活动、企业内部考核、外部性问题等，甚至用于分析经济史和政治制度。

其次，科斯运用"交易费用"解释企业起源、企业规模、企业组织形式，被认为是对企业出现和企业纵向一体化现象的科学解释，与斯密关于专业化理论相互映照、相互补充。

最后，科斯主张通过产权明晰化来解决负外部性问题从而实现资源优化配置的观点，不仅具体应用于环境保护经济学和经济法学等学科，而且，在西方学者看来，这一观点进一步论证了自由市场制度实现资源优化配置的可能性。

在第一篇论文《企业的性质》中，科斯提出了人们从未提到过的一个"简单可笑"的问题：产业企业为什么要存在？并借助纯粹的演绎法，由这个问题引出了其中隐藏的一系列惊人的结果。其论点大致如下：购买或雇用生产要素需要签订合同；生产产品和劳务而使用要素的过程需要知道价格，这两方面都要耗费现实的资源；在这样的市场交易费用达到一定水平时，采用按照等级原则而集中起来的组织取代市场机制过程，便是合算的。这种组织就称为"企业"。但是，协调运用的投入要素的成本会随着企业的扩大而上升，这样就给企业的规模确定了一个限度。

这篇文章在最初发表时几乎没有引起人们的注意，后来，当经济学家们越来越多地转向分析家庭和其他非营利、非市场组织的经济学时，科斯关于重视因使用市场而耗费的成本这一具有变革性的思想，才明显地体现出它的全部意义。

第二篇论文《社会成本问题》，与经济学家写的任何一篇文章相比，都迥然不同：它没有用图表和方程，而是律师和法官的引语充斥其间。大部分内容是从逻辑上考证庇古在《福利经济学》（1920）中的那段著名分析。科斯得出一个意义双关的论点来向庇古的结论挑战。第一，如果明确规定一切相关资源的财产权利，并且，一切有关的经济代理者能在一起互相协商，"交易费用忽略不计"，那么，这些代理人自己就会主动地、自愿地达成协议，把污染导致的费用由受害者转到施害者。第二，更令人吃惊的是，在这些条件下可以表明私人议定的、具体应对污染承担的责任形式，并不影响国民收入的价值或构成。第二个命题已经作为"科斯定理"载入文献。第三，科斯指出，即使交易成本高到使"科斯定理"无效，仍然不存在什么政府会使问题改善的假说；必须把"政府的失败"同"市场的失败"相权衡，两害相权取其轻，两利相权取其重。

产权经济学和法律经济学这两个在最近十年左右，从不同经济领域中迅速发展起来的分支学科，可以直接追溯到科斯《社会成本问题》的论文和 1964 年以后他在《法律与经济学杂志》的编辑工作。仅仅由一篇文章就引出一个，更不要说两个完整的经济学分支，这在经济学说史上实属少有。

瑞典皇家科学院院士、诺贝尔奖评委拉思·魏林教授这样评价科斯理论的影响力："基础经济学不得不因此而改观，管理经济学找到了新的支点，经济史的研究增加了新推动力，一门新的学科——法律经济学，在经济学和法学的交叉地带应运而生，传统的法学开始动摇了。"[①]

1991 年罗纳德·哈里·科斯以 80 多岁的高龄为他 20 多岁时发表的论文接受诺贝尔经济学奖而感慨万分。

（据原文和载于《财产权利与制度变迁》中文本，
上海人民出版社 1994 版。杨小卿撰）

参考文献

1. 侯书森、孙竹、熬铁编著《诺贝尔经济学奖获得者学术传记全书》，改革出版社，1998。
2. 范家骧、刘文忻主编《西方经济学名著提要》，江西人民出版社，2007。
3. 汤敏、茅于轼主编《现代经济学前沿专题》第一集，商务印书馆，1989。
4. 〔美〕科斯等著《财产权利与制度变迁——产权学派与新制度学派译文集》，上海三联书店，上海人民出版社，1994。

[①] 转引自侯书森等编著《诺贝尔经济学奖获得者学术传记全书》，改革出版社，1998，第 403 页。

西奥多·威廉·舒尔茨

作者简介

〔美〕西奥多·威廉·舒尔茨（Schultz, Theodore William, 1902~1998年），美国著名经济学家，"人力资本理论之父"，1979年诺贝尔经济学奖获得者。

舒尔茨1902年4月30日出生在美国中部南达科他州阿灵顿郡的一个德国移民家庭，父亲是小农场主。舒尔茨没有上过中学，只在农业学校学习了几年之后，经特准进入南达科他州立学院学习农业经济，1926年获该校理学学士学位，后来又到威斯康星大学攻读硕士学位。1928年，在威斯康星大学获理学硕士学位，1930年于该校获哲学博士学位。1959年获南达科他州立学院理学博士。他曾先后获得格林尼尔学院、密执安州立大学、伊利诺伊大学和智利天主教大学的法学博士学位。

1930年，舒尔茨应聘到艾奥瓦州立大学经济和社会学系任教，3年后晋升为该系教授、系主任。1943年，到芝加哥大学任经济学教授。1946~1961年，他在该校经济系连续担任了15年的系主任。1960年任美国经济学会会长，1972年获该学会最高荣誉勋章——费朗西斯·A. 沃克奖。从1952年直到退休，一直被膺选为芝加哥大学的查尔斯·L. 哈琴森讲座杰出教授。1972年退休后又被聘任为芝加哥大学经济学荣誉教授。

舒尔茨也是一名活跃的社会活动家，早年他就积极参与了美国农业部的各种委员会，后来还担任了联合国粮农组织、世界银行、美国农业部、商务部、联邦储备委员会和美国国会等各种经济小组的顾问，对美国的经济政策、援外政策以及一些国际性机构的经济决策都发挥了积极的影响。舒尔茨丰富多彩的社会活动以及他在学术界的领导地位，使他早在20世纪40年代中期就成为美国著名的经济学家之一，尤其是在农业经济研究和农业政策方面更是公认的权威。

舒尔茨对农业经济学的卓越贡献，特别是他对发展中国家农业政策的分析，使他与威廉·阿瑟·刘易斯同获1979年的诺贝尔经济学奖。同时，尽管他不是人力资本理论的创立者，但他在1960年美国经济学会年会上所作的"人力资本投资"的演说，吸引了一大批人，并把注意力引向研究领域，舒尔茨也因此被称作"人力资本理论之父"。

舒尔茨在他从事经济理论研究的半个多世纪里，共发表了20余部著作和200多篇论文。其中，代表性的著作有：《关税对大麦、燕麦和玉米的影响》（1933）、《训练和充实农村地区社会科学工作者》（1941）、《改变农业政策》（1943）、《不稳定经济中的农业》（1945）、《农业的生产和福利》（1949）、《不发达国家经济发展的衡量》（合著，1951）、《农业的经济组织》（1953）、《教育的经济价值》（1963）、《改造传统农业》（1964）、《世界农业中的经济危机》（1965）、《经济增长与农业》（1968）、《人力资本投资：教育和研究的作用》（1971）、《人力资源》（1972）、《人口质量投资》（1981）等。较有影响的论文有：《教育引致的资本形成》（1960）、《人力资本投资》（1961）、《处理不均衡能力的含义》（1975）、《寿命、健康、储蓄与生产率》（合著，1979）以及《低收入国家对人口质量的投资》（1979）等。

《人力资本投资》

本书精要

本文探讨了人力资本与经济增长的关系、人力资本投资的范围和内容以及人力资本对策,被称为是美国经济学家舒尔茨人力资本研究新领域的"独立宣言"。

作品内容

《人力资本投资》(*Investment in Human Capital*)一文载于《美国经济评论》1961年3月号,是舒尔茨在1960年美国经济协会的年会上以会长的身份做的演讲,后来被人们称为人力资本研究新领域的"独立宣言"。

全文除序言外共有四个部分:回避人力投资;来自人力资本的经济增长;人力资本投资的范围和内容;对政策的断语。下面分别介绍。

一 回避人力投资

舒尔茨首先分析了为什么许多经济学家都回避研究人力资本问题。即使有少数人曾对人力资本作过某些考察,但他们也很少将之纳入经济学的核心内容。他指出,经济学家们虽然早已知道,人是国民财富中的一个重要部分,从劳动与产出的关系来看,现在人类的生产能力远远大于其他形式的生产能力之总和,但是,他们却回避这样一个简单的事实:人类是不断地对其自身进行巨额投资的。回避人力资本的原因，一方面是由于传统的价值观念不允许把自由人看做资本物品；另一方面是由于进行定量分析时的需要而有意地把问题简化了。这样劳动就被看做一种完全脱离资本而纯粹天生的能力。因此，人力资本至今没有被纳入经济学的正规核心内容。

舒尔茨的观点同古典的劳动概念正相反，后者认为劳动是同质的，是从事体力劳动的能力，它仅需要少量的知识和技能。而舒尔茨却认为，人力资源是体现在劳动者身上的一种资本类型，它用劳动者的数量和质量（即劳动者的技术水平、工作能力和熟练程度）来表示，通过投资而形成，并起着生产性作用。

二 来自人力资本的经济增长

随后，舒尔茨使用人力资本的概念，分析了战后发达国家经济增长（尤其是日本和西德的经济复兴）中出现的用传统资本理论无法解释的三个谜：（1）根据传统理论，资本—收入比率将随经济的增长而提高，但是统计资料却表明这个比率不断下降。舒尔茨认为，这是因为没有把人力资本因素考虑在内。人力资本的增长不仅比物质资本，而且比收入更快。（2）根据传统理论，国民收入的增长与资源耗费的增长将同步进行，但统计资料显示的结果却表明，国民收入远远大于投入的土地、物质资本和劳动力等资源总量。舒尔茨认为，投入与产出间的增长速度之差，一部分是由于规模收益，另一部分是由于人力资本带来的技术进步的结果。（3）"二战"后，工人工资大幅度增长，它反映的内容是传统理论所无法解释的一个谜。舒尔茨则指出，这个增长正是来自人力资本的投资。

上述分析有力地证明了人力资本在经济增长中所起的作用，同时也从反面揭示了发展中国家之所以经济落后的根本原因在于缺乏人力资本投资。他分析道，发展中国家的资本吸收能力差，向这些国家提供的新资本通常被用于建筑物、设备，而没有被用来增加人力资本。所以人的能力不能与物质资本保持齐头并进，这就构成了经济发展的限制因素。由此看来，发展中国家缺乏的不仅是物质资本，更缺乏的是人力资本。

三　人力资本投资的范围和内容

舒尔茨在这部分区分了人力资本投资和消费,分析了人力资本形成方式和人力资本内容。舒尔茨指出,区分消费支出和人力资本投资支出,无论在理论上还是在实际处理上都是很困难的。可以设想三类支出:一种是能满足消费偏好但丝毫不提高人的生产能力的支出,这是纯粹的消费;另一种是能提高生产能力但丝毫不能满足消费偏好的开支,这是纯粹的投资;还有一种是能同时具备上述两种效果的支出,这类支出部分是消费、部分是投资。所以,用支出来衡量资本形成的方法,是适合于物质资本投资分析,但对于人力资本投资就不是很合适了。

舒尔茨将人力资本的投资内容概括为以下五个方面。

第一,在职人员训练。它包括企业所采用的旧式学徒制。在职人员训练支出是相当可观的,所以,由此产生出一个重要的问题:由谁来负担这笔费用。加里·贝克尔曾就此提出了一个原理:在竞争市场上,受雇者支付自己的全部训练费用;在职人员训练最初可能使工人的净收入减少,随后会使之增加。

第二,教育。它包括初等、中等和高等教育。教育成本是指学校直接用于教育的费用和学生上学期间所放弃的收入。教育成本的增长非常迅速,它的增长速度分别是消费者收入和物质资本总额的增长速度的3.5倍。劳动者教育水平的提高会对个人收入产生巨大的影响,而对国民收入的影响则更大。在1929~1959年间,国民收入增量中有30%~50%来源于教育的收益。

第三,医疗和保健。它包括影响一个人的寿命、力量、耐力、精力等方面的所有费用。保健活动既有数量要求又有质量要求,其结果必然是提高人力资源的质量。

第四,企业以外的组织为成年人举办的学习项目,包括农业中常见的技术推广项目。

第五,个人和家庭为适应就业机会的变化,而进行的迁移活动。

在上述五个方面中,最为关键的是教育和培训。

四 对政策的断语

舒尔茨在这部分提出了以下9项政策主张：（1）在税收政策上应该对人力资本给予优惠；（2）防止人力资本的闲置和老化；（3）避免对人力资本的投资进行人为的干扰；（4）完善人力资本市场，银行应积极主动地提供人力资本投资所需的费用，以鼓励私人和公共的投资；（5）政府应该承担人力资本投资的大部分费用，特别是资助农业劳动力向城市的转移；（6）重视低收入者（如黑人、农民、老年工人）的人力资本投资；（7）明确教育和保健同样具有经济意义，它们是一项投资，要扭转投资在这方面的不平衡；（8）增加政府收入、扩大人力资本投资，以减少收入的不平等；（9）对于发展中国家来说，离开大量的人力资本，要取得现代化农业和现代工业的富足是完全不可能的，所以，发展中国家最需要重视对人力资本的投资。

简要评述

本文发表后被人们称为人力资本研究新领域的"独立宣言"，舒尔茨因此被推崇为创立人力资本经济学的开山鼻祖。

由于在经济学领域内的创新和贡献，他于1979年12月10日登上斯德哥尔摩诺贝尔经济学奖的领奖台。

对于舒尔茨来说，令人称道的还不止于经济学上的贡献，他还是一位教育家。舒尔茨长期在学校从事教学组织工作。舒尔茨为人师表，具备循循善诱、长于启发和谦虚待人的品德，深得同事和学生们的称道。舒尔茨在经济学的研究和教学中取得的业绩，与他博采众长的谦虚作风是分不开的。

舒尔茨说："世界上大多数人是穷的，所以如果我们懂得穷人的经济学，我们会懂得许多真正重要的经济学。世界上大多数穷人靠农业谋生，所以如果我们懂得农业经济学，我们会懂得许多穷人的经济学。"

（据1961年3月《美国经济评论》。杨小卿撰）

《改造传统农业》

本书精要

本书是舒尔茨早期的集农业经济学和人力资本理论于一体,专门研究发展中国家农业问题的一部独树一帜的专著,它分析了传统农业的特征,传统农业停滞落后的原因及对传统农业的改造,是舒尔茨最有影响的代表作。

作品内容

《改造传统农业》(*Transforming Traditional Agriculture*)一书原为英文版,1964年由耶鲁大学出版社出版,1976年被纽约时代出版社收入"世界粮食供给"丛书。中译本由梁小民翻译,商务印书馆1987年出版。全书共有12章,探讨了以下主要问题。

一 传统农业的基本特征

第1~4章主要分析了传统农业的基本特征。舒尔茨认为,传统农业是指完全以农民世代使用的各种生产要素为基础的农业。从经济分析的角度来看,传统农业应该被作为一种特殊类型的经济均衡状态。这种均衡状态的特点表现在:第一,技术状况长期大致保持不变,即所使用的生产要素与技术长期未发生变动;第二,如果把生产要素作为收入的来源,那么获得与持有这种生产要素的动机也是长期不变的，即人们没有增加传统使用的生产要素的动力；第三，传统生产要素的供给和需求也处于长期均衡的状态。由此可见，舒尔茨所说的传统农业实际上是一种生产方式长期没有发生变动、基本维持简单再生产、长期停滞的小农经济。

二　传统农业停滞落后、不能成为经济增长源泉的原因

第5~6章主要分析了传统农业停滞落后的根源。舒尔茨认为，传统农业停滞落后、不能成为经济增长源泉的根源，并不是农业储蓄少或缺乏企业家，而在于传统农业中对原有生产要素增加投资的收益率太低，对储蓄和投资缺乏足够的经济刺激。为了说明这一点，舒尔茨提出了"收入流价格"理论。他指出，收入是一个流量概念，它由每单位时间内既定数量的收入流量所组成，因此收入流的增加就等于经济有了发展。要得到收入流，必须获得收入流的来源——生产要素。生产要素有价值，也有价格，因此可以用收入流来源（生产要素）价格的供求关系决定收入流的价格，即收入的形成。

舒尔茨用收入流价格理论解释了传统农业停滞落后、不能成为经济增长源泉的原因。一方面，在传统农业中，由于生产要素和技术状况不变，所以持久收入流来源的供给是不变的，即持久收入流的供给曲线是一条垂直线；另一方面，传统农业中农民持有和获得收入流的偏好和动机是不变的，所以对持久收入流来源的需求也不变，即持久收入流的需求曲线是一条水平线。这样，持久收入流的均衡价格就长期在高水平上固定不变。这就说明了来自农业生产的收入流来源的价格是比较高的，即传统农业中资本的收益率低下。所以，传统农业的贫穷落后及其不能为经济增长作出贡献的根本原因在于资本收益率低下，从而就不可能增加储蓄和投资，也无法打破长期停滞的均衡状态。

舒尔茨还分析了发展中国家的粮食生产问题，其基本观点可以归纳为以下三点：（1）世界上大多数穷人可以依靠农业来维持生计，摆脱世界性贫困的出路是增加世界粮食生产；（2）地球有潜力大规模地增加粮食产量，世界性贫困是一个可以克服的问题；（3）当前阻碍粮食产量增加的主

要问题,是人的素质和其他投入品质量的低下,被捐赠政府及国际捐赠机构造成的经济扭曲。

三 改造传统农业的途径

第 7~12 章主要研究了如何才能改造传统农业的问题。舒尔茨认为,改造传统农业的关键是要引进新的现代农业生产要素,这些要素可以使农业收入流价格下降,从而使农业成为经济增长的源泉。那么,如何才能通过引进现代生产要素来改造传统农业呢?舒尔茨提出了以下三个途径。

1. 建立一套适于传统农业改造的制度

舒尔茨认为,在改造传统农业中,重要的制度保障是:运用以经济刺激为基础的市场方式,通过农产品和生产要素的价格变动来刺激农民;不要建立大规模的农场,要通过所有权与经营权合一的、能适应市场变化的家庭农场来改造传统农业;改变农业中低效率的途径不在所有制形式,即土地的所有者并不住在自己的土地上,也不亲自进行经营的状况,而应当实行居住所有制形式,即土地所有者居住在自己的土地上并亲自进行经营。这样他对情况比较了解,便于对市场的变化作出反应,根据市场组织生产。就制度而言,存在两种方式:命令方式和市场方式。舒尔茨认为,苏联政府拥有全部农业机械、肥料和对农业的大量投资,但他们仍无法发展一个现代化、高效率的农业部门……从莫斯科发出的指令代替不了市场价格。苏联的事实也就是其他贫穷国家的事实。

2. 从供给和需求两方面为引进现代生产要素创造条件

为了供给新生产要素,就需要政府或其他非营利企业研究出适于本国条件的生产要素,并通过农业推广站等机构将它分发出去;从需求来看,要使农民乐意接受新生产要素,就必须使这些要素真正有利可图。

3. 对农民进行人力资本投资

舒尔茨是人力资本理论的倡导者之一。他认为,人力资本是经济发展的一个主要源泉。在改造传统农业中,应当对农民进行人力资本投资。投资不仅应该包括物质资本,更重要的是人力资本,即进行正规教育、在职培训和保健工作等,其中教育是一种长期的、有效的形式。对于发展中国家来说，初等教育是最有利的，这种教育成本低廉，收益较高。他的收益率大大超过了物质资本投资的收益率。同时，人力资本投资的收益既包括农民及其家庭收入的增加，也包括农民为之效劳的农场收入的增加，更包括社会收益的提高。

简要评述

舒尔茨长期专注于农业经济和以农业为基础的经济发展问题的研究，对农业经济学的发展和发展经济学的进步作出了突出贡献。

舒尔茨对农业经济学所作的一个贡献是，使农业经济学成为现代经济学中不可分割的一部分，同时摈弃了把农业问题局限在农业的范围内的传统，他从一开始就坚信农业经济学的教育和研究必须以一般经济学为基础。

在农业经济研究中，自20世纪50年代起，舒尔茨就提出并倡导了人力资本理论，被西方经济学界称为"人力资本概念之父"。他认为，由教育、保健、人口流动等投资所形成的人的能力的提高和生命周期的延长，也是资本的一种形式。舒尔茨得出人力资源是经济和社会发展的重要原因的结论，这对于整个经济学的发展产生了重大而深刻的影响，解开了"二战"后日本、德国乃至西方国家经济迅速发展之谜。

舒尔茨是最早研究经济发展理论的学者之一，与一般发展经济学家的观点不一样，他在经济发展策略上强调的不是工业，而是农业。

由于舒尔茨在研究农业以及整个经济的发展方面作出了突出贡献，1979年被授予诺贝尔经济学奖。瑞典皇家科学院的公告说："舒尔茨对农业发展潜力的分析是根据一种均衡观点。它是传统生产方法与现有更有效的方法之间的差距，创造了动态发展必需的条件。舒尔茨用这个观点，对发展中国家的工业化政策和它们对农业的忽视，提出了详细的批判。舒尔茨是把教育投资如何能影响农业以及整个经济的生产率的分析系统化的第一人。"

（据商务印书馆1987年中译本。杨小卿撰）

参考文献

1. 严明初、王捷：《舒尔茨的〈人力资本投资〉》与《舒尔茨的〈改造传统农业〉》，姚开建、梁小民主编《西方经济学名著导读》，中国经济出版社，2005。
2. 侯书森、孙竹、熬铁编著《诺贝尔经济学奖获得者学术传记全书》，改革出版社，1998。
3. 杨瑞龙、宋利芳主编《西方经济学经典名著选读》第二版，中国人民大学出版社，2007。

威廉·阿瑟·刘易斯

作者简介

〔美〕威廉·阿瑟·刘易斯（William Arthur Lewis，1915~1991年），美国著名经济学家，发展经济学先驱之一，1979年诺贝尔经济学奖获得者，也是第一个获此殊荣的黑人经济学家。

刘易斯1915年1月23日出生在原英属西印度群岛的圣卢西亚岛（现为圣卢西亚共和国）首府卡斯特里的一个黑人移民家庭，父母亲都是中学教师。刘易斯1932年参加了圣卢西亚政府学者资格考试，被选送进入英国伦敦政治经济学院学习经济学。在思想保守、等级分明和种族歧视严重的英国，一个来自附属领地岛屿上的黑人青年，要进入英国大学学习实属不易。1937年刘易斯获得了伦敦经济学院商学学士学位，1940年获该校产业经济学博士学位并留校任教，先后任助教、讲师。当时，聘请一个黑人青年到英国大学任教是极罕见的，这一任命曾在各大学引起了轰动。但刘易斯的才智终于战胜了社会上的偏见，1948年，年仅33岁的刘易斯到曼彻斯特大学担任斯坦利·杰文斯政治经济学讲座教授，开始系统研究发展经济学。他在这所大学执教十余年，直到1958年，才离开曼彻斯特大学，就任西印度学院院长，1962年该院扩大成西印度大学，他任该校第一任副校长。1963年，刘易斯到美国普林斯顿大学任教。从1968年起他在该校的伍德罗·威尔逊学院担任詹姆斯·麦迪逊政治经济学讲座教授。1986年，刘易斯从普林斯顿大学退休，住在巴巴多斯岛上，其住所就位于西印度大学的科维·希尔校园附近。1991 年，刘易斯在他的住所去世。

刘易斯不仅是一位经济学家，而且也是一位著名的社会活动家。他一生中担任过许多重要的行政职务和社会职务，其中包括：1943 年，他被英国政府任命为英国殖民地经济顾问委员会的负责人；1951 年任联合国总部不发达国家专家小组成员；1953 年任黄金海岸政府顾问；1955 年任尼日利亚政府顾问；1957~1958 年任加纳共和国总理经济顾问；1959~1960 年任联合国特别基金代理管理主任；1966~1973 年任加纳大学校长；1970~1974 年任加勒比开发银行总裁；1982 年任美国经济协会会长。

刘易斯终生致力于发展经济学领域的研究，1979 年他同另一位美国经济学家西奥多·舒尔茨共同获得了该年度的诺贝尔经济学奖。

刘易斯最著名的发展经济学著作是《劳动无限供给条件下的经济发展》（1954）和《经济增长理论》（1955）。其他著作包括：《1919~1939 年经济概览》（1949）、《经济计划原理》（1949）、《西非政治》（1965）、《发展计划：经济政策的实质》（1966）、《经济发展的若干方面》（1969）、《1883~1965 年热带贸易概览》（1969）、《1870~1913 年的增长与波动》（1978）以及《国际经济秩序的演变》（1978）等。

《劳动无限供给条件下的经济发展》

∽ 本书精要 ∾

《劳动无限供给条件下的经济发展》是美国经济学家刘易斯最著名的代表作和发展经济学二元结构理论的奠基石之一。该文提出了两个有名的经济发展模型：封闭经济中的二元结构模型与开放经济中的二元结构模型。

∽ 作品内容 ∾

刘易斯发表于英国《曼彻特学报》1954年5月号的论文《劳动无限供给条件下的经济发展》(Economic Development with Unlimited Supplies of Labour) 分为两部分：第一部分是封闭经济；第二部分是开放经济。相应的，刘易斯在这篇论文中，提出了两个有名的经济发展模型：第一个是用来解释发展中国家二元经济发展机制及其运行问题的封闭经济模型；第二个是用来解释发展中国家与发达国家之间贸易条件确定问题的开放经济模型。

一 封闭经济中的二元结构模型

刘易斯的二元结构理论有三个假设前提：(1) 劳动无限供给，即劳动与其他生产要素相比数量如此之多，使得劳动的边际生产率等于零，或者是负数。甚至在工资降低到仅够维持生存的水平的时候，劳动的供给仍然超过需求；（2）二元经济结构，即国民经济中同时存在两种性质不同的部门：一个是以现代化方法进行生产的资本主义工业部门，另一个是以传统方式为基础的农业部门；（3）工资水平不变，现代工业部门的工资水平取决于传统农业部门的工资水平。

刘易斯认为，在不发达经济的两部门中，只有现代化的城市工业部门是增长的主导部门，农村中的传统农业只是被动地起作用。工业部门增长的动力来自资本积累，资本积累来自利润的再投资，利润又来自对剩余劳动的有效利用。他将经济发展过程分为两个阶段。在第一个阶段，由于工业资本不多，无力吸收全部剩余劳动，因此无论对劳动力的需求怎样扩大，总能在不变的低工资水平上源源不断地得到劳动供给。这样工业总产值中利润部分的增长速度将大大超过工资部分增长的速度，于是进入第二阶段。在第二阶段，劳动等生产要素的供给弹性很低，工资也不再固定不变，技术进步的利益也不全部归于利润，两个部门的收入将随着劳动边际生产率的提高而上升，二元经济也逐步变为一元经济。

刘易斯强调经济发展的关键是资本积累。产出剩余越多，资本形成越大，农业剩余劳动力转移就越快，经济发展进程也就越迅速。因而他认为经济发展理论的中心问题是要理解一个由原先的储蓄和投资占不到国民收入4%或5%的社会本身变为一个自愿储蓄增加到占国民收入12%～15%以上的经济过程。

那么，如何借助于传统农业部门剩余劳动力向现代工业部门的就业转移来提高储蓄率？刘易斯提出了以下三种方式：第一，有利于储蓄阶级的收入分配政策。由于地主的收入主要用于奢侈性消费，而生产性投入主要来源于利润，因此，应该把知识和技术进步的全部成果都转化为超额利润。第二，直接利用传统部门中无限供给的农业剩余劳动力创造资本。也就是说，可以在不必增加其他要素或稀缺资源，也不必减少消费品产量的情况下创造出资本品。第三，增加货币供给量，通过扩大信贷的办法直接利用无限供给的过剩劳动和其他闲置资源来生产资本品。

二 开放经济中的二元结构模型

一个国家的资本积累一旦超过劳动资源的供给，该国的剩余劳动就趋向于枯竭，封闭经济中的发展过程也就必然停止。但是从全世界的范围来看，其他国家仍然有可能存在着丰富的剩余劳动，那就可以通过移民、资本输出和国际贸易等形式，继续谋求实现劳动无限供给条件下的经济发展。

就移民而言，大量非熟练劳动的国外移民的流入，可以丰富本国的劳动资源，并抑制工资水平的上升，从而保证利润的增加和资本的积累。但是大量移民一般会遭到流入国工会的抵制，因而通过移民实现经济发展存在很大的困难。

资本输出一方面固然可以因减少输出国国内固定资本的形成，而减少对劳动的需求，但另一方面却可以因此而抑制工资水平的上升，从而使利润和资本都得到增加。国内利润的下降或国内工资的上升，是资本输出的前提条件；国外劳动力资源丰富、投资环境良好以及投资效益较高等综合条件，是资本输出获利的保证。

资本输出可以采取投资和贸易的形式，它们对二元经济发展的影响，取决于输出国与输入国之间的竞争类型及贸易条件的状况。也就是说，在开放经济中，国际贸易能够促进经济发展，但成败关键在于贸易条件对自己是否有利。刘易斯认为，贸易条件是由双方各自生产粮食的农业劳动生产率决定的。发展中国家以初级产品与发达国家的加工产品相交换时，由于发达国家的农业劳动生产率高，因此贸易条件将不利于发展中国家。如果发展中国家的农业劳动生产率不变，即使其他初级产品的劳动生产率提高了，贸易条件仍然处于不利的状况之中。其原因是发展中国家初级产品劳动生产率提高所带来的收益，总是以降低产品价格的形式转移到发达国家。所以，发展中国家只有不断提高本国农业部门的劳动生产率，才能改变其不利的贸易条件。

为此，刘易斯认为，发展中国家应该通过以下四项措施来调整国际经济发展战略：（1）发展中国家应摆脱对发达国家的经济依赖，注意开发国内市场和发展民族工业；（2）应加强发展中国家之间的经济合作，重视开发发展中国家之间的贸易市场；（3）发展中国家应把提高农业部门的劳动生产率当做根本战略任务，只有这样，才能既改善封闭条件中的贸易条件，又能改善开放经济中的国际贸易条件，促进国际经济新秩序的形成；（4）发展中国家应采取必要的保护贸易制度和正确的对外经济政策。

简要评述

在西方经济学界，以往的著名理论大都是以分析发达国家经济为对象，从发达国家的利益出发的。而刘易斯是第一位比较系统地分析不发达国家经济增长，为落后国家出谋划策的经济学家。他的分析对于发展中国家确定发展方式，制定适合国情的经济政策有着一定的指导意义。刘易斯不仅在经济发展理论中作出了开创性的贡献，而且对推动经济发展也作出了实际的贡献。因此，1978年他被英国女王晋封为勋爵，并在1979年与美国经济学家西奥多·舒尔茨共同获得了诺贝尔经济学奖。

瑞典皇家科学院的公告说："刘易斯研究了发展中世界人口贫困的原因和对不满意的经济发展速度有基本意义的问题。为了描写和说明不发达的内在问题而设计的他的两个著名理论说明模型，赢得了很大赞扬。它们也引起广泛的科学辩论，产生对刘易斯原来的前提的一系列变化和补充。这些模型也是证实它们的现实主义结构和有用性的经验检验的题目。"诺贝尔奖评选委员会也指出，刘易斯与舒尔茨都"深切关心世界的贫穷和需要，致力于寻求摆脱不发达状态的道路"，为各国经济发展政策的选择作出了贡献，他的二元结构理论后来为当代经济学家广泛引证。

刘易斯是第一个获得诺贝尔经济学奖的黑人经济学家。作为一个黑人学者，刘易斯任职之多、阅历之广、名声之大是少见的。其所以如此，不仅因为他具有聪明才智和刻苦奋斗的精神，还由于他在经济学方面有独到的见解，对经济学的发展作出了突出贡献。不少发展中国家争相聘请他当经济顾问，一些关于发展中国家经济发展的会议也往往少不了邀请他参加，而他本人也一再宣称是代表第三世界经济利益的。

刘易斯的二元经济理论，对于正在崛起的中国制定经济发展政策也具有借鉴意义。

（据〔美〕刘易斯《劳动无限供给条件下的经济发展》，《二元经济论》，北京经济学院出版社，1989年版。杨小卿撰）

参考文献

1. 杨瑞龙、宋利芳主编《西方经济学经典名著选读》第二版，中国人民大学出版社，2007。
2. 侯书森、孙竹、熬铁编著《诺贝尔经济学奖获得者学术传记全书》，改革出版社，1998。
3. 芦潮：《刘易斯〈劳动无限供给条件下的经济发展〉》，姚开建、梁小民主编《西方经济学名著导读》，中国经济出版社，2005。

卡尔·冈纳·缪尔达尔

作者简介

〔瑞典〕卡尔·冈纳·缪尔达尔（Karl Gunnar Myrdal，1898～1987年），瑞典经济学家，1974年诺贝尔经济学奖获得者。

1898年12月6日，卡尔·冈纳·缪尔达尔出生于瑞典卡尔卡利亚省古斯塔夫教区塞尔沃博村的一个普通农民家里。童年时，他经常下地帮助父母干活，长期的农村生活对他的思想产生了重要影响。他十分自豪地说，地道的农村生活使我信仰清教徒的理想，并赞赏平均主义思想。1919年，年满21岁的缪尔达尔以优异成绩考入斯德哥尔摩大学。这时，他放弃了研究自然科学的志向，改学法律，不久又迅速转向经济学。他觉得经济学的方法比法律更加接近于自然科学。

1923年，缪尔达尔大学毕业后当了律师，但他对经济学的兴趣有增无减，缪尔达尔一面工作，一面刻苦钻研经济理论，投身于著名经济学家克努特·威克塞尔、戴维·戴维森等人门下，虚心求教。1923年，他发表了《价格形成和经济变化》一文，获得了经济学博士学位，并被任命为斯德哥尔摩大学经济学讲师。

1925～1929年，这位年轻经济学家访问了英国、法国和德国。1929～1930年，缪尔达尔获得了洛克菲勒奖学金到美国学习。1933年，年仅34岁的他便被任命为斯德哥尔摩大学政治经济学和公共财政学希尔塔讲座的教授，接替了国际上知名经济学家、瑞典学派创始人之一卡塞尔的职务。同时，缪尔达尔积极参与政治活动，成为瑞典政治舞台上相当活跃的人物。后来，他多次当选为瑞典社会民主党参议员，并任瑞典财政、经济和社会问题顾问、国家银行董事、瑞典经济计划委员会主席、商务部长和联合国欧洲经济委员会执行秘书等职。1960年，他又回到斯德哥尔摩大学任国际经济学教授，从事教学和经济发展与经济学基本理论的研究。

缪尔达尔宣称，他奋斗的目标是"最大限度地增加社会财富"，使"最大多数人获得好处"。缪尔达尔受教于瑞典学派的鼻祖威克塞尔，他对这位老师和长者十分敬重，但在学术上他并不迷信他，而是大胆创新。1931 年，缪尔达尔发表了《货币均衡论》，对威克塞尔"自然利率"的基本理论进行了重要的修改、补充和发展，一举成为瑞典学派的重要代表人物。

缪尔达尔的妻子阿尔娃（1982 年诺贝尔和平奖获得者）是一位社会学家和西方妇女运动的积极倡导者。阿尔娃不仅在生活上对缪尔达尔关心体贴，还是他在科学研究道路上的同志和得力助手。他俩对人口问题都很感兴趣，认为人口问题是整个社会计划的一部分，是"社会改革的一个关键"。他们通力合作，发表了《人口问题的危机》一书。这部著作不仅引起了瑞典人的关注，而且直接影响了斯堪的纳维亚各国的社会政策。

1938 年，缪尔达尔接受了美国卡内基公司的邀请，以一个"没有种族偏见和完全客观公正态度"的学者身份去美国指导对黑人问题的研究与调查。在种族主义势力极为猖獗的异国进行这种社会调查，其困难和危险可想而知，但缪尔达尔没有退缩，以极大的勇气和毅力，冲破重重阻力，战胜了一个个艰难险阻，对美国社会进行了广泛、深入的调查研究。他前后花了 6 年时间，写成了《美国的困境：黑人问题和现代民主》这部巨著。这部著作在 1944 年获得了安尼斯菲尔德—沃尔夫奖，并赢得了"关于美国黑人问题的第一权威"的美称。

缪尔达尔是一位富有怀疑和批判精神的"现实主义"经济学家。他的《亚洲的戏剧：一些国家贫困的研究》（1968）和《反潮流：经济学评论文集》（1973）等著作集中反映了这一特点。缪尔达尔指出，传统的经济理论完全不适用于不发达国家。他强烈呼吁"摆脱欧洲中心主义强加给我们的思想束缚"，对原有理论加以改造，使之"适合于现实"。

缪尔达尔早期是瑞典学派的主要代表，尤其对一般动态均衡理论的发展作出了重要贡献。20 世纪 40 年代起转向从结构和制度上研究社会经济问题。"二战"后更多地研究发展中国家的贫困和平等化社会改革等问题。

鉴于缪尔达尔在货币理论和经济周期理论方面的成就，为表彰他对经济的、社会的和制度现象的内在依赖性的研究成就，瑞典皇家科学院将 1974 年的诺贝尔经济学奖授予缪尔达尔和另一位经济学家哈耶克。除诺贝尔经济学奖外，缪尔达尔还获得了很多其他荣誉和奖励。1938 年获得哈佛大学名誉博士学位，获得应用人类学会的马林诺斯基奖，1944 年获得安尼斯菲尔德—沃尔夫奖。他是瑞典皇家科学院、英国科学院、美国文理科学院的成员，是经济计量学会和美国经济协会会员。

缪尔达尔的主要著作有：《经济理论发展中的政治因素》（1930）、《货币均衡论》（1931）、《1830~1930 年间的瑞典生活费用》（1933）、《财政政策的经济效果》（1934）、《人口问题的危机》（同其夫人合著，1934）、《人口：一个民主问题》（1940）、《美国的困境：黑人问题和现代民主》（1944）、《国际经济》（1956）、《富裕国家与贫穷国家》（1957）、《超越福利国家》（1960）、《富裕的挑战》（1963）、《亚洲的戏剧：一些国家贫穷的研究》（1968）、《世界贫困的挑战》（1970）、《反潮流：经济学评论文集》（1973）等。

《亚洲的戏剧：一些国家贫穷的研究》

本书精要

本书是瑞典经济学家卡尔·冈纳·缪尔达尔的代表作之一，该书分别从经济、政治和社会等角度探讨了南亚国家发展、进步的症结和重心所在，并提出改革建议与政策主张。

作品内容

《亚洲的戏剧：一些国家贫穷的研究》（Asian Drama: An Inquiry into the Poverty of Nations, 1968）为英文本，1968年由美国众神图书公司和20世纪基金会在纽约出版。全书分3卷，共2500页。

第二次世界大战后，缪尔达尔对不发达国家经济发展问题的研究兴趣与日俱增。由于他1947年开始在欧洲经济委员会任职，故其研究重点在欧洲发达国家。1953年秋天，一次偶然的机会他做了为期6周的南亚旅行，广泛接触了巴基斯坦、印度、缅甸、泰国和印度尼西亚等国家的各个阶层的人士，深入了解了经济、政治和社会问题。这以后又多次访问亚洲其他国家和地区。1957年秋末，他辞去在欧洲经济委员会的职务后，便全力以赴从事南亚地区的经济发展问题研究。在美国20世纪基金会的帮助下，他尽10年（1957~1967年）之功，完成了继《美国的困境：黑人问题和现代民主》之后的另一部百科全书式巨著——《亚洲的戏剧：一些国家贫穷的研究》，在国际学术界和出版界引起了巨大的反响和好评。

全书覆盖了占世界人口近 1/4 的巴基斯坦、印度、斯里兰卡、缅甸、马来西亚、泰国、印度尼西亚、菲律宾、越南、柬埔寨和老挝 11 个国家的情况，分别从经济、政治和社会等不同的角度深入探讨了贫穷国家发展、进步的症结和重心所在，恳切地指出不发达国家在发展过程中应该避免走传统老路，应在人口控制、农业发展、土地分配和科教文卫等方面进行改革和重建工作，并疾声呼吁发达国家应承担起帮助不发达国家取得进步这一责任。以下分三个方面对全书内容作一简要介绍。

一 现状

缪尔达尔通过对各种因素的相互作用、影响的分析，来说明不发达国家的现状。他把这些归于 6 种因素：产出和收入；生产条件；生活水平；生活和工作态度；制度；政策。前 3 种是经济因素，后 3 种是非经济因素。

（1）产出与收入。不发达国家的主要特征之一是生产力水平低下，从而导致国民生产总值和人均国民收入偏低。

（2）生产条件。造成国民生产总值和人均国民收入低下，并影响经济结构和经济活动的是生产条件不良。南亚各国工业部门、农业、手工业的规模小，生产技术落后，资本密集程度低，加之储蓄率偏低，致使资本形成缓慢。而资本形成的缓慢又使道路、铁路、港口和电力等社会间接资本的投资不足，并使劳动生产力无法通过提高资本密集度而增加。劳动生产力低下反过来又成为资本无法大量积累的原因。总之，南亚各国存在的这些不利的生产条件，既是产出和收入偏低的原因，又是其结果。

（3）生活水平。食物摄取不足、居住环境欠佳、卫生医疗设备不完善和文化教育设施过少，反映出南亚各国生活水平低下。生活水平低下固然是生产力和收入低下造成的，但它又成为生产力无法提高和收入无法上升的原因。

（4）生活和工作态度。南亚各国普遍存在工作时间的不足和服从观念的不强，迷信泛滥，缺乏合作的态度和良好的卫生习惯，以及落后的生育观等。

(5) 制度。南亚各国不利于经济发展的制度因素包括：阻碍农业进步的土地所有制度；没有建立起企业、就业、贸易和信用制度；国家不团结；政策不稳定和效率低下；行政部门贪污腐败；地方自治政府无能。这些制度上的缺陷产生于政治的普遍参与程度不够和僵化、不平等的等级制度。

(6) 政策。对上述5个因素任其自然发展，则可能使不发达国家的停滞状态持续恶化。而政策的作用就在于引起生产条件、生活水平、生活和工作态度、制度等4个因素发生有利于发展的变化。这是不发达国家做得不够的。

二 理想

缪尔达尔认为，不发达国家摆脱贫穷困境而取得发展的前提是树立"现代化理想"。他将"现代化理想"的内容和意义概括为以下10点。

(1) 崇尚理性，消除一切迷信和不符合科学逻辑的理论与传统（包括思想、行为、生产、分配和消费诸方式），不发达国家必须进入"科学的纪元"。

(2) 对发展的渴望，这是不发达国家的合理要求。为了协调有关各项发展的政策，还必须有发展计划。

(3) 提高生产力，提高人均国民生产总值，这是发展计划的目标，要实现这个目标必须改进生产技术和生产方式。

(4) 提高生活水平，这是不发达国家人民普遍的希望，也是提高生产力的主要目的。

(5) 社会平等和经济平等，打破社会和经济方面的等级制度，使人们在地位、财富、收入和生活水平等方面享有平等的机会和权利，更大的平等将是促进生产和发展的前提条件。

(6) 制度和态度的改变，这意味着要改变所有陈腐的、传统的社会经济制度和思想观念，以增进劳动效率，增加企业之间的竞争，实现机会均等。

(7) 国家的团结。政府部门既要具有权威又要有效率，不能存在敌对的集团。只有这样，才能坚定、有效地执行国家发展政策。当然，国家团结并不意味着中央政府的高度集权。

（8）国家的独立，这和国家的团结一样，能有效地制定和执行发展政策，从而成为取得发展的先决条件。

（9）政治的民主，这意味着政府行为必须符合人民的利益，并服从多数人的意愿，应该允许人民拥有更多的思想和行动自由。

（10）基层的民主，这是指中央政府应把一部分权力交付给地方政府或区域团体，使它们能处理自身的事务。这样能减少推行的政策阻力。

三　改革

基于上述分析，缪尔达尔认为，不发达国家应积极进行平等的改革。

第一，进行权力关系的改革。缪尔达尔认为，在许多不发达国家，权力掌握在地主、实业家、银行家、大商人和高级官员组成的特权集团手中，这些人大多只顾自己发财致富，不关心国家的发展。所以，要进行权力关系的改革，使权力从特权集团手中转移到下层人民大众的手里。

第二，进行土地改革。不发达国家现存的土地所有制关系和租佃关系严重妨碍了耕种者的积极性和生产效率。因此，必须进行土地所有制关系的改革。改革可以采取多种方式，因国、因时而异。可以把土地平等地分配给耕作者和其他缺乏土地的人；可以组织合作农场等。

第三，进行教育改革。不发达国家的教育制度不但不能促进发展，相反还在阻碍发展。现实情况是，在大量学龄儿童未能入学情况下，中等教育发展得比初等教育快，而高等教育又比中等教育发展得快。而且，这些中等和高等教育，主要不是技术学校和职业学校，而是普通学校和高等学府。这些学校里学生的学习目的是为了获得学位，以谋得一个坐办公室的工作，因此，学生毕业后不愿意去农村和城市贫民区去帮助穷人。只有改革这样的教育制度，才有利于发展。改革的内容是：广泛开展成人教育，优先发展初等教育，发展技术培训和职业培训，以便培养更多更好的教师、医生、技师和农艺师等。

卡尔·冈纳·缪尔达尔

简要评述

《亚洲的戏剧：一些国家贫穷的研究》一书出版后，在国际学术界和出版界引起了巨大的反响和好评。6年后即1974年缪尔达尔和哈耶克一起获得诺贝尔经济学奖。瑞典皇家科学院授予他们两人诺贝尔经济学奖的理由是："由于他们在货币和经济波动理论方面的开创性著作，同时由于他们对经济的、社会的和制度现象的内在依赖性的精辟分析。"[①] 就缪尔达尔而言，说他在货币和经济波动理论方面的贡献，就是指他在二三十年代从事纯粹经济理论研究的结果；说他对经济的、社会的和制度现象的内在依赖性的精辟分析，就是指他在30年代后期以来，从事制度经济学研究的成果。

缪尔达尔研究发展中国家经济发展和社会进步问题，其改革主张与政策建议值得发展中国家借鉴，同时，他大声疾呼发达国家应承担起帮助不发达国家取得进步这一责任，并宣称自己奋斗的目标是"最大限度地增加社会财富"，使"最大多数人获得好处"，更是难能可贵。

值得一提的是缪尔达尔在《亚洲的戏剧：一些国家贫穷的研究》一书中还分析了南亚国家政府官员的腐败问题，并提出"腐败民俗学"这一概念。指出，"腐败民俗学"是一种特殊的社会文化，在这种文化的笼罩下，人们很容易认为，任何一个掌握权力的人都可能为了自己的利益、家庭的利益或自认为应当效忠的其他社会集团的利益来利用权力，并且人们对腐败的愤恨"会基本上变成对于有机会通过不光彩手段营私之徒的羡慕"。简言之，腐败民俗学意味着一种对腐败的认同——容忍腐败，且认为腐败会给自己带来好处。

腐败问题在我们国家同样很严重。清华大学廉政建设研究中心主任任建明表示，腐败文化已经渗透到学校教育系统，不少学生和社会大众一样已经能够容忍腐败，而且认为腐败会给他们带来利益和好处。的确，"腐败民俗学"正入侵校园，侵蚀着国家未来的主人，情势紧迫，我们必须有

---

① 瑞典皇家科学院：《1974年诺贝尔经济学奖文告》，《斯堪的纳维亚经济学杂志》1975年第1期。

所作为。但是,"腐败民俗学"不是一种简单的文化病症。"腐败民俗学"的病灶不在文化层面而在制度机制层面。只要有效惩防腐败的制度机制缺席,廉洁教育难挡"腐败民俗学","腐败民俗学"将所向披靡。

(据〔瑞典〕缪尔达尔《亚洲的戏剧:一些国家贫穷的研究》,谭力文等译,北京经济学院出版社,1992年中文版。杨小卿撰)

参考文献

1. 彭诚:《缪尔达尔的〈亚洲的戏剧:一些国家贫穷的研究〉》,姚开建、梁小民主编《西方经济学名著导读》,中国经济出版社,2005。
2. 侯书森、孙竹、熬铁编著《诺贝尔经济学奖获得者学术传记全书》,改革出版社,1998。

罗伯特·卢卡斯

作者简介

〔美〕罗伯特·卢卡斯（Robert Lucas，1937~ ）美国著名经济学家，理性预期学派和新古典宏观经济学的主要创始人和代表人物，1995年诺贝尔经济学奖获得者。

罗伯特·卢卡斯1937年出生于华盛顿州的雅奇马。他是家里的长子，有一个妹妹和两个弟弟。他的父母从西雅图迁往雅奇马，开了一家卢卡斯冰淇淋店，在1937~1938年经济萧条中倒闭。第二次世界大战中全家又迁回西雅图，父亲在造船厂找到一份工作，而母亲则重操旧业做时装设计师。战后，卢卡斯的父亲在一家商业冷冻机公司找到一份电焊工作，做过绘图员，然后成为一名销售工程师、销售经理，而且最终成为公司的董事长。卢卡斯的父亲没有学院学位，没有工程训练，他是从和他一起工作的人及手册中学会他需要的知识。当卢卡斯在高中学微积分时，帮助父亲解决了一个冷冻机设计问题，并且使用了数学计算。卢卡斯第一次品尝实际应用数学的果实。

1955年，卢卡斯从西雅图的罗斯福公立学校高中毕业后，进入芝加哥大学学习。为了学到更多的经济学基础知识，卢卡斯拿起"战后最重要的经济学书籍"——保罗·萨缪尔森的《经济分析基础》。1960年秋，卢卡斯开始学习米尔顿·弗里德曼的价格理论序列课程。弗里德曼的光彩与深度，吸引着他，也激励着他。"每一堂课后，我设法把弗里德曼讲的东西翻译成我从萨缪尔森那儿学到的数字。我知道我永远不如弗里德曼思维敏捷，但是我也知道如果我开发了一种研究经济问题的可靠的系统的方式，我将到达正确地点。"① "弗里德曼的课程终止了我作为一名谨慎的接近端正的 A 等学生的长期生涯。如果一门课程未必是一种改变生活的经验，我便失去兴趣，只偶尔去听课。"②

卢卡斯先后于 1959 年和 1964 年在芝加哥大学获历史学学士学位和哲学博士学位。1970 年，他任卡内基—梅隆大学经济学教授；随后又于 1974 年任芝加哥大学教授。自 1978 年开始，他担任《政治经济学杂志》的编辑；1979 年以来，他也是美国经济学会执行委员会的成员。1995 年获得瑞典皇家科学院颁发的诺贝尔经济学奖。

约翰·穆斯（John Muth）于 1961 年提出理性预期假说。卢卡斯根据该假说研究经济活动的周期波动问题，掀起了一场"理性预期革命"。卢卡斯坚持认为：由于经济单位的预期是"理性的"，因此财政政策只能在极短期内影响实物产出和就业。卢卡斯以理性预期概念为基础的"新"古典宏观经济学同凯恩斯主义经济学是对立的。瑞典皇家科学院的公告指出"卢卡斯发展并应用理性预期假说改变了宏观经济分析与深化对经济政策的了解"，实际上他成为"理性预期革命"的创立者。

卢卡斯关于理性预期的众多开创性的论文，重印于他的《经济周期理论研究》（麻省理工学院出版社 1981 年版）和他与 T. J. 萨金特合编的两卷本选集《理性预期与经济计量实践》（明尼苏达大学出版社 1981 年版）中。

---

① 转引自侯书森等编著《诺贝尔经济学奖获得者学术传记全书》，改革出版社，1998，第 478 页。
② 转引自侯书森等编著《诺贝尔经济学奖获得者学术传记全书》，改革出版社，1998，第 478 页。

《预期与货币中性》

本书精要

《预期与货币中性》是理性预期学派的主要创始人和代表人物罗伯特·卢卡斯的代表作,文章把理性预期引入宏观经济分析,论证了货币供给量不会对物价、就业与产出产生实际影响,以此反对国家对经济的过多干预。

作品内容

1972年4月卢卡斯在《经济理论杂志》发表了题为《预期与货币中性》(Rational Expectation and the Neutrality of Money, *Journal of Economic Theory*)的论文。这篇文章是他的代表作,货币中性是他获得诺贝尔奖的演讲主题之一。

卢卡斯认为,这篇论文"从三个不同的方面影响着我的探索":在学术观点上,从新古典综合主义立场变成新古典主义立场;在理论假设上,从适应性预期转变为理性预期;在分析方法上,从局部均衡分析发展到一般均衡分析。正是通过这篇论文,作者为自己进行经济周期理论的研究建立了最基本的框架。论文构建了一个高度抽象的经济模型,在这个模型中除了完全信息假设之外,新古典主义的理论框架仍然得到了保留。文章证明了仅仅当经济机构不能完全区分实际的和倾向的需求变动时,货币的变化才具有实际后果,而由于人们对货币政策的理性预期,货币的长期实际作用将不存在，即货币应当是中性的，因而卢卡斯反对任何形式的宏观经济干预措施，理由是，在完全竞争的经济中，市场能够自发调节经济的均衡。政府的作用是制定规则，并向公众公布政策规则以及政府所掌握的各种信息。政府干预经济的政策措施，无论是扩张性的财政政策，还是紧缩性的财政政策，都只会把经济弄得更糟。下面我们来介绍此论文的主要内容及其学术贡献。

一　建立了理性预期学派理论的基本前提

众所周知，"古典学派"理论建立在两个基本前提之上：其一是假定经济主体（消费者或生产者）的行为决策是追求最优（效用和利润最大化）。因此，所谓完全竞争，实际上暗含的假定是，经济主体掌握了与决策有关的完全信息，经济主体在进行当前决策时所预计的未来会发生的情况，总是完全准确地符合未来实际发生的情况，这实质上抽象掉了关于未来的任何不确定性。第二个基本前提是连续的市场出清。它假定价格和工资具有完全伸缩性，通过价格调整使与成交价格相应的供给量与需求量恰好相等。这种成交价格即是均衡分析中的均衡价格。因此，市场出清表示成交价格等于均衡价格。因为只有均衡价格表示需求者自愿买进的数量恰好等于供给者自愿售出的数量。均衡分析在古典经济学中分为两种：瓦尔拉斯一般均衡论与马歇尔的局部均衡论。前者假定各种商品的价格、供给和需求都是相互作用、相互影响的，一种商品的价格和供求的均衡，只有在所有商品的价格和供求都均衡时才能决定。而后者假定某一商品的价格只取决于它本身的供求状况，而不受其他商品（或生产要素）的价格和供求状况的影响。卢卡斯选择前者而弗里德曼选择了后者作为理论前提。

古典学派以后的经济学家能做到的是，要么否定这两大前提的存在，要么寻求更加紧凑而复杂的古典经济学式的前提。以卢卡斯为代表的理性预期学派走的是后一条路，即在选择性接受古典经济学的两大前提基础上，又在这两个大前提中加入新的内容。而这一加入新内容的工作最早主要是由卢卡斯从两个方面实现的。

第一，卢卡斯对穆斯首创的理性预期理论非常重视，并最早把这种思想应用于宏观经济问题的分析。穆斯的理性预期理论（或假说）认为，如果预期是理性的，那么经济主体在当前期能预测未来期将出现的价格值。形成理性预期所依据的信息包含三个组成部分：模型结构的知识、政府政策操作方面的知识以及经济变量过去值的知识。经济主体在当前期主观预测某一变量（如市场价格）在未来期实际会出现的数值，相等于他在当前期所获得的这些信息计算出来的该变量的数学期望值，而后者则等于根据模型结构的有关知识计算出来的市场供求平衡时的均衡价格。所谓理性预期并不意味着人的主观预测必定与客观实际完全一致，而只是假定人们根据当前期获得的所有相关信息计算的数学期望将是最好的预测。

理性预期假说有三个特点：（1）经济主体在当前期形成其预期时已没有任何可得信息可以系统地改善预期结果。（2）如果理性预期的值与实际发生的数值不一致，那么这种预测误差只能来自当前期无法预知的在未来期发生的随机干扰，所以预测误差只能是随机的、不可改善的。（3）随机干扰变量是序列不相关的，且中值为零。就是说各种随机干扰对经济产生的影响有的是正的，有的可以是负的，但其总的影响由于正负一般会相抵，所以中值（平均值）为零。

第二，卢卡斯最早提出不完全信息观点，并将决定经济主体追求最优行为决策的信息由完全信息改为不完全信息。不完全信息法是由卢卡斯最早提出的。建立在以这种不完全信息为基础上的最初的研究，也是卢卡斯在《关于产量与通货膨胀的替换关系的某些国际性证明》等文中进行的。在这篇文章中所得出的价格和产量之间的正相关曲线通常称为卢卡斯供给曲线。

正是由于卢卡斯上述两方面的贡献，理性预期学派才能在古典经济学的两大前提下，尝试着建立有别于古典学派的理论体系，即不确定条件下的均衡经济体系，并致力于解释古典经济学所难以解释的宏观经济的短期波动，以及价格水平对实际产量的影响和价格水平与货币数量的相关问题，特别是对宏观经济政策问题作了有别于凯恩斯主义相机抉择政策的政策无效性说明。

卢卡斯指出，理性预期假说并不排斥资本主义现实经济中固有的不确定因素。恰恰相反，它考虑到并确认不确定因素的随机变动可以使人们的预期值偏离其预期变量的实际值。但是，一旦人们发现了错误就会立即作出正确的反应，把他们的预期很快调整到与有关变量的实际值相一致的水平，因此，人们在预测未来时决不会犯系统的错误。理性预期假说引入经济分析之后，还包括两方面的意义。其一，该假说说明经济当事人对经济前景的主观估计与客观的经济变动之间存在联系，联系的中介就是当事人形成预期所依据的信息，很显然，这种信息不一定是完全的。其二，该假说认为经济生活中的每个活动者，无论个人还是政府，同样都具有预期能力。

二 理性预期与宏观经济分析

卢卡斯把理性预期假说应用于宏观经济分析之中，借以说明产出、就业和失业的总水平。卢卡斯继承了弗里德曼的"自然失业率"论，并把这一概念引入其他经济变量中，认为在既定的微观经济结构中，由于人们对通货膨胀已经形成了理性预期，并据此进行决策和经济活动，因而形成了一种与理性预期相适应的产出、就业和失业水平，即"自然失业水平"。因此，私人自由竞争经济具有内在的稳定性，可以通过市场机制的自发调节实现经济的均衡增长。任何旨在使产出、就业和失业水平偏离其自然率的企图都是徒劳的。

在理性预期和自然率假设的基础上，卢卡斯提出了货币中性论。他认为，由于自然率的存在，货币是中性的。这意味着货币数量的变化对产出和就业的影响同对物价水平的影响是一样的。换句话说，货币数量的变化既可使通货膨胀偏离预期水平，也可使产出和就业发生偏离其自然率的运动。但是，如果货币数量的变化是规则的、可预期的，它就只会影响产出和就业的名义量，而对其实际量不发生任何作用。因此，规则的货币政策只会影响经济的名义变量，而不会对实际量发生影响。这就从根本上否定了规则的货币政策对经济周期的调节作用。

卢卡斯还运用理性预期和自然率假说，来说明失业与通货膨胀之间的关系。凯恩斯主义者认为，失业和通货膨胀之间存在一种稳定的互为消长的关系，政府宏观调控的政策是有效的。货币主义者认为，失业与通货膨胀互为消长的关系，在短期可能存在，但在长期内是不存在的。政府干预在短期内可能有效，在长期内则无效。卢卡斯则认为，负斜率的菲利普斯曲线不论长期或短期都不存在。因为人们的预期是理性的，当政府实行旨在减少失业的扩张性财政政策和货币政策时，人们会正确地预期到价格的上涨是总价格水平的上升，而不是相对价格的提高，因而不会增加产品和劳动的供给，政策实行的结果只会导致更高的通货膨胀。政府干预无论在长期或短期都是无效的。

卢卡斯的结论是，在存在理性预期的情况下，政府的政策只有靠"欺骗"公众才能发挥作用。但公众是不会长期受骗的。一旦公众形成了理性预期，则任何政策都无效。所以，政府不要试图运用经济政策来改变产出、就业等实际变量。政府应该把最理想的一般物价水平作为唯一的政策目标。为了制止通货膨胀，政府应该公开宣布一些永久不变的原则，如规定一个长期不变的货币供应量年增长率，制定一个平均起来能使预算平衡的税率等。一旦人们认为这项政策完全可以信赖，就不会因为政府政策的频繁干预而产生持续性的通货膨胀预期，就能够迅速地、准确地对自己的行为作出相应的调整，一般物价水平就会趋于稳定，而失业不会增加，生产不会下降。

三 新古典宏观经济模型

理性预期假说通过卢卡斯等人的系统表述和应用分析，逐渐发展为一套新的宏观经济模型，即新古典宏观经济模型。

第一，卢卡斯总供给方程。卢卡斯认为，人们的预期对经济行为产生重大影响，从整体和长期来看，人们的预期是合乎理性的，即预期值与未来实际值是一致的。这样，卢卡斯就在传统总供给曲线中加入一个预期变量。

第二，存在理性预期的总需求——总供给模型。此模型包括三个方程：总需求函数方程；总供给函数方程；总需求与总供给的均衡条件。

简要评述

卢卡斯在《预期与货币中性》中把理性预期引入宏观经济分析之中，为宏观经济学找到了微观基础。货币中性也是他1995年获得诺贝尔奖的演讲主题之一。1995年5月，在明尼亚波列斯联邦准备银行的赞助下，还为此论文专门组织了一个25周年的纪念大会。

1995年10月10日，瑞典皇家科学院宣布，把该年度的诺贝尔经济学奖授予美国芝加哥大学教授罗伯特·卢卡斯，以表彰他对"理性预期假说的应用和发展"所作的贡献。并指出卢卡斯的研究，"改变了宏观经济的分析，加深了人们对经济政策的理解"，并对各国政府制定经济政策提供了崭新的思路。

理性预期学派出现的时间虽然并不长，对目前美国和其他各主要资本主义国家的经济政策制定的实际影响也并不大，但它对西方经济学理论的影响却在日益增大，以致一些经济学家将理性预期理论的产生称为"预期革命"。布赖恩·坎特断言："没有对预期的解释，经济理论就不能对一个把将来估计在内的世界中的宏观经济现象的理解作出贡献。"[①]

（杨小卿撰）

参考文献

1. 侯书森、孙竹、熬铁编著《诺贝尔经济学奖获得者学术传记全书》，改革出版社，1998。
2. 周海欧：《卢卡斯的〈经济周期研究〉》，范家骧、王志伟主编《西方经济学名著提要——宏观经济学卷》，江西人民出版社，2007。

---

① 〔美〕布莱恩·坎特：《合理预期理论与经济思想》，《现代国外经济学论文选》第七辑，商务印书馆，1983，第11页。

赫尔伯特·A. 西蒙

作者简介

〔美〕赫尔伯特·A. 西蒙（Simon, Herbert Arthur, 1916~2001年）是美国经济学家，当代企业组织理论和决策理论创建人之一，1978年诺贝尔经济学奖获得者。

西蒙1916年出生于美国威斯康星州。1936年毕业于芝加哥大学政治学系，1943年获得博士学位，1942年起任教于伊利诺工程学院，1947年升任教授。1949年起任卡内基工程学院工业管理系主任，工业管理研究生院副院长，他指导并帮助工业管理研究生院成为美国最好的商学院之一。1966年起一直任卡内基—梅隆大学计算机科学和心理学教授。他出版专著20多种，发表论文400余篇，涉及政治学、行政学、心理学、经济学、管理科学、应用数学、运筹学和计算机等学科。他最主要的著作有：《管理行为》（1947，1976）、《组织理论》（合著，1958）、《管理决策新科学》（1977）等。其中《管理行为》一书是他获得诺贝尔经济学奖的主要著作。西蒙最有影响的贡献在于，在决策理论中，提出了有限理性学说和"令人满意"的决策标准。

《管理行为》

∽ 本书精要 ∽

《管理行为》是美国经济学家西蒙的代表作,在决策理论中,该书推翻了传统理论经济人完全理性的假设,提出了有限理性学说和"令人满意"的决策标准。

∽ 作品内容 ∽

《管理行为》[①] 共两篇 17 章,其主要内容和学术贡献如下。

一 对传统决策理论的检讨

现代经济学的核心是选择理论,这个理论断言,个体决策者(如消费者或生产者)是以最大化某种单一目标(如效用或利润)的方式,有意识地在不同的策略和行为模式中进行选择的。经过数理统计学家和经济学家的发展,这个期望效用——利润模型极端依赖四个基本假设。第一,每个经济主体都有一个明确界定的效用或利润函数。利用这个函数,在分析决策问题时,就可以通过将影响人类行为的众多因素用一个单值函数表示的方式,绕过这些因素影响大小的问题,这是一个有效的逃避手法。第二,

---

[①] *Administrative Behavior*, Macmillan, 1947, 1976. 中译本见《管理行为》,杨砾、韩春立、徐立译,北京经济学院出版社,1988。

每个决策者对所有可能的备选模式都有完全的了解,并完全有选择的自由,比如说一组商品和劳务,或特定的投入产出组合。第三,每个经济主体所有的潜在产出都有一个联合概率分布,这样,他所在的外部环境就是完全确定的。第四,每个决策者受到最大化的预期效用或预期利润的普遍欲望的驱使。

在这四个假设的基础上,新古典经济学家创建了一个一致的、完备的、数学上优美的人类行为理论。但是,这个理论是否正确?是否切合实际?在个人消费行为的分析中,他们的主观效用期望理论,正像西蒙所说的那样,实际上是无懈可击的,因为偏好的个体性,排除了将任何行为或选择描述为非理性或非优的可能。无论其行为多么奇怪和特别,它的理性仅仅是依据于决策者的价值结构,而不是普遍的社会。因此,所有的消费者行为是完全理性的。这个推论是一个忽视了价值问题的选择理论的结果,也是经济学家没有什么内容去谈论消费者行为的根本原因。

西蒙认为,传统的选择理论是错误的。首先,决策者们面临的是需要将许多目标(常常是互相竞争的)最优化,而不是仅仅将一个单一目标(如效用)最优化。其次,大多数决策者极少能了解他所面临的问题的全部解决方案,他只是对可行的解决方案有限地了解,这一点取决于他的经历、教育水平和智力状况。再次,在评价现在与将来各种政策决策的结果时,决策者是在不确定状态而不是在像新古典理论所描述的风险状态中活动。最后,决策者们几乎永远追求"满意"或"足够好"的解决问题方案,而不是最佳或"最好"的选择。

西蒙认为,传统决策理论是无力的,只是仅仅接近于实际行为。为了克服这一明显的不足,他试图建立一个行为选择理论,这一理论与下述的观察结论相一致,即人类认识和计算能力与新古典理论所要求的相差甚远。主流经济学家创造的是反映上帝思维的行为理论模型,而西蒙的模型反映的是人类的思维。

二 人类行为的四种理性学说

西蒙总结与概括了四种理性学说:第一种理性学说是奥林匹亚山神般

的模型，它假定有一种非凡杰出的人，在完整一致的宇宙当中作出全面抉择。第二种理性学说是行为模型，它假定人类的行为理性是非常有限的，受到情境和人类计算能力的很大限制。西蒙认为这种学说告诉人们，包括人类在内的、具有有限计算能力的生物，是如何在一个错综复杂的、但相当空旷的世界上，作出适应性抉择的，以及他们是如何在这样一个世界上获得生存机会的。第三种理性学说是特别强调直觉作用的直觉模型。在西蒙看来，直觉模型实际上是行为学说的一部分，它所强调的再认识过程，是以一种技能为基础的。人类能通过存储经验事物和在适当情况下再认识一定情境获得那种技能。直觉理论承认人类思维常受情感影响，并且提出了这样一个问题：人的注意力在某一特殊时间被集中在某一特殊问题上的过程里，情感起到了何种作用。第四种理性学说，将理性视为渐进适应性的观点，这种进化论模型是一种幕帘背后的理性模型。它认为，只有那些寻求适应的、仿佛具有理智的生物，才可能生存下去。这类观点认为，自然选择在人类理性运用上很有效力，并占有中心地位。西蒙详细考察了作为理性适应的进化，特别考察了达尔文模型，并论述了社会进化与文化演变，以及进化过程中的利他主义等。西蒙认为，如果把进化论同其他三种人类理性模型做一对比，则进化论同行为模型最为接近。

三 有限理性与满意原则

"有限理性"是西蒙选择理论柱石的两条主要原理之一。传统选择理论坚持的是"完美的理性"，即决策者具有全部可供选择机会的完整知识，并且可以预料他们所作的任何决策的结果。事实上，当解决问题时决策者只能够持有全部可供选择中的很小一部分，有关事情结果的知识也几乎总是零散的，并不像正统经济学家预期的那样详尽。这些有关个人理性的局限或边界是技能、习惯、有意识和无意识的行为或特定的人所持有或缺乏的特定的知识等因素造成的。这些局限加在一起就产生了"有限理性"，事实上，它是"完美合理性"的子集合。

这种"有限理性"的结论是：最优行为是不可能的，这大概是因为：（1）最优解决问题的方法不包括在决策者所考虑的选择子集合中。（2）即使包含在子集合中，决策者也可能不具备那样的能力，以便将最优解与其他相似的但在完全的知识和预见的条件下肯定不是最优的解区别开来。在这种状况下是"满意原则"，而不是最优行为成为行为规范。决策过程并不是将所有方案依据某一目标函数加以综合比较，相反，待选解决方案要对某一可接受的标准进行逐一的检验，能通过这种检验的第一个解决方案将被采纳。这就是"满意原则"的实质，也就是构成西蒙选择理论基础的第二个主要原理。

对于西蒙来说，决策是层级式的，并且是灵活的。决策者对各种目标排定优先顺序，先"满足"最重要的目标；如果时间和资源允许，然后再去考虑其他目标。当多次遇到相似的问题时，决策者开始将决策过程固定化，参考以往的经历，从而凭直觉就可以找出解决这个熟悉问题的方法。随着想法的成熟，决策者逐渐学会了缩小选择搜寻范围，只对数量众多的解决重复问题的可能方案中的一个部分进行深入探索。这个过程变得如此固定化，以至于在大多数情况下，选择足够好的解不是通过简单的、有系统的程序来进行的，而是凭经验或随着时间发展的决策启发法来决定。如果如此鉴别选择"最好"方案的全部过程产生了最优决策，那么严格地说，它只是碰巧而已，并不是设计如此。

西蒙提出了"有限理性"与"满意原则"的概念。这些突破以及研究人的精神过程和行为的真正科学——心理学的出现，为建立一个新的选择科学提供了必要的成分，这一新科学建立在实证的观察事实上，而不是建立在史诗式的规范思想上。

正统的经济学家不是用这些革新的思想去创造新的选择理论，相反，他们极力想保留旧的理论，用越来越奇特的数学方法来掩盖传统决策分析的本质缺陷，以至于将形式置于内容之上。一旦某一问题过于复杂，用现有的工具无法处理时，理论家们就不断地将原始问题加以抽象，直到数学上变得可以处理（对他们来说，这与现实相差不多），再解决被简化了的新问题，然后宣布，这就是一直所要解决的问题。他们希望，在炫目的数学成果里，没有人将注意到它对原始问题的解决毫无结果。这的确是传统选择理论的真实写照，尽管半个世纪以来它在数学上变得更为优美，但其空洞性仍与西蒙开始写《管理行为》时一样。

正统经济学家唾手可得但始终未能把握的行为经济学,建立在以下三个学术基点之上:第一,经济理论必须与其他社会科学所积累的知识相符。现存观点与新的理论发现之间的矛盾,是不能忽视的。相反,这些矛盾必须被直接指出并进行相应的理论修改。第二,经济理论必须能够说明观察到的行为。如果决策者明显地采用"满意原则"行事,那么再坚持最优行为的理论就没有任何意义了。第三,经济理论必须能通过实地或实践调查或其他微观数据获取技术加以经验的检验。安坐于扶手椅中建立的完全理性的人在风险条件下的行为理论是贫乏无力的,尤其是当这样一个明显简化的方法导致了与实际观察有差异的行为预测的时候。

四　程序化决策和非程序化决策

决策过程可分为程序化决策和非程序化决策来说明。日常的活动往往是重复出现的,经过一段时间的经验积累,知道如何寻找并选择符合要求的措施,就会发现一套程序化的办法,遇到重复出现的情况,就按既定的程序、步骤行动。这是程序化决策。还有一些问题,用正常程序是不能解决的,应修正或者产生新的程序,以此来解决。这就是非程序化决策。这类决策的过程包含全部决策的过程,从判定问题、确定目标开始,然后寻找为达到目标可供选择的各种方案,比较评价这些方案,在这些方案中进行选择,并作出决定,在执行决定中进行核查和控制,以保证实现预定的目标。

简要评述

传统经济学认为,企业追求利润最大化,消费者追求效用最大化。其暗含的前提条件是决策者作为经济人具有完全的理性。西蒙认为,客观环境的复杂性与人自身认知能力的约束使得个人或团体经济人决策时的理性是极其有限的,原因有三个:一是决策的信息不完全,二是获取信息的成本太高,三是人自身理性能力的限制。因此,只有满意的利润,没有最大的利润。他认为,企业在制订计划和对策时,不能只考虑"攫取利润"这一目标，必须统筹兼顾，瞻前顾后，争取若干个相互矛盾的目标一同实现。其决策理论以"有限度的合理性"而不是"最大限度的利润"为前提，应用"符合要求"的原则。这一理论的典型例子有"分享市场"、"适当利润"、"公平价格"。在决策方式上，他主张群体决策。群体参加决策的优点是，群体成员不会同时犯同样的错误，可以避免决策的失误。群体参加决策可将问题分成若干部分，分别交给专家处理，从而加速问题的解决和提高决策的质量。

西蒙的突出贡献之一就是批判传统经济学中的"经济人"假设，驳斥经济学理论研究中人类可以通过理性决策来达到利润最大的假设。西蒙的决策理论中不是把决策者视为具有完全理性的"经济人"，而是具有有限理性的"决策者"或"管理人"。他指出，在研究人类决策行为时，必须考察环境因素及决策者的心理因素，在这些条件制约下，人类的理性行为至多只是"企图理性"、"有限理性"。这使得经济学家在思考和建立理论时，必须重新界定人的经济行为。

现代企业经济学和管理研究大部分建筑在西蒙的思想之上。因此，1978年，由于他"对经济组织内的决策程序所进行的开创性研究"，获得诺贝尔经济学奖。瑞典皇家科学院的公告说：西蒙思想中新的东西是，首先，他否认古典管理理论中作的假设，有一个无所不在的、理性的、求最大利润的企业家。他用一些互相协作的决策人代替这个企业家，他们的理性行动的能力既受缺乏关于他们决策的总后果的知识限制，又受个人和社会联系限制。西蒙获奖并不是因为他对主流经济学的贡献，而是因为他对新古典理论中最引以为豪的最优行为理论展开了正面的进攻。

当然，当代管理学并不仅仅是西蒙研究的结果。但是，管理学的发展得益于西蒙之处甚大，正是这一点使他赢得了管理学界最高的声誉。他所取得的成就被认为与切斯特·I. 巴纳德并驾齐驱。而巴纳德对20世纪管理学的贡献和约翰·梅纳德·凯恩斯对20世纪经济学的贡献处于同等的地位。

（据北京经济学院出版社1988年中译本。杨小卿撰）

参考文献

1. 侯书森、孙竹、熬铁编著《诺贝尔经济学奖获得者学术传记全书》，改革出版社，1998。
2. 胡先琴：《西蒙的〈管理行为〉》，范家骧、刘文忻主编《西方经济学名著提要——微观经济学卷》，江西人民出版社，2007。
3. 吴汉洪：《现代决策理论的基石》，姚开建、梁小民主编《西方经济学名著导读》，中国经济出版社，2005。

詹姆斯·麦吉尔·布坎南

作者简介

〔美〕詹姆斯·麦吉尔·布坎南（Buchanan, James Mcgill, 1919~ ），当代美国著名经济学家，公共选择学派代表人物，1986年诺贝尔经济学奖获得者。

布坎南1919年10月2日生于美国田纳西州，1940年毕业于田纳西州师范学院，获理学学士学位，1941年在田纳西大学获文学硕士学位。第二次世界大战期间，在海军服役5年，战后入芝加哥大学深造并于1948年取得哲学博士学位。1949年在田纳西大学任教，开始其学术生涯。1955年以研究学者身份赴意大利进修，对于政治决策问题有了新的兴趣和看法，为他以后的政治决策分析奠定了基础，1956~1968年，在弗吉尼亚大学任经济学教授，并领导研究政治经济学和社会哲学的托马斯·杰斐逊中心。1962年，发表了公共选择理论的奠基著作——《同意的计算》（与戈登·塔洛克合著），并与塔洛克一起创建了公共选择学会和出版了名为《公共选择》的杂志。自1963年起布坎南担任美国南部经济学会主席。1968年任加州大学洛杉矶分校教授，1969以后，在弗吉尼亚理工学院任教，并与塔洛克一起创建了公共选择研究中心。1982年他随该研究中心迁到弗吉尼亚州的乔治·梅森大学任该校经济学教授至今。1971年他担任美国经济协会副会长。1976年以来，他还是美国企业研究所的名誉学者和美国科学艺术研究院院士。1983年，他成为美国经济协会的有突出贡献会员。1983~1984年担任了美国北部经济协会的会长，1984~1986年，担任 M.T. 皮莱林协会的会长。

布坎南致力于研究经济和政治决策理论的契约和法则基础近40年，因而成为公共选择理论、非市场决策的经济研究的奠基者，他运用经济学方法分析政治决策过程，使公共选择理论成为经济学的一个分支，为了奖励他对政治决策以及公共经济学理论作出的贡献，布坎南于1986年被授予诺贝尔经济学奖。

值得一提的是，布坎南和塔洛克两人在公共选择理论研究方面的长期合作在经济学界堪称佳话。因此，看到布坎南独自得到诺贝尔经济学奖评选委员会的青睐，多少使人感到有些失望。

布坎南的作品甚多，总共撰写过20多部著作、300多篇文章，几乎涉及公共部门经济学的每一个方面。他的主要著作有：《价格、收入与公共政策》（与艾伦·克拉克·李等人合著，1954）、《个人投票选择和市场》（1954）、《公债的公共原则》（1958）、《财政理论和政治经济学》（1960）、《同意的计算：宪法民主的逻辑基础》（与塔洛克合著，1962）、《民主进程中的财政》（1966）、《俱乐部经济理论》（1965）、《公共产品的需求与供给》（1968）、《成本与选择：一个经济理论的探讨》（1969）、《公共选择理论：经济学在政治方面的应用》（与 R. 托尼逊合著，1972）、《自由的限度》（1975）、《宪法契约中的自由》（1977）、《赤字民主：凯恩斯勋爵的政治遗产》（与理查德·瓦格纳合著，1977）、《宪法民主中的财政责任》（与理查德·瓦格纳合著，1978）、《凯恩斯先生的结论：对于把经济理论滥用于政治投机活动的分析以及对宪法纪律的建议》（1978）、《财政学》（与玛里琳·弗劳尔斯合著，1980）、《赋税的权利》（与 G. 布伦南合著，1980）、《自由、市场和国家：80年代的政治经济学》（1986）。

在上述著作中，最著名的是《同意的计算》、《公共选择理论》与《赤字民主》。

《同意的计算》、《公共选择理论》与《赤字民主》

本书精要

这三部著作是布坎南的代表作,是用现代经济学方法剖析了公共物品的集体选择、政治决策及政府干预的种种弊端,创立了公共选择学派的理论体系。

作品内容

公共选择学派的主要代表人物是当代两位著名的美国经济学家詹姆斯·麦吉尔·布坎南和戈登·塔洛克(Gordon Tullock,1922~　)。20世纪50年代末他们两人在美国弗吉尼亚大学任教时,就开始合作创建公共选择学派。在其《同意的计算》(The Calculus of Consent: Logical Foundations of Constitutional Democracy,1962;中译本见《同意的计算:立宪民主的逻辑基础》,陈光金译,中国社会科学出版社2000年版)、《公共选择理论》(The Theory of Public Choice,1972)与《赤字民主》(Democracy in Deficit,1977)三部代表作中表达的公共选择理论的基本观点可以概括如下。

一　经济人假设与公共选择

公共选择理论的一个基本出发点就是在对人们政治行为的分析中引进

经济学中的理性经济人假设。公共选择学派认为，人们在需要作出经济决策和政治决策时的反应，在本质上是一致的，总是趋利避害、趋大利而避小利的。人们在进行政治活动时，也是以个人的成本——收益计算为基础的，没有理由认为个别公民在选票箱跟前的行为与个别消费者在市场中的行为有本质区别。在其他条件相同时，他总是愿意投票赞成这样的政治家：该政治家的行为预计将给他带来更大的利益，而不愿意投票赞成其行为有可能给他带来较小利益甚至损害的政治家。同时，人也不会因为他占有一个总经理的位置或拥有一个部长头衔，人性就会发生变化，不管是在私营企业工作还是在政府机构服务，人只要有可能便会选择能为自己带来更大满足的决策，即使该决策可能不太符合公众利益。

公共选择学派认为，政府行政部门与私人企业的区别不在于个人在其中的行为动机有所不同，而在于实现个人目标时所受到的制度束缚在行政部门中要比私人企业中松弛得多。结果，在其他条件一定时，私人企业中的个人活动倒有可能符合公共利益，而行政部门中，人们却最有可能恣意追求最大的个人利益，而不管它是否符合公共利益。

公共选择学派认为："国家不是神，它并没有无所不在和正确无误的天赋。"[①]，政府是由人组成，政府的行为规则是由人制定，政府的行为也需要人去决策，而这些人都不可避免地带有经济人的特征。因此没有理由把政府看做超凡至圣的超级机器，没有理由认为政府总是集体利益的代表和反映。政府同样也会犯错误，也会不顾公益追求由政府成员所组成的集团的自身利益。因此，那种一旦发现市场有缺陷就认为任何国家干预都是合理的观点是片面的。应当把调查市场缺陷的方法同样应用于政府和公共经济的各个部门，只有当事实证明市场解决办法确实要付出比政府干预更高的代价时，才应考虑政府干预。

二 公共选择的规则及其无效

公共选择即指通过集体行动和政治过程来决定资源在公共物品间的配

[①] 转引自侯书森等《诺贝尔经济学奖获得者学术传记全书》，改革出版社，1998，第341页。

置，它是研究集体决策的科学。要想在人数众多的集团中就公共物品进行集体选择，就必须实行一致同意的决策原则。唯有如此，才能达到效率的最高标准——帕累托最优。因为只要有一个人不同意，就意味着他认为这一集体决策有损于他，也就意味着他认为存在着更好的决策。但是，达到一致是要耗费资源的，这种资源耗费被称为"决策成本"。考虑到达到一致的决策成本在现实的公共选择过程中有可能是相当高的，即社会有可能会因此导致缺乏决策效率而遭受损失，甚至走向崩溃。因此，"一致同意"原则只是一个纯粹理论上的理想，现实生活中常常不具有应用性。

从现实应用的角度来看，降低决策成本的最简单的方法就是适当降低"同意"的整体程度，即降低"同意"的百分比。由此，随着决策成本的相对降低，决策效率将相应提高。因此，少数服从多数的决策规则就在经济上成为最合理、最有效率的决策规则，在政治上就成为被称为民主的公共选择过程的基本规则。这就是现代民主制度产生的经济学基础和原因。

不幸的是，由于存在着投票悖论，公共选择过程并不总是有效。或者说，通过多数选举制所选择的政策，不一定是使某些人增加的福利必定大于另一些人减少的福利的"好政策"，很可能是部分人的福利增加额小于其他人福利减少额的"坏政策"。之所以如此，是因为三个原因：第一，在政治活动中，信息不是免费的，而是要花费一定的代价才能获得的。因此，大多数人往往不可能掌握足够多的信息来自主地作出理性选择，而是根据感情或受到的影响去投票，对于他所赞成或反对的政策究竟对他的福利有何影响并不清楚。这表明一人一票的投票制度并不一定比货币分配不平均的市场有更多的平等。第二，政府政策的受益面往往小于受损面（纳税面），且较少的受益者每人所增加的福利将大大超过较多的纳税者每人所受到的损失。例如，在由 A、B、C 三个人组成的集体中，要通过投票来决定一项总费用 100 的公共工程是否进行，费用由 A、B、C 三者均摊，即每位要纳税 33.3，而受益情况则为：A 为 35，B 为 35，C 为 0，整个集体的总受益为 70，小于总费用 100。但根据多数法则，该项目将因 2/3 多数票通过。其原因就在于 A、B 两个成员通过该项目所获得的收益 35 大于所受到的损失 33.3。当一种政策的受益面小于纳税面的情况时，尤其是两者相差悬殊时，较少的受益者将通过各种手段，组织各种压力集团，促使政府选择这一政策；而人数较多的纳税者则因为该政策的放弃不会给自己增加多少利益而不去积极抵制，结果该项政策便成为公共选择的结果。第三，较多的人组织起来捍卫自身利益所需要的费用远远高于较少的人组织起来所需的开支。因此人数较少的受益者比人数较多的受损者更容易组织起来为自己的利益而进行政治活动。所以在西方民主国家里，赞成增加政府开支的政治联盟历来都比企图制止增加开支的纳税人联盟多得多，也有效得多。

可见，由于存在着投票悖论，以少数服从多数为原则的投票过程有可能不能形成一个社会的排序，即不能从个人的偏好排序而推导出社会的排序，除非采用独裁或强加的手段。这已被另一位美国经济学家、1972年诺贝尔经济学奖获得者肯尼思·约瑟夫·阿罗所证明，被称为"阿罗不可能定理"。即无论是"一致同意规则"，还是"多数票规则"，由于投票悖论和"阿罗不可能定理"的存在，集体选择不总是有效。

三 政府干预的代价——官僚主义、低效率

布坎南把经济人假设引进政府行为的分析中，揭示了官僚主义的根源。他们认为政府部门出现官僚主义行为方式的原因，首先在于官僚主义行为通常是给政府官员带来个人利益的最佳方式，其次是因为政府的组织结构特征使政府各部局的工作性质大多具有一定的垄断性。

公共选择学派认为，在其他条件不变时，官僚主义的解决办法必然使社会资源的使用效率低于市场的解决办法。之所以如此，有三个原因：一是政府部门的行为不可能以营利为目的，因而失去追逐利润动机的政府官员不会把他们所提供的公共劳务的成本努力压缩到最低限度，结果使得社会支付的服务费用超出了社会本应支付的限度。二是政府部门往往倾向于提供超额服务，以超出公众实际需要的程度来提供公共服务，导致公共服务的过剩生产，这是社会财富浪费的另一个重要根源。它使资源不能使用到更需要它的社会私营部门中去，而这种生产过剩公共服务的倾向，又是与政府官员追求个人威信、追求政绩的意愿相联系的。三是对政府官员行为的监督往往是无效的。政府官员和政府部门的工作确实也受到民选代表

的监督和上一级行政首脑或行政部门的监督，但由于向这些监督者提供情况的恰恰是被监督者，监督者完全可以由被监督者所操纵。因此，政府所作出的决定往往拐弯抹角地有利于官僚主义而不利于公众。总之，政府部门缺乏保持高效率所不可缺少的竞争压力和降低成本的利益激励，政府部门的行为特征必然表现为官僚主义低效率。

由此，对于官僚主义布坎南得出了两条重要结论：（1）社会中官吏越多，"官僚敛取物"也就有可能增加得越多。因为官吏们有直接的理由和更便利的地位来进行比其他公民阶层更广泛更有效的政治活动。结果政府的开支、政府的机构，以及官吏的人数就会由于官吏的增加而越有可能增加。（2）用政府干预来解决经济问题的这种设想，只有在其他一切手段都证明无效之后，才是可以考虑的。只有当事实确实证明市场比官僚主义解决办法所付代价更大时，才可以不得已而为之。

四　三种政府模式

布坎南在《同意的计算》一书中将政府的模式归纳为三种完全不同的类型。

第一种模式，政府是一个慈善的专制者。它的慈善意味着它完全以社会的利益为自己的行为目标，追求社会利益的最大化。它的专制意味着可以不受公民或其选举代表的牵制，保持一种绝对的权威。

第二种模式，政府是一个拥有自己独立利益的"巨物"。巨物型政府追求的政策目标是自身利益的最大化，如最大的财政收入等。该模式承认政府官员们的经济人特征，政府的行为目标是使政府官员们追求自身的满足最大化（如生活享受、权力、威望，等等）的逻辑结果。

第三种模式就是西方民主型的政府模式。该模式假定全体公民以投票方式参与政府决策，政府的行为目标受到公民选票和民选代表的约束，而民选代表为了再次当选，其态度在很大程度上受到选民意愿的约束。因此该模式强调公共选择对政府行为目标和行为方式的决定性影响。

布坎南认为现代西方国家的政府实际上处于民主模式与巨物模式之间，但更接近前者。

五 民主政府与赤字财政

在民主—巨物模式下,政府的行为在很大程度上受到选民的影响。选民一般不喜欢增税,但喜欢增加政府开支,因为增加开支意味着更多的就业机会,更高的福利待遇,但这种喜欢增加开支的倾向在凯恩斯革命以前受到平衡预算传统的抑制。在这一传统下,政府开支的增加必须以税收的增加为前提。而一旦这一传统被凯恩斯革命所推翻,选民们喜欢增加开支而不愿意增加税收的倾向就通过民选代表影响到了政府行为。政治家们很清楚,主张增加政府开支比主张增加税收更容易受到选民的欢迎,更容易得到更多的选票。因此一旦破除了平衡预算的戒律,他们便纷纷讨好选民,迎合选民的上述倾向。结果便导致西方国家政府财政赤字持续出现不断上升的局面。

布坎南强调,在民主政体下,凯恩斯的宏观经济政策在政治上是不对称的。即在萧条时,扩张性政策在政治上具有很强的可行性;而在繁荣过度时,紧缩性政策在政治上只具有很弱的可行性。凯恩斯经济学忽视了民主政体下的政府决策机制,视政府是慈善专制模式的政府,因而政府干预可以视经济的繁荣或萧条而灵活变换。但事实上按凯恩斯主义的主张放弃平衡预算原则之后,西方的民主制度使凯恩斯的国家干预成为单向性的,即萧条时很容易增加政府开支,而繁荣过度时却很难紧缩政府开支,这就造成了日益增长的财政赤字。

布坎南进一步指出,出现赤字之后,由于难以通过税收来弥补,便只能通过发行公债和增发货币来暂时解决,结果便造成公债累积和通货膨胀。他指出,赤字之所以会引起通货膨胀,是因为货币当局并不可能完全独立于政府的影响之外,它不可避免地要受到选民和政府当局的压力,被迫通过增发货币来弥补财政赤字。

布坎南认为,当前困扰西方经济的政府财政赤字和通货膨胀是凯恩斯主义经济政策的必然结果。当代西方经济社会所暴露出来的众多问题,与其说是反映了市场经济的破产,不如说是反映了政治制度的彻底失败。政府干预与市场制度一样是有局限性和缺陷的,过分依赖政府干预也会产生不尽如人意的后果。弗吉尼亚州立大学经济学家詹姆斯·格瓦特说,公共选择学说的贡献在于证明，市场的缺陷并不是把问题转交给政府去处理的充分理由。

为了消除持续的财政赤字所造成的巨额公债负担和通货膨胀，布坎南主张恢复平衡预算的原则，但不再是以一种道德准则的形式恢复，而是以公众选择的法律准则的形式恢复，就是通过修改宪法，把正常情况下的平衡预算作为一条法律，迫使政治家们遵守。

六 寻租与政府失灵

在公共选择学派看来，广义寻租（Rent-seeking）是人类社会中非生产性的追求既得经济利益的活动；狭义寻租，也即现代社会中最多见的寻租，是利用行政法律手段来阻碍生产要素在不同产业之间自由流动、自由竞争的办法来维护和攫取既得利益。"租"原意是指在一种生产要素的所有者获得的收入中超过这种要素的机会成本的剩余。

当一个企业成功地开发了一项新技术和一种新产品，该企业就能享受高于其他企业的超额收入，这种行为可以称为"寻利行为"（Profit-seeking Behavior）。寻利行为是正常的市场竞争的表现，其特征是对于新增社会经济利益的追求，因而会增进社会的福利。寻租则是追求既得经济利益，是资源的非生产性运用，是零和博弈。

政府在寻租活动中未必扮演一个被动、被利用的角色。政府往往有政治创租（Political Rent-creating）和抽租（Rent-extracting）的行为。前者指政府利用行政干预的办法来增加私人企业的利润，人为地创造租，诱使企业向他们支付利益来作为得到这种租的条件。例如，政府发放垄断经营权的执照使得某一企业拥有某一产业的独家垄断地位。受超额利润的吸引人们就会想方设法从主管发放执照的政府官员那里得到执照。后者是指政府官员故意提出某项会使私人企业利益受损的政策作为威胁，迫使私人企业割舍一部分既得利益与政府官员分享。由于政治创租和抽租的存在，更增添了寻租活动的普遍性和经常性。

寻租成功后，企业获得垄断地位，缺乏外在的竞争压力，会造成企业不思进取，不积极采用新技术、新设备，企业会在生产可能性边界内运行，生产要素未得到最有效的配置，使生产成本上升，这就是莱本斯坦（Leibenstein）提出的 X-非效率（X-inefficency）。

寻租行为的特点是：第一，它们造成了经济资源配置的扭曲，阻止了更有效的生产方式的实施；第二，它们耗费了社会的经济资源，使本来可以用于生产性行为的资源浪费在于社会无益的行为上；第三，这些行为还会导致其他层次的寻租行为或避租行为。寻租的广泛存在是政府失灵的重要表现。

简要评述

公共选择学派是美国新自由主义经济学派中的一个派别。以该学派代表人物布坎南因其在公共选择理论方面的创造性研究而荣获诺贝尔经济学奖为标志，现已发展成为当代新自由主义保守经济学中的一个重要分支，对西方社会经济发展的影响日益增大。布坎南的公共选择理论的贡献至少有以下几个方面。

第一，公共选择学派研究了公共物品的生产过程及社会资源的非市场配置过程，填补了这一领域的空白，这在西方经济学家中是很独特的。

1986 年瑞典皇家科学院在颁奖公告中指出，长期以来，传统经济学缺乏一种独立的政治决策理论。布坎南和塔洛克合著的《同意的计算》一书可以说是另辟蹊径，开始矫正传统经济学的这一不足之处。他们基于现代经济学的分析方法和经济人的行为假设对民主决策的政治过程进行了深入的剖析，不仅推动了经济学中公共选择学派的创立，而且对政治学研究提供了全新的视角和分析工具，还启动了宪政经济学的研究。该书一经出版就引起关注。被认为是"一项把经济学的假设和方法运用于政治决策的非同寻常的、原创性的和富有启发性的尝试"。[1] 甚至有评论借用本书关注的"决策规则"这一主题指出："看来，明智地对待这本书的决策规则才去阅读它"。[2]《同意的计算》奠定了公共选择理论的基本内容，布坎南也因此

---

[1] 转引自范家骧、王志伟主编《西方经济学名著提要——宏观经济学卷》，江西人民出版社，2007，第 361~362 页。

[2] 转引自范家骧、王志伟主编《西方经济学名著提要——宏观经济学卷》，江西人民出版社，2007，第 361~362 页。

被称为"公共选择理论之父"。

第二，他们提出了政府失灵的概念，研究了政府决策失当的制度原因，为人们破除对政府的迷信，研究和改善公共决策，从而为改善和加强国家调控决策开拓了思路。

公共选择学派分析了政府干预存在的种种弊端：决策失误、效率低下、官僚主义、自我扩张以及寻租行为的发生。其结论可概括为政府失败论。所谓政府失败，也即政府失灵，其基本含义系指政府在提供公共物品时趋向于浪费和滥用资源，致使公共支出的效率过低。公共选择学派对政府行为的分析很有价值，破除了人们对政府及政治家的迷信，也从反面论证了市场配置资源的无可替代和无法比拟的优越性。

第三，他们提出了寻租的概念，为人们研究市场经济条件下政府官员决策失误、政府官员腐败的经济根源提供了一条新的思路，对转型国家法制社会的建设具有很大的借鉴意义。

（据中国社会科学出版社中译本。杨小卿撰）

参考文献

1. 刘宇飞：《布坎南〈同意的计算〉》，范家骧、王志伟主编《西方经济学名著提要——宏观经济学卷》，江西人民出版社，2007。
2. 侯书森、孙竹、熬铁编著《诺贝尔经济学奖获得者学术传记全书》，改革出版社，1998。
3. 郭志琦、李永宁、李省龙：《市场经济理论史纲》，西北大学出版社，1996。
4. 蒋自强、张旭昆、袁亚春、曹旭华、罗卫东著《经济思想通史》第4卷，浙江大学出版社，2003。
5. 汤敏、茅于轼主编《现代经济学前沿专题》第二集，商务印书馆，1993。
6. 姚开建、梁小民主编《西方经济学名著导读》，中国经济出版社，2005。

米尔顿·弗里德曼

作者简介

〔美〕米尔顿·弗里德曼（Milton Friedman，1912～2006年），美国著名经济学家，货币主义的创始人，1976年诺贝尔经济学奖获得者。

弗里德曼于1912年7月30日出生在美国纽约市。他特有的分析能力、计算能力、想象力和记忆力，使他跳跃式地完成了初等教育，年仅15岁就考上了美国罗特格斯大学专修经济学。1933年获得芝加哥大学经济学硕士学位。1935年，弗里德曼受聘于美国国家资源委员会，担任经济学副研究员。1941年，弗里德曼应美国政府邀请，任财政部赋税研究署首席经济顾问。1946年获芝加哥大学经济学博士学位。1965年，任美国经济学会会长。1948～1977年任芝加哥大学经济学教授。

弗里德曼是新自由主义的主要倡导者之一，强调自由市场机制的作用，反对国家过多干预经济，强调货币在经济波动中的作用，提出了单一规则的货币政策主张、"永久性收入"假说、"自然失业率"假说和适应性价格预期，创立了名义收入货币理论。

1976年，瑞典皇家科学院认为，弗里德曼在消费分析和货币历史与理论方面的成就及论证稳定经济政策的复杂性方面有独到见解，授予他1976年诺贝尔经济学奖。这位年过六旬的老人独自享受了这一年经济学界的殊荣。

1977年1月,弗里德曼宣布退休。当斯坦福大学邀请他做该校胡佛研究所高级研究员时,他又重新走马上任了。上任后,为了使货币主义理论通俗化、大众化,弗里德曼在电视台进行了十次讲演,并把这十篇讲稿汇集起来,与夫人合作写出了一本关于货币主义理论的通俗读物《自由选择》,还把该书改写成为人们喜闻乐见的电视剧本,使之家喻户晓。

2006年11月16日米尔顿·弗里德曼在旧金山去世,终年94岁。

弗里德曼著作甚丰,主要有:《独立职业活动的收入》(与西蒙·舒尔茨合著,1945)、《实证经济学论文选》(1953)、《货币数量论研究》(1956)、《消费函数理论》(1957)、《货币稳定方案》(1959)、《资本主义与自由》(1962)、《价格理论》(1962)、《1862~1960年美国货币史》(与安娜·施瓦茨合著,1963)、《通货膨胀:原因与后果》(1963)、《国际收支:自由与固定汇率》(与罗伯特·罗沙合著,1967)、《美元与逆差》(1968)、《最适货币数量及其他论文》(1969)、《货币与财政政策》(与瓦尔特·海勒合著,1969)、《美国的货币统计》(与安娜·施瓦茨合著,1970)、《货币分析的理论结构》(1971)、《社会保障》(与威尔伯·科恩合著,1972)、《货币与经济发展》(1972)、《米尔顿·弗里德曼的货币结构》(1974)、《税收限制》(1978)、《自由选择》(与罗斯·弗里德曼合著,1979)、《美国和英国的货币趋势》(与安娜·施瓦茨合著,1982)、《现在的专制》(与罗斯·弗里德曼合著)、《货币的危害》(1992)等。

《自由选择》

本书精要

本书是美国著名经济学家米尔顿·弗里德曼与其夫人罗斯·弗里德曼合著的、阐述其货币主义经济理论和政策主张的著作。本书的中心思想是宣传自由主义的经济思想，反对凯恩斯主义的国家干预经济的主张。

作品内容

《自由选择》（*Free to Choice*）是由作者的同名电视节目讲稿改编而成的，阐述了经济自由主义与经济增长及社会政治安定的关系，揭露了凯恩斯主义所主张的国家干预经济的政策的种种弊端，旨在为20世纪70年代末期美国的经济滞胀问题提供解决的良方。本书英文版于1979年由纽约H. B. 乔凡诺维奇公司出版，中文版由胡骑等翻译，商务印书馆1982年出版。它与弗里德曼在20世纪60年代出版的另一部著作《资本主义与自由》是姊妹篇。两本书都贯穿了资本主义政府必须保证实现全社会的经济自由和政治自由的思想。但是，《自由选择》与前本书相比，内容更具体、更全面、影响也更大。

《自由选择》除导论外，共有10章。按各章内容可勾画出全书的思想脉络：第1章是重申亚当·斯密提出的经济自由原则，论证经济制度在没有中央政府指挥的情况下，也能获得发展并繁荣兴旺。第2、3、4章是从历史与理论根源上批评中央政府的干预政策，剖析大萧条的"真正原因"，揭露国家福利政策造成的危害。第 5 章阐述托马斯·杰斐逊提出的政治原则，通过对平等与自由两个范畴的探讨，说明政治自由与经济自由的关系。第 6、7、8、9 章是对政府在若干具体领域行使权力的分析，指出政府在促进教育、保护消费者和工人利益，防止通货膨胀与增加就业等方面的工作徒有虚名、百弊丛生。在批评政府滥用权力的同时，作者阐述了自己的改革建议。最后一章"潮流在转变"指出西方各国反抗政府控制是大势所趋，告诫人们悬崖勒马，重走自由竞争之路。

一 关于经济自由的原则

弗里德曼夫妇在该书的"导论"中解释了他们的写作意图。他们声称，这本书的目的，在于劝说人们回到亚当·斯密在《国富论》中阐明的"自由竞争"和托马斯·杰斐逊在美国《独立宣言》中所首肯的"上帝面前人人生而平等"的道路上去。前者代表经济自由，后者代表政治自由。经济自由是政治自由的必要前提。19 世纪，经济自由和政治自由的结合，给英国和美国带来了黄金时代。半个世纪以来，这两种自由都因政府权力日益集中而逐渐丧失。只有改弦更张，让人们返归政治和经济的自由状态中去，美国与西方其他国家才能摆脱经济与社会的全面危机，再度步入繁荣之途。

在该书的开篇，弗里德曼夫妇就提出了问题：我们每日的经济行为是如何趋于协调的？是由于人们的自愿合作，还是由于有谁在发号施令？在作者看来，在现实生活中，没有一个社会能够完全按指挥原则运行，也没有一个社会能够完全通过自愿的合作来运行。关键是两者如何结合。指挥成分占支配地位的经济只能艰难地运行，自愿交易占支配地位的经济才具有促进繁荣和人类自由的潜力。

接着，弗里德曼夫妇借用了一个人所共知的故事——小铅笔的家谱，来形象地说明人们的自愿交易或合作是如何发生的。铅笔的制作经历了从木材加工、开采石墨和铜矿到制作铅芯和铜片等一系列漫长的过程。在各个生产环节，成千上万的生产者之所以能够很好地合作，终至生产出铅笔，是因为自愿交易中出现的价格激发了他们的利己心，从而协调了他们的活动。作者肯定了亚当·斯密在 200 年前得出的论断：经济秩序可以作为许多各自谋求自身利益的人的行动的非有意识的结果而产生。

弗里德曼夫妇逐一考察了价格在组织经济活动方面所起的三个作用：一是传递情报，二是对利用资源进行生产提供刺激，三是决定收入分配。他们认为，价格的这三种作用紧密结合在一起，就可以成为协调千万人活动的完美机制。弗里德曼夫妇高度赞扬亚当·斯密对"看不见的手"所作的论述，并将其作用范围扩大到所有社会领域，认为一切社会秩序的形成，包括语言、文化、社会习俗的产生，都是通过人们的自愿交换与合作发展起来的。

既然自愿合作的机制如此完美，那么政府机构的作用何在？弗里德曼夫妇认为，政府应是自愿合作的一种形式，是人们挑选来达到某些目标的方法，按照斯密在《国富论》中提出的观点，政府的职能应仅限于国防、司法和公共事业三个方面。弗里德曼夫妇感叹地指出，真正把职权限制于上述三方面的政府不多见，最好的范例是今日香港、明治维新时的日本、维多利亚女王统治时的英国和20世纪30年代以前的美国。这些政府都没有规定高关税政策，政府用于管理社会的开支很小，居民享有完全的自由，因而国家兴旺发达，人民分享繁荣。

二　关于政府控制经济的危害与根源

在说明自愿合作机制的力量和作用后，弗里德曼夫妇开始讨论问题的另一端——政府控制经济。作者从国家的外贸政策入手，分析政府控制经济之危害。据说，控制对外贸易往往会发展成控制国内贸易，是经济控制中最常见的现象，这种控制受到的辩护也最多。

弗里德曼夫妇首先重申了亚当·斯密在《国富论》中指责关税和国际贸易的其他限制的观点，视政府控制对外贸易为某些人进行"自私自利的诡辩"的结果。他们批评了所谓本国企业遭受来自外国的"不公平的竞争"，因而需要政府提供保护的观点，并逐一驳斥了支持这种观点的若干论据。

作者通过对贸易保护主义的批判，论证了"实行自由贸易的经济理由"，继而又根据国与国之间的关系，阐述了"实行自由贸易的政治理由"。他们认为，正如国内自由贸易能哺育不同信仰、态度和利益的个人之间的和谐关系一样，国际间的自由贸易能哺育不同文化和制度的国家之间的和谐关系。而国家对经济的干预和对外贸易采取的种种限制，是现代世界各国之间发生摩擦的重要根源。弗里德曼夫妇称从滑铁卢到第一次世界大战前的100年为人类历史上最和平的时代，这一时期广泛开展的自由贸易对国家之间的关系产生了良好的影响。

弗里德曼夫妇在进行上述理论分析后，对一些不同经济制度国家进行了比较分析，以此斥责中央经济计划的危害。他们比较了作为同一民族不同部分的东西德国；比较了同为共产党国家，但在经济计划上有程度差异的苏联和南斯拉夫；比较了同是中东国家的以色列和埃及；同是亚洲国家的日本和印度，等等。弗里德曼夫妇力图通过这些比较，强调他们关于经济自由使国家走向繁荣，经济控制使国家停滞落后的思想。

三 关于平等与自由的关系

弗里德曼夫妇认为，真正意义的平等与自由是一个概念的两个方面，在基本精神上完全一致。杰斐逊写进《独立宣言》的"上帝面前人人生而平等"，其实质是人身平等，即让人民享有统治国家的民主，它的实施导致了奴隶制的废除。美国内战以后提倡的是机会均等，是对杰斐逊提出的政治原则的继承和发展。它的意义是"前程为人才开放"，"即每个人应该凭自己的能力追求自己的目标，谁也不应该受到专制障碍的阻挠"。它的实施使得人的能力获得巨大解放，推动了美国近代社会的高速发展。以上两种平等都与自己决定自己命运的自由不存在任何冲突。

弗里德曼夫妇进而反驳了机会均等将使富人剥削穷人的观点。他们认为，凡是容许自由市场存在的地方，凡是实施机会均等的地方，老百姓的生活都达到了极高的水平。一个把自由或机会均等放在首位的国家，必能得到更大的自由和更大的平等，它能阻止特权地位制度化，为今日的落伍者保留明日变成特权者的机会，从而使每个人都享有更为圆满和富裕的生活。

弗里德曼夫妇叹惜道，近50年来，"平等"一词被错误理解成了结果均等，即在排除竞争的条件下，每个人享有同等生活水平。结果均等的倡导者致力于"对所有的人公平分配"，这意味着必须由某个人或某个集团来决定分配方式，把少数人的意志强加给多数人，这种行为本身就已经破坏了平等，因而也必然与自由相抵触。

四 现代货币主义的基本主张

弗里德曼夫妇在《自由选择》一书的第9章讨论了通货膨胀的原因和解决方法，由此简明地阐述了现代货币主义的基本主张。他们认为，货币只是一种被大家共同接受的交易媒介，其价值是虚构的。如果货币数量增加的速度，超过能购买到的货物和劳务数量增长的速度，就会发生通货膨胀。所以，"严重的通货膨胀无论在哪里都总是一种货币现象"。唯有政府，才对通货膨胀的后果负责。

弗里德曼夫妇指责政府从通货膨胀中得到不少好处：首先，增印纸币无异于变相征税；其次，通货膨胀自动提高实际税率，从而间接增加政府收入；另外，通货膨胀还使政府抵赖了部分公债。他们认为，美国过去几十年货币增长过快有三个原因：一是政府用增加货币的办法应付不断增长的开支；二是政府试图实现不切实际的充分就业目标；三是联邦储备系统执行了错误的政策，不是控制其有权控制的货币量，而是控制它无权过问的利率。

弗里德曼夫妇否认通货膨胀率与失业率之间有交替关系，反对用增加货币供给来医治失业问题，因而肯定通货膨胀是一种危险的疾病。弗里德曼夫妇认为，通货膨胀与酗酒一样，一旦染上，很难根治。只有一种医治通货膨胀的方法，即稳定地放慢货币增长率，在此过程中，要忍受住医治副作用的痛苦。为缓和这种痛苦，他们建议采取把货币政策公布于众并加以贯彻实施，使之取信于民等措施。

五 改变大政府趋势

弗里德曼夫妇在《自由选择》一书的第10章提出改变大政府趋势的

主张。由于政府未能达到目标，人们现在普遍反对大政府。费边社会主义和新政自由主义的潮流现已达到顶点，不仅知识分子和政治家们表明了这种观点，人民行为的方式也说明了这一点。弗里德曼夫妇认为，一个社会应主要依靠自愿的合作来组织经济活动和其他活动，维护并扩大人类自由，把政府活动限制在应有的范围内，使政府成为我们的仆人而不是我们的主人。

简要评述

弗里德曼是新自由主义的主要倡导者之一，1976年诺贝尔经济学奖获得者，他强调自由市场机制的作用，反对国家过多干预经济。弗里德曼提出的理论对西方经济理论发展和西方国家的政策制定产生了重要的影响。

弗里德曼是20世纪最有影响力的经济学家之一，他的货币理论影响了尼克松以来3届美国总统的经济政策。在国外，他提出的政府不应过度干预经济运行的自由市场理论已被包括中国在内的发展中国家政府普遍接受。

作为芝加哥大学经济学教授，以弗里德曼学说为中心的"芝加哥学派"是当今经济学界最有影响力的学派之一。如果评选两名20世纪美国最知名经济学家，最有可能入选的就是凯恩斯和弗里德曼，两者各领风骚50年。

2006年11月16日，米尔顿·弗里德曼在旧金山去世，终年94岁。得知弗里德曼去世消息后，正在出访东南亚的美国总统布什发表声明说："美国失去了一名最伟大的公民。米尔顿·弗里德曼是革命性的思想家，也是杰出的经济学家，他的工作促进了人类尊严和人类自由。"

这里，我们引用弗里德曼的一段精彩语录结束对他的介绍："全世界许多国家今天正经历着社会上有破坏性的通货膨胀，非常高的失业率，经济资源使用不当，并且在有些情况下，人类自由受到压制。这不是因为坏人有意识地寻求达到这些结果，也不是由于它们的公民之间价值判断的差异，而是由于对政府措施的后果的判断有误。这些错误至少在原则上能因实证经济科学的进步得到纠正。"

（据商务印书馆1982年版。杨小卿撰）

参考文献

1. 〔美〕米尔顿·弗里德曼：《自由选择》，胡骑等译，商务印书馆，1982。
2. 侯书森、孙竹、熬铁编著《诺贝尔经济学奖获得者学术传记全书》，改革出版社，1998。
3. 邹正方：《自由选择：个人声明》，姚开建、梁小民主编《西方经济学名著导读》，中国经济出版社，2005。
4. 2006年11月17日《华商报》关于弗里德曼去世消息的报道。

亚诺什·科尔内

作者简介

〔匈〕亚诺什·科尔内（Janos Kornai，1928～　）是匈牙利科学院院士、经济研究所教授，世界著名经济学家，1984 年诺贝尔经济学奖提名候选人。

科尔内 1928 年出生于匈牙利首都布达佩斯，1948 年毕业于布达佩斯大学哲学系，1961 年获卡尔·马克思大学经济学博士学位，1966 年获匈牙利科学院科学博士学位、波兰波兹南大学、法国巴黎大学名誉博士学位。1967 年后他成为匈牙利科学院经济研究所教授，历任经济研究所研究部主任、科学院计算中心主任、科学院院士等职。1972～1977 年担任联合国发展计划委员会副主席，1978 年担任世界经济计量学会会长。1980 年他被聘为瑞典皇家科学院院士。1982 年，他获得了"弗兰克·塞德曼政治经济学奖金"，并于 1984 年被提名为诺贝尔经济学奖获得者的候选人，1986 年任美国哈佛大学经济学教授。现在，他除担任哈佛大学教授外，还担任匈牙利布达佩斯大学经济学教授。

科尔内对社会主义经济理论有着深厚的研究，他是最早主张实行经济体制改革、主张利用市场经济体制的东欧经济学家之一。科尔内的著作颇丰，主要有：《经济管理中的过度集中》（1957）、《投资的数学规划》（1962）、《结构决策的数学规划》（1967）、《反均衡论》（1971）、《突进的与和谐的增长》（1972）、《短缺经济学》（1980）、《增长、短缺和效率》（1982）、《通向自由经济之路》（1990）以及《社会主义制度》（1992）等。

《短缺经济学》

∽ 本书精要 ∾

本书是匈牙利经济学家科尔内的代表作之一,该书把社会主义计划经济概括为短缺经济,分析了短缺的表现、危害及成因,论证了市场取向的经济体制改革的必要性。

∽ 作品内容 ∾

《短缺经济学》(Janos Kornai: Economics of Shortage, 2Vols, *North Holland*, 1980;中译本见《短缺经济学》,张晓光等译,经济科学出版社1986年出版)是科尔内的代表作之一,全书包括2篇22章,全面地分析了社会主义经济中的短缺问题。

一 短缺的表现与类型

科尔内在其《短缺经济学》中文版前言中指出:"短缺是社会主义经济的基本问题之一。也是普遍存在的问题之一,你可以在生活的一切方面体验到它的存在。你可以作为一个消费者在商店碰到短缺,或作为一个提出要求的人在等待分配住房时碰到短缺。你可以作为一个生产者,不管是政府计划人员、企业经理还是工人,碰到短缺——材料短缺,半成品短缺或有技术的人力短缺。短缺是一系列更深刻原因的结果,本书力图分析这条因果链。与此同时，短缺是许多众所周知现象的原因之一，例如，对价格信号反应微弱，对努力减少成本和创新的刺激不强，质量低劣，等等"。①

科尔内指出，社会主义经济的共同特点是"高度集中化，垂直等级管理结构，非价格信号起支配作用，而价格、货币和利润的作用相当微弱，根据指令性计划指标进行控制……与这些有关联的是短缺。"②

科尔内指出短缺表现形式多种多样，但主要有四种类型：第一，纵向短缺。这种短缺存在于中央物资分配机关与被分配者之间。当被分配者的要求总量超出中央分配机关所能分配的物资总量时，就会发生这种纵向垂直短缺现象。第二，横向短缺。这种短缺存在于卖方与买方之间。当卖方的供给不能充分满足买方的需求时，就发生这种横向短缺现象。第三，内部短缺。这种短缺指企业内部缺少必要的互补性投入品储备和生产能力的储蓄，从而使生产过程中设备经常处于超负荷运转，生产常出现"瓶颈"，限制整个生产。第四，社会生产能力短缺。这是指整个社会生产能力被高度利用，整个社会生产被推到了资源约束的边缘，国民经济中经常出现"瓶颈"部门。

二 短缺的有害后果

科尔内认为，短缺经济给社会主义带来了严重的后果。

第一，它造成社会资源的浪费，降低生产效率，提高各种社会成本。因为短缺会导致囤积物资，生产中断和资源闲置；导致强制替代，从而生产出质次价高的产品；导致消费者排队等待、搜寻商品。所以，短缺必然会造成社会成本的提高和资源的浪费，妨碍社会生产率的提高。

第二，它使价格信号失真，使利润动力对企业丧失作用，使企业缺乏活力。

第三，它会使生产者丧失对技术进行革新和改进产品质量的积极性。

---

① 〔匈〕科尔内：《短缺经济学》上卷，张晓光等译，经济科学出版社，1986，第5页。
② 〔匈〕科尔内：《短缺经济学》上卷，张晓光等译，经济科学出版社，1986，第3页。

因为短缺会造成卖方市场，生产者之间缺乏竞争，这必然会使生产者缺乏改进技术、提高产品质量的压力和刺激，只会强化追求数量的冲动。

第四，它会损害消费者的利益，降低人民生活质量。因为短缺使企业处于有利地位，使消费者丧失自由选择商品的主权，使买者受卖者支配。"消费者主权的必要条件是每一种商品都有过度供给。"[①] 短缺"剥夺了人们的许多自由时间，它产生神经紧张和烦恼……人们不仅要承受不能得到物品的物质损失，而且还要经常忍受卖者、提供服务者或分配配额者的漫不经心和粗暴无礼。……他常常感到恼怒和耻辱。这是消费品部门短缺的不可避免的后果。"[②]

第五，它会损害社会主义人与人之间的正常关系，败坏社会风气。短缺使卖方和物资分配者处于垄断地位，买方和配额接受者赔笑脸，讨好卖方和配额分配者，使"走后门"之风滋生蔓延。

三 预算约束软化是造成短缺的主要因素

科尔内在《短缺经济学》的第13章详细说明了什么是硬预算约束和软预算约束。硬预算约束有五个条件：外生价格、硬的税收制度、不存在无偿的国家拨款、不存在信贷、不存在外部的货币投资资金。软预算约束也有五个条件：价格自我制定、软的税收制度、国家的无偿贷款、软的信贷制度、软的外部资金投资。

科尔内认为，造成社会主义短缺经济的主要因素是企业预算约束软化，而造成企业预算约束软化的条件是：第一，软化的价格管理制度。这是指对大多数企业来说，它不是价格的接受者，而是价格的制定者，价格对它来说并不是外生的。第二，软化的税收制度。企业可以影响税收条例的制定，可以争取得到税收优惠，得到税收的减免和缓征。第三，软化的财政拨款、投资制度。企业可以得到国家无偿的投资拨款和亏损补贴。第四，软化的信贷制度。企业可以在无还贷能力时得到贷款，可以不履行按

---

① 〔匈〕科尔内：《短缺经济学》下卷，张晓光等译，经济科学出版社，1986，第159页。
② 〔匈〕科尔内：《短缺经济学》下卷，张晓光等译，经济科学出版社，1986，第184～185页。

期偿还义务，在争取政府支持下推迟还款，等等。

软预算约束的必然后果是：第一，企业的生产收入和成本之差并不是企业生死攸关的问题，因为企业的生存并不仅仅取决于销售收入是否总能补偿它购买投入品的成本，即使后者总是超过前者，企业也可以通过税收减免、国家补贴、软贷款等来渡过难关，使利润动力对企业丧失作用。第二，企业的技术进步的扩展，并不仅仅依赖于它能否从内部进行资金积累，它可以争取国家无偿拨款或软投资贷款，从而使企业对信贷的需求受利息率的影响不大。第三，企业在任何情况下都无需适应价格，因而对价格信号反应微弱、迟钝。第四，企业不是自己承担风险，而是与国家分摊风险，甚至把风险转嫁给国家，从而对企业亏损破产的风险反应无动于衷。硬约束使企业依赖市场，软约束则使企业依赖国家。[①] 第五，企业对投入品的需求几乎是不可满足的，从而使企业的心思主要不是用在改进技术、降低成本、提高效益，而是通过各种手段找门路去讨价还价地争取国家拨款、投资和无息贷款，形成投资饥渴。总之，"软预算约束不能在实际领域即生产和交换的活动中约束企业"，它对企业"不能作为有效的行为约束"。[②]

四 制度缺陷及"父爱主义"是造成短缺的根本原因

科尔内认为，造成社会主义经济短缺的最终原因是在社会主义经济肌体内部，即高度集权的计划经济体制。他说，在社会主义企业中，"预算约束之所以不可能变硬，有着深刻的制度上的原因。"这就是"在国家与微观组织的关系中的父爱主义"，这是社会主义经济体制重要的本质特征。[③] 又说"父爱主义是使预算约束软化的直接原因，如果这种软化发生，就必然导致与短缺相联系的若干现象。"[④] 他深刻地指出，在东欧社会主义

---

① 〔匈〕科尔内：《短缺经济学》下卷，张晓光等译，经济科学出版社，1986，第27页。
② 〔匈〕科尔内：《短缺经济学》下卷，张晓光等译，经济科学出版社，1986，第9~13、226~227页。
③ 〔匈〕科尔内：《短缺经济学》下卷，张晓光等译，经济科学出版社，1986，第243、273~274页。
④ 〔匈〕科尔内：《短缺经济学》下卷，张晓光等译，经济科学出版社，1986，第279~280页。

国家中，对企业的预算约束是相当软的。这并不单纯是一个财政或货币的问题：这不是财政部长或中央国家银行行长过分纵容的结果。它还有更深的原因，即国家和企业之间的家长式关系。国家视企业为自己的"孩子"，它不能也绝不会想把孩子置于困难中而不顾，即使困难是由于孩子自身的过失而引起的。

科尔内还认为"父爱主义"的深浅程度有 5 种。程度 4，实物给予——被动接受；程度 3，主动表达愿望，程度 4 和 3，中央管理部门以实物形式在企业间分配投入品，这是传统管理体制下最典型的情况；程度 2，货币津贴，投资方案由企业提出并实施，但资金完全由国家提供；程度 1，自立——有助，企业是独立的经营单位，盈亏自负，但是企业碰到资金困难的时候，国家会帮助它；程度 0，自立——无助，企业不能克服困难但国家不管。社会主义下，"父爱主义"是使企业预算约束软化的直接原因。若是企业亏损，国家将用减税、优惠贷款、财政拨款、承担亏损或允许涨价等方法，帮助企业渡过难关。预算约束软化将导致与短缺相联系的若干现象：对劳动几乎不可能满足的需求和囤积劳动的倾向、几乎不可能满足的投资饥渴，等等。

五 对社会主义体制的批判

科尔内对短缺经济时期的体制和制度的批评，概括起来有如下几点。

第一，这种体制企图通过中央计划和指令来控制经济活动的各个方面，但它不可能掌握调节经济活动所必需的详尽的信息，这种包罗万象的计划必然脱离实际。

第二，这种体制过于僵化，不能随迅速变化的情况而灵活地随时进行调整。它的刺激制度的目标只是把企业的物质利益同计划指标的完成相联系起来，而不是同实际效益相联系起来。因此，它往往助长了企业以损害社会利益的方式来完成任务。

第三，这种体制是资源约束型体制，它具有强烈的投资扩张冲动，有力地促进了长期短缺状态的形成，严重束缚了生产力发展。

第四，这种体制的过度控制减弱了控制的有效程度，出现了各种非控制过程。

第五，这种体制过多地依靠行政命令，导致管理人员的官僚主义倾向。它不容忍人尽其言，不容忍反面意见，不容忍思想活跃的现象。这两种态度可以"兼容"于一个个体人格之中，即对"下面"发号施令，对"上面"俯首帖耳。①

第六，这种体制缺乏自下而上的控制机构，工人形式上地位很高，实际上对企业生产经营和管理没有多少发言权和影响力，缺乏民主管理。

第七，这种体制导致企业预算约束软化和国家与企业之间的家长式关系的形成。这样的体制只能助长企业对国家的依赖性，必然缺乏竞争机制、风险机制，缺乏活力。

科尔内在全面剖析了社会主义社会短缺问题之后认为，由于短缺是改革前社会主义阶段的一个普遍现象和基本问题，而造成这种短缺的主要因素是企业预算约束软化，根本原因是体制和制度缺陷，因此，要消除短缺，就必须进行市场取向的经济体制改革，只有这样，才能进一步解放生产力，发展生产力。他说，改革过程的一个目标是要消除短缺。查看短缺状况是检验进展程度的重要标志。如果在经济的一个或另一个重要方面短缺消失了，这就是一个相当可靠的信号，即改革在那里成功了。如果短缺依然存在，这就表明改革还没有深入经济肌体的内部。②

简要评述

科尔内是东欧经济学派的新秀，他对市场经济理论的主要贡献是他深刻、系统地揭露了高度集权计划经济体制的矛盾，论述了对社会主义经济进行市场取向改革的必要性和改革的目标。科尔内认为，传统社会主义经济的基本特征是需求大于供给，存在稳定持续的短缺现象，经济增长受资源的约束，是一种资源约束型经济，与资本主义经济的常态形成了鲜明的对照。而要改变短缺现象，就必须改变原有的经济体制，消除政府与企业

---

① 〔匈〕科尔内：《经济学与心理学》，《经济参考资料》1986年第11期。
② 〔匈〕科尔内：《短缺经济学》上卷，张晓光等译，经济科学出版社，1986，第5页。

之间的"父爱主义"关系，给企业以自主权，以硬化企业的预算约束。他的潜台词实际上就是不仅要引进市场机制，还要改造市场中的行为主体，使企业由依附于政府转变为自负盈亏的经济实体。

可以毫不夸张地说，科尔内在《短缺经济学》中对传统社会主义经济的反思与批判，反映了时代的潮流和发展趋势，为在世界范围内抛弃计划经济体制、选择市场经济体制的改革提供了理论依据、制造了舆论。如果说哈耶克的《通向奴役的道路》（1944）是对计划经济可行性的逻辑思考，那么，科尔内的《短缺经济学》（1980）便是对计划经济实践的理论反思，两书的出版相差36年，都是影响历史进程的经济学巨著。

《短缺经济学》出版以后，世界各地经济学界对其予以高度评价。美国《比较经济学杂志》发表的评论文章指出，《短缺经济学》"代表了在理解社会主义经济功能方面取得的进展"。英国格拉斯哥大学苏东所所长认为，对任何关心苏联型经济理论和实践的人来说，这是一部必读的发人深省的书。《短缺经济学》在我国更是影响深远，1986年其中文版发行时，《短缺经济学》即刻成为畅销书之一，同年先后两次印刷，依然"短缺"。1984年科尔内因此被提名为诺贝尔经济学奖获得者的候选人。

当然，由于多种条件的限制，科尔内对社会主义短缺经济的剖析也存在一些缺陷，如很少论及社会主义短缺经济的所有制基础等等。

（据经济科学出版社1986年中文本。杨小卿撰）

参考文献

1. 郭志琦、李永宁、李省龙：《市场经济理论史纲》，西北大学出版社，1996。

2. 何予平：《科尔内的〈短缺经济学〉》，范家骧、刘文忻主编《西方经济学名著提要——微观经济学卷》，江西人民出版社，2007。

3. 蒋自强、张旭昆：《经济思想通史》第1～4卷，浙江大学出版社，2003。

阿马蒂亚·森

作者简介

〔印〕阿马蒂亚·森（Amartya Sen，1933~ ），印度籍著名经济学家，"穷人的经济学家"，1998年诺贝尔经济学奖得主，也是首位获此殊荣的第三世界国家公民。

1933年阿马蒂亚·森出生于印度孟加拉邦桑蒂尼克坦。曾就读于加尔各答大学、剑桥大学，1959年获得剑桥大学博士学位，其后先后在印度、英国和美国任教。曾任1982年美国经济学会外籍荣誉院士、1984年经济计量学会会长、1986~1989年国际经济学会会长。为联合国开发计划署写过人类发展报告，当过联合国前秘书长加利的经济顾问。1988年起，森担任美国哈佛大学经济学与哲学教授，1998年1月，森从美国哈佛大学退休，回到自己阔别25年的剑桥大学三一学院担任院长。三一学院院长的职位，历来是由英国国王任命的。一位非英国籍的人士享有如此之高的荣誉，在英国历史上并不多见。

值得一提的是，尽管森长期在英美国家从事教学与研究工作，但他一直保留了印度国籍，并经常参与印度经济发展计划的制订工作，这也赢得了印度人的认同和赞赏。因其对福利经济学、贫困和饥荒、社会选择理论以及发展经济学的突破性贡献而获1998年度诺贝尔经济学奖，成为自1969年首届诺贝尔经济学奖颁发以来，获此殊荣的首位第三世界国家公民。

阿马蒂亚·森的主要著作有:《技术选择》(1960)、《集体选择与社会福利》(1970)、《论经济不平等》(1973)、《就业、技术与发展》(1975)、《贫困的水平》(1980)、《贫困与饥荒》(1981)、《商品与能力》(1985)、《伦理学与经济学》(1987)、《生活标准》(1987)、《选择、福利和测度》(1982)、《资源、价值和发展》(1984)、《饥饿与公共行为》(1989)、《不平等的再考察》(1992)、《印度:经济发展与社会机会》(1995)、《印度发展:若干区域展望》(1997)等。

《贫困与饥荒：论权利与剥夺》

∽ 本书精要 ∾

本书是印度籍经济学家阿马蒂亚·森的代表作之一，在这本书中，森重点探讨了饥饿的一般原因和饥荒的具体原因，在发展经济学领域作出了许多杰出的贡献。

∽ 作品内容 ∾

森在贫困、饥饿与不平等方面研究的代表作是《贫困与饥荒：论权利与剥夺》(*Poverty and Famines: An Essay on Entitlement and Deprivation*, Oxford University Press, 1981；中译本见《贫困与饥荒：论权利与剥夺》，王宇、正文玉译，商务印书馆2001年出版)。在这部书中，作者用10章的篇幅重点探讨饥饿的一般原因和饥荒的具体原因。

一 贫困与权利

作者首先探讨了应得权利与所有权的问题。他指出，饥饿是指一些人未能得到足够的食物，而不是现实世界中不存在足够的食物。虽然后者能够成为前者的原因，但却只是很多可能的原因之一。关于食物供应的陈述，是指有关一种商品（或一组商品）自身的事情；关于饥饿的陈述，则是指人与这些商品（或一组商品）之间的关系。可以说，饥饿现象基本上是人类关于食物所有权的反映。因此，要说明饥饿现象，就必须深入研究所有权的结构。

所有权关系是权利关系之一。要理解饥饿，就必须首先理解权利体系，并把饥饿问题放在权利体系中加以分析。在一个私人所有制市场经济中，人们所公认的典型的权利关系，主要包括以下内容：（1）以贸易为基础的权利：一个人有权拥有通过自愿交易所得到的东西；（2）以生产为基础的权利：一个人有权拥有用自己的资源或在自愿基础上，使用雇用的资源所生产出来的东西；（3）自己劳动的权利：一个人有权拥有自己的劳动能力，并进而有权拥有与自己的劳动能力有关的、以贸易为基础的权利，以及以生产为基础的权利；（4）继承和转移权利：一个人有权拥有他人自愿赠予的东西，或从政府那里得到转移支付。

一个人避免饥饿的能力，依赖于他的所有权，以及他所面对的交换权利。一个人所具有的交换权利，取决于他在社会经济等级结构中的地位，以及该经济中的生产方式等因素。因此，要理解普遍存在的贫困、频繁出现的饥饿或饥荒，我们不仅要关注所有权模式和交换权利，还要关注隐藏在它们背后的因素。这就要求我们认真思考生产方式、经济等级结构以及它们之间的相互关系。交换权利不仅仅依赖于市场交换，而且还依赖于国家所提供的社会保障。社会保障系统会影响到每一个人可以控制的商品组合，它们是一个人交换权利的组成部分，其条件是这个人没有进行其他交换。在已经建立了社会保障系统的私人所有制的市场经济中，社会保障是对市场交换和生产过程的补充，这两种典型的机会结合起来，决定了一个人的交换权利。

在粮食供给与饥饿问题上，作者认为，饥饿是交换权利的函数，而不是粮食供给的函数。在实际生活中，一些最严重的饥荒正是在人均粮食供给没有明显下降的情况下发生的。因此他认为，发生饥荒的主要原因不是食物短缺，而是人们没有获得享用食品的能力，即人们没有进入食品市场的购买力。因此，在森看来，贫困实际上是权利的贫困。

二 贫困的概念

森认为，贫困概念所关注的焦点必须是穷人的福利。一个令人满意的贫困概念必须包括两个不同的但并非完全没有联系的要素：（1）一个识别穷人的办法；（2）一个把穷人所构成的集合的特征进行加总，以形成贫困总体印象的方法。之后，作者分析了生物学方法和不平等方法各自的优劣，并指出，在贫困概念中存在着一个不可缩减的绝对贫困的内核，即把饥饿、营养不良以及其他可以看得见的贫困，统统转换成关于贫困的判断，而不必事先确认收入分配的相对性。因此，相对贫困分析方法只能是绝对贫困分析方法的补充而不是替代。作者还讨论了关于贫困概念的"价值判断"和"政策性定义"以及"标准与加总"等问题，最后在第二章的结尾作出了总结性评论：贫困也有与别人相比而显得寒酸的意思。

三　贫困：识别与加总

贫困的度量可以分为两个步骤，即把贫困的识别和把贫困人口的特征加总成一个总量。当然，贫困的"识别"要先于"加总"。识别贫困的最普遍做法是确定一个"基本"或"最低"生活必需品集合，把缺乏满足这些基本需要能力作为贫困的检验标准。

用一个给定的"基本需要"集合来识别贫困，可供使用的方法至少有两种。一种方法是简单地考察人们的消费组合是否满足基本需要，称为"直接方法"。相反的一种方法被称为"收入方法"。采用这种方法，首先是计算指定的最低需要的最低收入水平，然后，在考察人们的实际收入是否处在贫困线之下。事实上，"直接方法"与"收入方法"并不是对同一种东西的两种不同的度量方法，而是代表两种不同的贫困概念。"直接方法"所识别的是，实际消费不满足传统中公认的最低需要的那些人；"收入方法"所识别的则是，按照社会典型的消费方式，没有能力满足该需要的那些人。

四　饥饿与饥荒

在第四章，作者从关于贫困的一般理论描述，转向饥荒这一特殊的灾难现象。贫困可能反映的是相对贫困，却不一定是绝对贫困。有可能出现这样的情况，即存在着贫困，甚至是非常严重的贫困，但却没有发生严重的饥饿。反过来，饥饿肯定意味贫困，这是因为，无论相对贫困观怎样辩解，饥饿所表现出来的一无所有的特征，完全可以定义为贫困。

在关于饥饿的一般分析中，明确区别以下三类现象是非常重要的：（1）典型的食物消费水平低下；（2）食物消费量的下降趋势；（3）食物消费水平的突然大幅度下降。饥荒主要是由第三类现象引起的，而前两种现象能够对饥荒的爆发起到推波助澜的作用。

虽然饥荒总是包含着饥饿的严重蔓延，但是，我们却没有理由认为，它会影响到遭受饥荒国家中的所有阶层。事实上，至今还没有确凿的证据表明，在某一次饥荒中，一个国家的所有社会阶层都遭受了饥饿。

五 权利方法

在饥饿和饥荒的权利分析中，人们普遍关注的是通过社会现有的合法手段支配食物的能力。这些手段包括生产机会、交易机会、国家赋予的权利，以及其他获得食物的方法。一个人之所以挨饿，要么是因为他没有支配足够食物的能力；要么是因为他拒绝使用这种能力。对食物的所有权，是最基本的权利之一，每一个社会都有规范这种权利的法律。权利方法所重视的是每个人控制包括食物在内的、商品组合的权利，并把饥饿看做未被赋予取得一个包含有足够食物消费组合权利的结果。

六 孟加拉大饥荒、埃塞俄比亚饥荒、萨赫勒地区的干旱与饥荒

作者对现代出现的一些大饥荒的形成机制作了实证分析。这些经验性的研究表明，饥荒可以在粮食供给没有出现普遍下降的情况下发生（第六、七和九章）。即使在人均粮食供给下降的情况下，造成饥饿的因果机制中，也必定包含着粮食供给之外的众多因素（第八章）。食物供给下降观点，只能对饥饿的因果机制作出十分有限的解释，因为它未能深入研究

人与粮食之间的关系。在这些实证考察中，作者指出，即使没有出现实质性的粮食供给下降，饥荒也照样能够发生，这一结论的主要意义在于，在一般的饥荒分析中，人们总是使用食物供给方法，它已经造成了灾难性的政策失败。权利方法则强调不同阶层的人们，对粮食的支配和控制能力，这种能力表现为社会中的权利关系，而权利关系又决定于法律、经济、政治等的社会特性。

通过实证研究，森向传统观点提出了挑战，传统观点认为饥荒最重要的解释就是食物短缺，而且有时候是唯一的解释。在认真研究印度、巴基斯坦和撒哈拉等国家大量灾难的基础上，森发现了其他的解释因素。他认为在几个可观察的现象中，事实上并不能用食物短缺这一个因素来解释，例如，在以前没有饥荒的年份期间，甚至在食物供给并不是非常低的时候，饥荒仍然会发生，或者在发生饥荒的地区有时候不但有充足的食品供应，甚至食品生产较前一年度有较大增长并对外出口的情况下，人们仍面临着饿死的威胁。他批驳了认为第三世界国家发生饥荒的主要原因是食物短缺或发生干旱或洪水等因素的传统论调。森认为，造成饥荒的主要原因或者真正原因不是食物短缺，而是人们没有获得享用食品的能力，即他们没有进入食品市场的购买力。

森证明，对饥荒的深刻理解需要一个透彻的分析，即在社会中，各种社会和经济因素怎样影响不同的群体，并决定他们的实际机会。例如，他对1974年巴基斯坦的饥荒的部分解释就是，在发生全国性水灾的那年食物价格有了显著的提高，同时农业工人的就业机会急剧下降，农作物颗粒无收。鉴于这些因素，农业工人的真正收入大幅减少，以至于这个群体不成比例地被饥饿所困扰。可见，森对饥荒形成机制的实证研究对发展经济学作出了突出的贡献。

七　权利与贫困

在第十章作者对饥荒的权利分析方法进行了总结。

第一，权利方法提供了一个分析饥荒的一般框架，而不是一个关于饥荒原因的特殊假说。区别不同类型的权利失败，对于理解饥荒的真正原因，以及制定饥荒政策（预测、救济和预防）具有十分重要的意义。

第二，无论是在经济繁荣时期（1943年的孟加拉邦饥荒），还是在经济衰退时期（1974年的埃塞俄比亚饥荒），饥荒都有可能发生，这是一个十分有意义的结论。"衰退型饥荒"比较接近于"一般意义"上的饥荒，尽管在这样的饥荒中可能只出现经济作物的减产，而不是粮食作物的减产。"扩张型饥荒"很难凭直觉理解，但正如前面已经讨论的那样，它的确可能在农业全面增产（尤其是粮食）的情况下发生，其理由是，粮食支配体系（如市场扰动）可能会变得对某些特殊阶层的人极为不利。在这一相对变化中，如果经济繁荣表现为社会不平等的扩大（如有利于城市人口，不利于农村劳动力），那么，繁荣过程自身就有可能成为饥荒的诱因。在争夺市场控制或支配权利斗争中，一部分人会因为另一部分人的繁荣而受损。

第三，粮食供给与粮食的直接权利之间的区别非常重要。前者关注的是一个经济中存在多少粮食；后者涉及的是一个粮食生产者有权直接消费多少他自己生产的粮食。当农作物减产造成表面上的粮食危机时，将会涉及比粮食供给更复杂的事情。从政策的角度来看，理解这一点也是十分重要的，因为当人们需要的是粮食的权利的时候，只把粮食运到灾区是不够的。

简要评述

国内经济学界对森的介绍较少，但实际上自20世纪70年代以来，森在西方的福利经济学界、哲学和伦理学界就已经是名声显赫，他曾被英国著名传记学家马克·布劳格列为"20世纪百名经济学巨匠"之一，世界著名的澳洲福利经济学家黄有光在其经典著作《福利经济学》一书中数十次地引用森的有关文献，公共选择理论的代表人物布坎南早在1994年就预言森必将获得诺贝尔经济学奖。

一　阿马蒂亚·森在其他方面的贡献

1. 解决"投票悖论"、挑战阿罗不可能定理

美国斯坦福大学教授、1972年诺贝尔经济学奖得主阿罗指出，多数规

则的一个根本缺陷就是在实际决策中往往导致循环投票。在这些选择方案中，没有一个能够获得多数票而通过，这又被称作"投票悖论"，它对所有的公共选择问题都是一种固有的难题，所有的公共选择规则都难以避开这种两难境地。

那么，能不能设计出一个消除循环投票，作出合理决策的投票方案呢？阿罗的结论是：根本不存在一种能保证效率、尊重个人偏好、并且不依赖程序的多数规则的投票方案。简单地说，阿罗的不可能定理意味着，在通常情况下，当社会所有成员的偏好为已知时，不可能通过一定的方法从个人偏好次序得出社会偏好次序，不可能通过一定的程序准确地表达社会全体成员的个人偏好或者达到合意的公共决策。

阿罗的不可能定理一经问世便对当时的政治哲学和福利经济学产生了巨大的冲击，甚至招来了上百篇文章对其定理的驳斥。李特尔、萨缪尔森试图以与福利经济学不相干的论点来驳倒阿罗的不可能定理，但又遭到肯普、黄有光和帕克斯的反驳，他们甚至建立了在给定个人次序情况下的不可能性结果。事实上，阿罗的不可能性定理经受住了所有技术上的批评，其基本理论从来没有受到重大挑战。

森针对阿罗不可能定理发起的挑战充分显示了他的睿智，他所建议的解决方法其实非常简单。森1970年的著作《集体选择和社会福利》（*Collective Choice and Social Welfare*，1970）是其重要的一部著作。森发现，当所有人都同意其中一项选择方案并非是最佳的情况下，阿罗的"投票悖论"就可以轻松地迎刃而解。比如，假定所有人均同意X项选择方案并非最佳，如表1所示：

表1 投票悖论的解决

投票者	对不同选择方案的偏好次序		
A	y	x	z
B	y	z	x
C	z	x	y

在对X和Y两种方案投票时，Y以两票对一票而胜出于X（YX）；同

理，在对 X 和 Z 以及 Y 和 Z 分别进行投票时，可以得到 Z 以两票对一票而胜出于 X（ZX）；Y 以两票对一票而胜出于 Z（YZ）。这样，YZ→ZX→YX，投票悖论就此宣告消失，唯有 Y 项选择方案得到大多数票而获胜。

森把这个发现加以延伸和拓展，得出了解决投票悖论的三种选择模式：(1) 所有人都同意其中一项选择方案并非是最佳；(2) 所有人都同意其中一项选择方案并非是次佳；(3) 所有人都同意其中一项选择方案并非是最差。森认为，在上述三种选择模式下，投票悖论不会再出现，取而代之的结果是大多数投票者获胜的规则总是能达到唯一的决定。

阿马蒂亚·森克服了阿罗的不可能定理衍生出的难题，从而对福利经济学的基础理论作出了巨大的贡献。

2. 创建全新的福利与贫穷指数

森在构建贫困指数的过程中，首先阐明了收入分配的洛伦兹曲线（Lorenz Curve）和衡量收入分配不平等程度的基尼系数（Gini Coefficient）之间的关系，并给出了社会对不同收入分配的偏好次序。在此基础上，他提出了自己的贫困指数，即 $P = H \cdot [I + (1-I) \cdot G]$，其中 G 为基尼系数，I 为衡量收入分配的指标，处于 0 和 1 之间，G 和 I 均针对处于贫困线以下的贫穷群体计算得出。

瑞典皇家科学院将 1998 年的诺贝尔经济学奖颁发给森，以表彰他对福利经济学、贫困和饥荒、社会选择理论以及发展经济学的突破性贡献。

二　阿马蒂亚·森获奖给我们的启示

1. 经济学的研究亟须方法创新

实证方法是当代经济学的主流方法，规范方法常被忽视。阿马蒂亚·森作为世界著名的女性经济学家琼·罗宾逊夫人的学生，深深感受到了其老师由于倡导规范分析而遭受到的不公正的学术待遇，这对森的研究方法也产生了重大的影响。因此，一方面为了进入主流学派，使自己的学术观点能够得到承认，其许多著作中也不乏高深的数学公式；但另一方面他秉承了罗宾逊夫人的规范分析传统，在国际经济学界日益呈现数理化研究倾向的同时，更加侧重于经济问题的规范分析，并且其许多理论是采用了经济学与哲学和伦理学相结合的方法，对当今世界尚未解决的许多实际经济问题给予了莫大的关注，从而在一定程度上发挥了经济学的经世济民职能。森在研究方法上的这一重大创新受到了瑞典皇家科学院的高度评价，也受到了同行经济学家的一致赞扬。

2. 贫困问题的研究再次成为国际经济学界的重要课题

到目前为止，贫穷问题依然是困扰全人类的主要问题之一。全球仍有近20亿的贫困人口，与20世纪60年代相比，除人口增加带来的贫困人口比率下降以外，绝对数几乎没变。印度籍经济学家阿马蒂亚·森的获奖，预示着贫困问题又重新回到了经济学研究的议事日程上来，并终将恢复其本身应具有的重要地位。

3. 对伦理道德及其作用的重视

也许是由于森出生在印度这样一个贫富差距极大的国度和他幼年时经历的大饥荒，森对于道德、伦理的关怀始终贯穿他的学术生涯。森指出，伦理与经济学并不矛盾，道德在每个人的行为里都起了很大作用，每个人都不可能脱离社会的约束来进行自己的选择。森以囚徒困境为例进行了深入的阐述。两个囚徒在互不信任的情况下，分别采取不合作的策略，其结果比合作要差得多。经济学家通过无限次重复博弈找到了囚徒博弈中产生合作的条件。森却指出了一个更直接的条件，即博弈双方互相信任，从而得到一个合作的结果。达到这种信任的一个机制就是伦理教化，伦理常常意味着个人作出一定的牺牲，以保全社会整体的利益。可见，道德是在很多情况下发挥作用的。

阿马蒂亚·森以其在福利经济学和发展经济学方面的贡献和特色获得了"关注社会底层的经济学家"、"穷人的经济学家"的美誉。

（据商务印书馆2001年中文本。杨小卿撰）

参考文献

1. 阳穆哲：《森的〈贫困与饥荒：论权利与剥夺〉》，范家骧、刘文忻主编《西方经济学名著提要——微观经济学卷》，江西人民出版社，2007。

道格拉斯·诺思

作者简介

〔美〕道格拉斯·诺思（Douglass C, North, 1920~ ），美国著名经济学家，新经济史派和新制度主义代表人物，1993年诺贝尔经济学奖获得者。

1920年，道格拉斯·诺思出生在美国麻省剑桥市。他父亲是附近一个镇上的大都会人寿保险公司经理。由于他父亲工作的原因，几次搬家，诺思的小学及中学教育不断被转学打断。他的父母都没有完成高中教育。但是他的母亲是"一个令人振奋的人，聪明，有求知的好奇心。"她对诺思的智力发展起了重要的作用。另外，诺思的姑母和叔父也对他的成长有重要影响。他们带他进入古典音乐的世界。诺思曾说："我的姑母到今天为止仍是我生活中的一个很特殊的人。"

诺思考上哈佛大学，后因搬家又转入伯克利的加州大学。在读书的过程中诺思产生了做一名经济学家的愿望："我一生要为改善社会而工作，做这件事的方法是去发现什么东西使经济像现在这样运作或不能运作。我相信一旦我们了解什么决定了经济在实践过程中的成绩，我们就可能改善它们的成绩。"1942年和1952年诺思分别获得伯克利加州大学经济学学士和博士学位。1944年，诺思第一次结婚。1972年，诺思第二次结婚，妻子伊丽莎白·凯恩是他的伴侣、批评者和合作者。

诺思的生活非常丰富多彩，除了学术研究外，他还是一名摄影师。

他喜欢和朋友一起垂钓或打猎，他还会驾驶飞机，1960年他拥有了一架私人飞机。他很重视好的食物和酒。此外，音乐始终是他生活的一个重要部分。他有两个牧场，一个在加州北部，一个在华盛顿州。

诺思的主要著作有：《制度变迁与美国经济的增长》（1971，与兰斯·戴维斯合著）、《西方世界的兴起——新的经济史》（1973，与罗伯特·托马斯合著）、《1790~1980年美国经济的增长》、《经济史中的结构与变迁》（1981）、《制度、制度变迁与经济绩效》（1990）和《交易费用、制度和经济绩效》（1992）等等。

由于诺思教授在新经济史理论方面的杰出贡献，他于1993年荣获诺贝尔经济学奖。

《制度、制度变迁和经济绩效》等

本书精要

《西方世界的兴起》、《制度变迁与美国的经济增长》、《制度、制度变迁和经济绩效》和《交易费用、制度和经济绩效》，是美国经济学家道格拉斯·诺思的代表作，在这些著作中，诺思创建了以产权为基本概念、以制度变迁为核心的，一个包括产权理论、国家理论、意识形态理论在内的完整的经济增长模式，确定了他的基本命题：一种提供适当个人刺激的有效的产权制度是促使经济增长的决定性因素。

作品内容

一 早期用制度因素解释经济增长

早在 1961 年发表的《1790～1860 年美国经济的增长》（*The Economic Growth of the United States, 1790 to 1860*）一书中，诺思就集中研究了经济增长的因素，并大胆运用科斯的研究成果，力求以制度因素解释经济增长。在 1971 年出版的《制度变迁与美国的经济增长》（*Institutional Change and American Economic Growth*，与兰斯·戴维斯合著）一书中，诺思成功地运用了产权理论与公共选择理论来解释经济增长的原因。在该书中，他明确地提出了传统的经济增长理论不考虑制度因素的狭隘性，认为有必要冲破这种狭隘性去研究制度变迁对经济增长的作用。诺思认为，制度变迁与技术进步有相似性，即推动制度变迁和技术进步的行为主体都是为了追求收益最大化。制度变迁的成本与收益之比对于促进或推迟制度变迁起关键的作用。只有在预期收益大于预期成本的前提下，行为主体才会推动直到最终实现制度变迁，反之则相反，这就是制度变迁的原则。他指出，在美国经济史上，金融业、商业和劳动力市场方面的制度变迁都促进了美国的经济增长。

在这一阶段的研究里，诺思还只是比较笼统地看到制度因素对经济增长的作用，并没有深入到制度内部对制度结构进行更加精辟的分析。诺思发表比较完整的经济增长理论是以《西方世界的兴起》一书出版为标志的。

二 一种提供适当个人刺激的有效的产权制度是促使经济增长的决定性因素

长期以来，大多数经济学家和经济史学家认为技术变革是近代西方经济增长的最主要原因。理论界也一直把近代的产业革命看做欧洲经济增长的原点。后来也有一些学者对这一结论进一步细化，从技术变革等因素中分解出更为深入的见地，并认为人力资本的投资是西方经济增长的关键性因素。20世纪六七十年代，西方经济学界又有人开始探索市场信息成本下降对经济增长的影响。所有这些努力对于经济增长理论的发展都是有贡献的。

然而，诺思认为，这些被经济学家和经济史学家所接受的经济增长的因素在解释经济增长方面"显然存在漏洞"。他说，使我们疑惑不解的是：如果经济增长所需要的就是投资和创新，为什么有些社会具备了这些条件却没有如意的结局呢？他进一步指出，我们列出的原因（创新、规模经济、教育、资本积累等）并不是经济增长的原因。

诺思异常鲜明地提出了自己对经济增长的见解，这就是：除非现行经济组织是有效率的，否则经济增长不会简单地发生。即有效率的经济组织是经济增长的关键。因而他认为，一个有效率的经济组织在西欧的发展才是西方兴起的原因所在。而要保持经济组织的效率，就需要在制度上作出安排并确立产权，以便造成一种刺激，将个人的经济努力变成私人收益率接近社会收益率的活动。因此，诺思经济增长模式的基本命题是：一种提供适当个人刺激的有效的产权制度是促使经济增长的决定性因素。

诺思的这一经济增长观确实不同凡响。但是他的观点并不是简单地猜测，而是通过对公元900~1700年间西方经济史进行详细考察后得出的。它令人信服地解释了为什么历史上的经济增长没有在整个西方世界同时出现，而首先在尼德兰和英格兰地区出现。根本原因在于尼德兰和英格兰地区最早进行了产权结构方面的变革，从制度上激发和保护了经济领域的创新活动。因而这两个国家得以在西方世界首先崛起，而法兰西和西班牙因为没有做到这一点，所以在竞争中失败且远远落后了。

从经济史的角度分析，诺思提出了一个新的经济史论点：经济差别的关键在于制度因素，而在制度因素中，财产关系的作用最为突出，无论是封建庄园制度的兴起和衰落，还是近代产业革命的发生，都与私人财产地位的变革有直接关系。

三　完整的经济增长理论

诺思的上述有关经济增长的见解在西方经济学界引起了巨大反响，也招致了一些批评意见。诺思反思了自己的观点并对原来的论点作了进一步的修改补充。诺思以产权为核心，给他的经济增长模式补充了以下内容。

首先，是关于国家对经济增长作用的理论。诺思认为，国家是产权的界定和实施单位，因而促进经济增长和提高生产力的基本正式规则（特别是有效的产权界定）是由国家或政府制定、变更或维持的，因此国家最终要对造成经济的增长、衰退或停滞的产权结构的效率负责。

其次，是关于意识形态对经济增长作用的理论。诺思指出，任何经济中的正式规则或产权都是由国家制定和维持的，可是为什么会有不同的制度结构？为什么有的制度结构并不能对其社会成员提供有效的激励以有助于经济增长呢？答案在于社会成员或公众的"精神模式"，亦即看待问题的方式不同。而政府政策中反映的恰恰是深藏在公众的精神模式或理念中的意识形态。意识形态的差异必将引起公共政策的差异以及在劳动态度等价值观念上的广泛差异。所有这些必将构成经济增长当中最为困难，也最无从下手解决的精神制约。

诺思完整的经济增长理论是以产权为基本概念，以制度变迁为核心的，包括产权理论、国家理论、意识形态理论在内的严密理论体系。这一完整理论体系的形成经历了一个不断完善的过程，它的核心部分是用制度变迁的主要参数即产权制度来解释经济增长。

四 独树一帜的见解

长期以来，经济增长理论的发展沿着四条主线展开："资本决定论"、"技术决定论"、"人力资本论"和"收益递增论"。研究经济增长理论的学者认为，从发展趋势看，资本积累论声势渐小，技术进步论存在的问题越来越明显，人力资本论逐渐渗透和融合于其他理论，而强调特殊的知识和专业化的人力资本积累能引起的递增收益对经济增长重要作用的"新增长理论"正逐渐成为经济增长理论中的主流而占据上风。

但是，"新增长理论"不考虑制度因素或很少考虑制度因素的分析方法使新古典主义经济增长理论对经济现实的解释范围受到了很大限制，因而也影响了它的解释力度。而诺思却大胆创新，以新制度经济学的基本理论为依托，提出了全新的经济增长理论。诺思注重制度分析的经济增长理论改变了过去缺乏制度分析的状况，成为一种解释范围更宽泛、解释力度更强劲的理论。他指出，以往认为经济增长的原因，如技术进步、投资增加、专业化和分工的发展等，并不是经济增长的原因，而是经济增长本身。他认为，经济增长的原因要到引起这些现象的制度因素中去寻找。

诺思在1992年出版的《交易费用、制度和经济绩效》（*Transaction Cost, Institution and Economic Performance*）一书中特别指出，任何经济的增长都是由该社会中的政治、经济组织以及它们中富有创新精神的企业家共同努力的结果。他还指出，也许我们从来不会找到制约经济增长的"真实"源泉，但是我们越是在主要问题上取得一致的意见，我们制定成功政策的可能性就越大。诺思以此给自己的经济增长理论插上了无尽探索的路标。

简要评述

诺思在经济增长理论方面作出了划时代的贡献。这种贡献得益于他在经济史学领域的深入研究。他吸收了新制度经济学创始人科斯教授的产权理论和交易成本理论并将之运用于经济史的分析,从而一举获得了两个方面的显著成就:一方面使自己成为新制度经济学中制度变迁理论的杰出代表,另一方面使自己成为新经济史学派的领军人物。诺思及其为代表的新经济史学派的兴起使经济史学本身彻底改观,引发了经济史学领域的一场革命。他的经济增长理论正是这场革命的一个突出成果。

第一,理论渊源:凯恩斯革命。以诺思教授为代表的新经济史学被誉为一场学术革命。这场革命的缘起依赖于理论经济学的最近一次革命——凯恩斯革命。可以说新古典理论为诺思对历史分析进行规范性归纳提供了哲学基础。即诺思教授的理论精髓是新古典的价值判断、道德伦理和理论规范。

第二,方法论上的变革:理论与历史的结合。经济史的研究方法长期以来一直局限于史料的收集、整理和考证。而以诺思教授为代表的新经济史学则一改昔日传统,把经济理论运用到经济史研究中,这样经济史学家就拥有了自己独特的认识世界和解释历史的工具,理论与历史被熔为一炉。新经济史学的兴起一下子改变了经济史学本身的历史。此外,它还拓宽了经济理论的应用范围,得出了一系列与传统观点迥异的发人深省的结论。这在经济学史上有着划时代的意义。

另外,从方法论上讲,诺思教授注意理论与历史的结合,恢复了经济学的优良学术传统。这对中国的经济学研究非常有借鉴意义。

第三,理论轴心:制度、制度变迁。诺思教授对经济史的研究是紧扣着"制度"及其变迁这一轴心展开的。正如诺思教授曾指出的解释经济实际是经济史研究的主要任务。一般而言,在许多有关经济增长模型中,制度因素被视为已知的、既定的或"外生变量",被排除在外,而主要是通过各种物质生产要素的变化去说明生产率的变化和经济增长与否。其中,经济增长的技术创新论曾风行一时。诺思教授则提出了一个不同凡响的观点:对经济增长起决定性作用的是制度因素而非技术性因素。他在《西方世界的兴起》一书中开门见山地提出，该书的中心论点是："有效率的经济组织在欧洲的发展正是西方兴起的原因所在。"在《经济史中的结构与变迁》(*Structure and Change in Economic History*, *1981*)中，诺思教授运用制度及其变迁这一理论模型，解释了从农业起源到20世纪这1万年的西方经济史。《制度、制度变迁和经济绩效》等书名就已清楚地反映了诺思的独到见解。

综观诺思教授的制度变迁理论，其中不乏真知灼见，读来令人有顿开茅塞之感。

(据〔美〕诺思《制度、制度变迁和经济绩效》，刘守英译，
上海三联书店，1994年中文版。杨小卿撰)

参考文献

1. 侯书森、孙竹、熬铁编著《诺贝尔经济学奖获得者学术传记全书》，改革出版社，1998。
2. 孟领：《诺思的〈西方世界的兴起——新的经济史〉》、《诺思的〈经济史中的结构与变迁〉》，姚开建、梁小民主编《西方经济学名著导读》，中国经济出版社，2005。

张培刚

作者简介

〔中〕张培刚（Pei Kang Chang, 1913～ ），华中科技大学经济学院教授，著名经济学家，发展经济学奠基人之一。

张培刚，1913年7月30日出生于中国湖北省红安县（原黄安县）一个普通农民家庭，少年时期从事过农业劳动。1934年6月毕业于武汉大学经济系，1941-1945年就读于美国哈佛大学，师从熊彼特、张伯伦、布莱克、汉森、里昂惕夫等著名学者。1945年10月完成了博士论文《农业与工业化》（Agriculture and Industrialization）的写作，获经济学博士学位。该篇论文获得1946～1947年度哈佛大学最佳论文奖和威尔士奖金，列入《哈佛经济丛书》第85卷，1949年由哈佛大学出版社出版，1969年在美国再版。1951年译成西班牙文在墨西哥出版。中译本于1984年由华中工学院（现改为华中科技大学）出版。此书被誉为发展经济学的奠基之作。1946年夏回国，任武汉大学教授、经济系主任；1947年兼任前中央研究院社会科学研究院研究员；1948年任联合国亚洲及远东经济委员会顾问。解放初期任武汉大学校委会常委兼经济系主任，代理法学院院长。1952年底调入华中工学院，负责建校规划工作；后任社会科学部主任，经济研究所所长。现任华中科技大学经济学院名誉院长、经济发展研究中心主任，中华外国经济学说研究会名誉会长，中美经济合作学术委员会中方主席。

主要著作包括早年在商务印书馆出版的《清苑的农家经济》(1936)、《广西粮食问题》(1938)和《浙江食粮之运销》(1940)三部著作,《农业与工业化》(哈佛大学出版社,1949),《宏观经济学和微观经济学》(1985)、《微观经济学的产生和发展》(1997)、《新发展经济学》(1992)、《张培刚选集》(1997)、《发展经济学教程》(2001)、《20世纪的中国粮食经济》(2002)、《农业与工业化》(中下合卷,2002)等。20世纪80年代发表的论文《发展经济学往何处去——建立新型发展经济学刍议》和《关于建立新型发展经济学的几个问题》(分别刊载于《经济研究》和《经济学家》,均为1989年第6期),开创了新型发展经济学。

学术界广泛认为,20世纪40年代,张培刚启动了发展经济学的诞生;20世纪80年代到90年代,张培刚为使发展经济学走出困境,又提出并建立有特色的新型发展经济学。张培刚曾主持国家社会科学基金"七五"、"八五"重点课题和重大招标课题。

《农业与工业化》

本书精要

本书是研究农业国如何实现工业化问题，也就是研究落后国家（即后来称之为发展中国家）的经济发展问题，是张培刚教授的代表作、发展经济学的奠基之作。

《农业与工业化》一书共分六章：基本概念和分析方法述评，农业与工业的相互关系，工业化的理论，工业化对于农业生产的影响，工业化对于农场劳动的影响，农业国的工业化。分别介绍如下。

作品内容

一 关于农业与工业的相互依存关系

从食粮、原料、劳动力、市场、资金（包括外汇）等5个方面，阐明农业对工业化以及对整个国民经济的重要作用和巨大贡献。农业是工业化和国民经济的基础和必要条件。

二 关于工业化的定义和含义

在本书英文版本中，作者将工业化定义为"一系列基本的生产函数连续发生变化的过程"。后在《农业国工业化问题》一书中定义为："国民经济中一系列基要生产函数或生产要素组合方式，连续发生由低级到高级的突破性变化的过程。"

三 关于基础设施和基础工业的"先行官"作用

张培刚指出，从已经工业化的各国经验看来，这种基要生产函数的变化，最好是用交通运输、动力工业、机械工业、钢铁工业诸部门来说明。他特别强调交通运输和能源动力这样一类基础设施和基础工业的重要性，并把它们称为工业化的"先行官"。

四 关于工业化的发动因素与限制因素

（1）人口——数量、组成、地理分布；
（2）资源或物力——种类、数量、地理分布；
（3）社会制度——人的和物的要素所有权的分配；
（4）生产技术——着重于发明的应用，至于科学、教育及社会组织的各种情况，则未包括在内；
（5）企业家的创新管理才能——改变已有的生产函数或应用新的生产函数，也就是改变已有的生产要素的组合或应用新的生产要素组合。

以上（1）、（2）、（3）为工业化的限制因素，（4）、（5）为工业化的发动因素。

五 工业化对农业生产和农村剩余劳动力的影响

（1）工业化对农业生产的影响。两者是相互影响，但影响的程度不同，特别是产业革命以后，工业发展对农业的影响显然大于农业对工业的影响。
（2）当工业化进入相当成熟的阶段，如果让市场规律继续起作用，就必然会引起农业生产结构上的变动。
（3）随着工业化过程的进展，由于农产品市场的扩张和农业生产技术的改进，农业生产的总产量和亩产量必然增加，农业生产的规模必然有所扩大。

（4）工业化对农村劳动力的影响：

第一，当工业化进展到一定阶段，农业的剩余劳动力将受到城市的吸引而转移到城市工业或其他行业。

第二，随着工业化的进展，最先被城市现代工业所吸收的劳动力，将是城市的手工业者或工场劳动者，最后能被城市吸收的才是农业劳动者。

第三，当工业化进行到比较高的阶段，农业的改进和机械化过程就会相应发生。

六 关于工业化过程中利用外资和发展外贸问题

（1）关于工业化过程中利用外资问题。

（2）关于农业国在工业化过程中与工业国的贸易条件及各自的相对优势地位。总的来说，农业国是处于相对不利的地位，因为国外对农业国的产品的需要弹性较小。

简要评述

本书是中国学者张培刚在美国哈佛大学完成的，而且荣获哈佛大学经济学专业最佳论文奖和威尔士奖金，因此属于西方经济学内容，成为国际发展经济学的奠基之作，对欧美经济学界具有重大影响。由于各种原因，本书与诺贝尔经济学奖失之交臂，国人对本书也很少了解，这是令人感到非常遗憾的。

（何　林）

参考文献

1. 张培刚：《农业与工业化》上卷，华中工学院出版社，1984。
2. 谭慧：《学海扁舟》，湖南科技出版社，1995。

图书在版编目（CIP）数据

影响历史进程的50部经济名著/何炼成，杨小卿主编．
—北京：社会科学文献出版社，2010.6（2012.3 重印）
（陕西省重点学科建设项目·经济思想史系列）
ISBN 978 - 7 - 5097 - 1413 - 3

Ⅰ.①影… Ⅱ.①何…②杨… Ⅲ.①经济学 - 著作 - 简介 - 世界 Ⅳ.①F0

中国版本图书馆 CIP 数据核字（2010）第 070038 号

影响历史进程的50部经济名著

主　　编/何炼成　杨小卿
副 主 编/何　林

出 版 人/谢寿光
出 版 者/社会科学文献出版社
地　　址/北京市西城区北三环中路甲29号院3号楼华龙大厦
邮政编码/100029

责任部门/财经与管理图书事业部（010）59367226　　责任编辑/恽　薇
电子信箱/caijingbu@ssap.cn　　　　　　　　　　　　责任校对/贾连成
项目统筹/周　丽　　　　　　　　　　　　　　　　　责任印制/岳　阳
总 经 销/社会科学文献出版社发行部（010）59367081　59367089
读者服务/读者服务中心（010）59367028

印　　装/三河市尚艺印装有限公司
开　　本/787mm×1092mm　1/16　　　　　　　　　印　张/22.75
版　　次/2010年6月第1版　　　　　　　　　　　　字　数/358千字
印　　次/2012年3月第2次印刷
书　　号/ISBN 978 - 7 - 5097 - 1413 - 3
定　　价/59.00元

本书如有破损、缺页、装订错误，请与本社读者服务中心联系更换
▲ 版权所有　翻印必究